国家出版基金项目
NATIONAL PUBLICATION FOUNDATION

新时代外国语言文学
新发展研究丛书

总主编　罗选民　庄智象

词汇学新发展研究

Lexicology: New Perspectives and Development

邬菊艳　王文斌 / 著

清华大学出版社
北　京

内 容 简 介

　　词汇是语言系统中最贴近时代发展和社会演进脉搏的元素，而关于词汇的研究，即词汇学，需要及时因应时代和社会的发展步伐、现实和面貌，并需要实时跟进和把握词汇研究的主流趋势。全书共七章，主要基于传统词汇学和现当代词汇学发展路径，梳理出近十年来词汇学新发展的研究概貌，并预测未来词汇学研究的发展路向。

　　本书兼具学术性、前沿性和引领性，对语言学和词汇学研究领域的研究者和学习者具有重要的参考价值，可为语言和词汇教学提供有益的理论参考和实践指导，尤其对有志于从事词汇学和词汇语义学研究的学者具有参酌价值。

图书在版编目（CIP）数据

词汇学新发展研究 / 邬菊艳，王文斌著. —北京：清华大学出版社，2023.12
（新时代外国语言文学新发展研究丛书）
ISBN 978-7-302-63908-4

Ⅰ. ①词…　Ⅱ. ①邬…　②王…　Ⅲ. ①词汇学—研究　Ⅳ. ① H03

中国国家版本馆 CIP 数据核字（2023）第 116397 号

策划编辑：郝建华
责任编辑：郝建华　许玲玉
封面设计：黄华斌
责任校对：王凤芝
责任印制：丛怀宇

出版发行：清华大学出版社
　　　　　网　　　址：https://www.tup.com.cn，https://www.wqxuetang.com
　　　　　地　　　址：北京清华大学学研大厦 A 座　邮　编：100084
　　　　　社 总 机：010-83470000　　　　　　邮　购：010-62786544
　　　　　投稿与读者服务：010-62776969，c-service@tup.tsinghua.edu.cn
　　　　　质量反馈：010-62772015，zhiliang@tup.tsinghua.edu.cn
印 刷 者：大厂回族自治县彩虹印刷有限公司
装 订 者：三河市启晨纸制品加工有限公司
经　　销：全国新华书店
开　　本：155mm×230mm　　印　张：16.5　　字　数：258 千字
版　　次：2023 年 12 月第 1 版　　　　　　印　次：2023 年 12 月第 1 次印刷
定　　价：118.00 元

产品编号：088067-01

中国英汉语比较研究会
"新时代外国语言文学新发展研究丛书"
编委会名单

总主编

罗选民　　庄智象

编　委

（按姓氏拼音排序）

蔡基刚	陈　桦	陈　琳	邓联健	董洪川
董燕萍	顾曰国	韩子满	何　伟	胡开宝
黄国文	黄忠廉	李清平	李正栓	梁茂成
林克难	刘建达	刘正光	卢卫中	穆　雷
牛保义	彭宣维	冉永平	尚　新	沈　园
束定芳	司显柱	孙有中	屠国元	王东风
王俊菊	王克非	王　蔷	王文斌	王　寅
文秋芳	文卫平	文　旭	辛　斌	严辰松
杨连瑞	杨文地	杨晓荣	俞理明	袁传有
查明建	张春柏	张　旭	张跃军	周领顺

总　　序

外国语言文学是我国人文社会科学的一个重要组成部分。自 1862 年同文馆始建，我国的外国语言文学学科已历经一百五十余年。一百多年来，外国语言文学学科一直伴随着国家的发展、社会的变迁而发展壮大，推动了社会的进步，促进了政治、经济、文化、教育、科技、外交等各项事业的发展，增强了与国际社会的交流、沟通与合作，每个发展阶段无不体现出时代的要求和特征。

20 世纪之前，中国语言研究的关注点主要在语文学和训诂学层面，由于"字"研究是核心，缺乏区分词类的语法标准，语法分析经常是拿孤立词的意义作为基本标准。1898 年诞生了中国第一部语法著作《马氏文通》，尽管"字"研究仍然占据主导地位，但该书宣告了语法作为独立学科的存在，预示着语言学这块待开垦的土地即将迎来生机盎然的新纪元。1919 年，反帝反封建的"五四运动"掀起了中国新文化运动的浪潮，语言文学研究（包括外国语言文学研究）得到蓬勃发展。中华人民共和国成立后，尤其是改革开放以来，外国语言文学学科的发展势头持续迅猛。至 20 世纪末，学术体系日臻完善，研究理念、方法、手段等日趋科学、先进，几乎达到与国际研究领先水平同频共振的程度，取得了令人瞩目的成绩，有力地推动和促进了人文社会科学的建设，并支持和服务于改革开放和各项事业的发展。

无独有偶，在处于转型时期的"五四运动"前后，翻译成为显学，成为了解外国文化、思想、教育、科技、政治和社会的重要途径和窗口，成为改造旧中国的利器。在那个时期，翻译家由边缘走向中国的学术中心，一批著名思想家、翻译家，通过对外国语言文学的文献和作品的译介塑造了中国现代性，其学术贡献彪炳史册，为中国学术培育做出了重大贡献。许多西方学术理论、学科都是经过翻译才得以为中国高校所熟悉和接受，如王国维翻译教育学和农学的基础读本、吴宓翻译哈佛大学白璧德的新人文主义美学作品等。这些翻译文本从一个侧面促成了中国高等教育学科体系的发展和完善，社会学、人类学、民俗学、美学、教育学等，几乎都是在这一时期得以创建和发展的。翻译服务对于文化交流交融和促进文明互鉴，功不可没，而翻译学也在经历了语文学、语言学、文化学等转向之后，日趋成熟，如今在让中国了解世界、让世界了解中国，尤其是"一带一路"建设、人类命运共同体构建、讲好中国故事、传递好中国声音等方面承担着重要使命与责任，任重而道远。

20世纪初，外国文学深刻地影响了中国现代文学的形成，犹如鲁迅所言，要学普罗米修斯，为中国的旧文学窃来"天国之火"，发出中国文学革命的呐喊，在直面人生、救治心灵、改造社会方面起到不可替代的作用。大量的外国先进文化也因此传入中国，为塑造中国现代性发挥了重大作用。从清末开始特别是"五四运动"以来，外国文学的引进和译介蔚然成风。经过几代翻译家和学者的持续努力，在翻译、评论、研究、教学等诸多方面成果累累。改革开放之后，外国文学研究更是进入繁荣时代，对外国作家及其作品的研究逐渐深化，在外国文学史的研究和著述方面越来越成熟，在文学理论与文学批评的译介和研究方面、在不断创新国外文学思想潮流中，基本上与欧美学术界同步进展。

外国文学翻译与研究的重大意义，在于展示了世界各国文学的优秀传统，在文学主题深化、表现形式多样化、题材类型丰富化、批评方法论的借鉴等方面显示出生机与活力，显著地启发了中国文学界不断形成新的文学观，使中国现当代文学创作获得了丰富的艺术资源，同时也有力地推动了高校相关领域学术研究的开展。

进入21世纪，中国的外国语言学研究得到了空前的发展，不仅及时引进了西方语言学研究的最新成果，还将这些理论运用到汉语研究的实践；不仅有介绍、评价，也有批评，更有审辨性的借鉴和吸收。英语、汉语比较研究得到空前重视，成绩卓著，"两张皮"现象得到很大改善。此外，在心理语言学、神经语言学和认知语言学等与当代科学技术联系紧密的学科领域，外国语言学学者充当了排头兵，与世界分享语言学研究的新成果和新发现。一些外语教学的先进理念和语言政策的研究成果为国家制定外语教育政策和发展战略也做出了积极的贡献。

习近平总书记指出："要着力推进国际传播能力建设，创新对外宣传方式，加强话语体系建设，着力打造融通中外的新概念新范畴新表述，讲好中国故事，传播好中国声音，增强在国际上的话语权。"为贯彻这一要求，教育部近期提出要全面推进新工科、新医科、新农科、新文科等建设。新文科概念正式得到国家教育部门的认可，并被赋予新的内涵和定位，即以全球新技术革命、新经济发展、中国特色社会主义新时代为背景，突破传统的文科思维模式与文科建构体系，创建与新时代、新思想、新科技、新文化相呼应的新文科理论框架和研究范式。新文科具备传统文科和跨学科的特点，注重科学技术、战略创新和融合发展，立足中国，面向世界。

新文科建设理念对外国语言文学学科建设提出了新目标、新任务、新要求、新格局。具体而言，新文科旗帜下的外国语言文学学科的发展目标是：服务国家教育发展战略的知识体系框架，兼备迎接新科技革命的挑战能力，彰显人文学科与交叉学科的深度交融特点，夯实中外政治、文化、社会、历史等通识课程的建设，打通跨专业、跨领域的学习机制，确立多维立体互动教学模式。这些新文科要素将助推新文科精神、内涵、理念得以彻底贯彻落实到教育实践中，为国家培养出更多具有融合创新的专业能力，具有国际化视野，理解和通晓对象国人文、历史、地理、语言的人文社科领域外语人才。

进入新时代，我国外国语言文学的教育、教学和研究发生了巨大变化，无论是理论的探索和创新，方法的探讨和应用，还是具体的实验和实践，都成绩斐然。回顾、总结、梳理和提炼一个年代的学术发展，尤其是从理论、方法和实践等几个层面展开研究，更有其学科和学术价值及现实和深远意义。

鉴于上述理念和思考，我们策划、组织、编写了这套"新时代外国语言文学新发展研究丛书"，旨在分析和归纳近十年来我国外国语言文学学科重大理论的构建、研究领域的探索、核心议题的研讨、研究方法的探讨，以及各领域成果在我国的应用与实践，发现目前研究中存在的主要不足，为外国语言文学学科发展提出可资借鉴的建议。我们希望本丛书的出版，能够帮助该领域的研究者、学习者和爱好者了解和掌握学科前沿的最新发展成果，熟悉并了解现状，知晓存在的问题，探索发展趋势和路径，从而助力中国学者构建融通中外的话语体系，用学术成果来阐述中国故事，最终产生能屹立于世界学术之林的中国学派！

本丛书由中国英汉语比较研究会联合上海时代教育出版研究中心组织研发，由研究会下属29个二级分支机构协同创新、共同打造而成。罗选民和庄智象审阅了全部书稿提纲；研究会秘书处聘请了二十余位专家对书稿提纲逐一复审和批改；黄国文终审并批改了大部分书稿提纲。

本丛书的作者大都是知名学者或中青年骨干，接受过严格的学术训练，有很好的学术造诣，并在各自的研究领域有丰硕的科研成果，他们所承担的著作也分别都是迄今该领域动员资源最多的科研项目之一。本丛书主要包括"外国语言学""外国文学""翻译学""比较文学与跨文化研究"和"国别和区域研究"五个领域，集中反映和展示各自领域的最新理论、方法和实践的研究成果，每部著作内容涵盖理论界定、研究范畴、研究视角、研究方法、研究范式，同时也提出存在的问题，指明发展的前景。总之，本丛书基于外国语言文学学科的五个主要方向，借助基础研究与应用研究的有机契合、共时研究与历时研究的相辅相成、定量研究与定性研究的有效融合，科学系统地概括、总结、梳理、提炼近十年外国语言文学学科的发展历程、研究现状以及未来的发展趋势，为我国外国语言文学学科高质量建设与发展呈现可视性极强的研究成果，以期在提升国家软实力、构建人类命运共同体过程中承担起更重要的使命和责任。

感谢清华大学出版社和上海时代教育出版研究中心的大力支持。我们希望在研究会与出版社及研究中心的共同努力下，打造一套外国语言文学研究学术精品，向伟大的中国共产党建党一百周年献上一份诚挚的厚礼！

罗选民　庄智象

2021 年 6 月

前　言

任何学科都要从其研究对象中分析出基本的单位，并对其性质、特征、各种关系和演变规律进行细致而深入的考察，力求在总体把握的基础上建立起相应的范畴。对于词汇学来说，这样的基本单位就是词。Saussure（1959）曾提出，词是我们心理加工的一个单位，在语言系统中具有中心地位。在世界文明的演进过程中，人类对于自己所创造的语言的自觉反思和研究，常起始于词，其历史之悠久不言而喻。

尽管词是语言研究的基点，但是将词汇作为一个系统进行研究却是近几个世纪的事。学界论及词汇时常与语法相对，认为两者的区别正如 Strang（1968：215）所言："语法具有系统性，而词汇则是一系列几乎没有规则可寻的形式项"（While grammar is the domain of systems, lexis is the domain of vast lists of formal items about which rather little generalization can be made.）。其实不然，词汇研究者经过反复论证后发现，语言中的词汇并不是一堆散乱的词语，而是一个有系统的结构，为词汇学的逐步建立提供了前提条件。但是，在对语言各个子系统的研究中，对词汇子系统的关注却较为薄弱。词汇系统内部成员众多，成员的特异性又较强，词汇系统具有较大的异质性，而且词汇系统流动性最大，不断有新的成员加入，也不断有旧的成员退出，这都为词汇研究带来诸多困难（董秀芳，2004）。然而，词汇系统的复杂性不能成为我们忽视词汇研究的借口，语言中几乎一切都与词汇有着各种各样的联系。所幸的是，随着认知语言学、生成词库理论和语料库语言学的发展，词汇研究尤其是词汇语义学的研究，已然与现代语言学研究的大潮汇融，在其理论发展、研究方法和应用实践等领域已取得丰硕成果。

本书主要探讨的是近十年来的词汇学新发展研究。然而，新发展研究并不是空穴来风，而是在词汇学的历史起源和传统词汇学研究的基础上逐渐发展而来的，本书在前三章对其进行了扼要梳理：历史词汇学起源于词典学，注重对单个词义的历史追溯及其发展演变；传统词汇学关注形态学和构词法；现当代词汇学开始向词汇语义学研究方向发展，结合现代语言学研究的各种理论和方法，注重语言系统中词汇语义的整体发展和演变，实现了从结构到用法为取向的词汇语义研究的转向。诚然，本书的主要侧重点是第4~6章，考察近十年来词汇学新发展研究的理论、方法和在实践领域取得的成果。在理论层面，主要反映了现当代语言学理论在词汇研究层面的运用和发展，如认知语义学和词汇学相结合构成认知词汇语义学，生成词库理论与词汇学相结合构成生成词汇语义研究，语用学与词汇学相结合构成词汇语用学，语言类型学与词汇学相结合构成词汇类型学，对比语言学与词汇学相结合构成词汇对比研究，等等。在方法层面，词汇学新发展研究体现出注重语料、心理和计量等语言实证对语言理论研究的支撑和论证，关切以人为本的认知词汇语义研究，追求词汇语义的形式表征等特征。在实践层面，主要展现在外语和对外汉语教学、词典编纂和翻译领域的应用。第7章则是对词汇学研究未来发展趋向的展望。

罗常培（2003）曾经指出，语言学研究万不能抱残守缺地局限于语言本身的系统以内，必须要让语言现象与其他社会现象和意识联系起来，只有这样才能充分发挥语言的功能，阐扬语言学的原理。因此，虽然我们认同词汇学研究的未来趋势将继续沿着认知和生成路径前行（王文斌、邬菊艳，2020），但不可否认的是，词汇与社会文化相结合的研究将成为一大新趋势。社会现象，从经济生活到全部社会意识，都沉淀于语言，尤其积淀于词汇。一个时代的客观社会生活诸方面，决定了该时代的语言内容，也可以说，语言的内容会反映出某一时代社会生活的各个面影。例如，英语单词 town 现在表示"镇"或"市镇"，但在古英语中的 tun，仅表示"围场"（enclosure），或表示"园子"（garden）等，以后逐渐演变为表示"一群房子"（a group of houses）或"一个村庄"（village）等。到了12世纪中叶，该词表示"大于村庄的集居区"（an inhabited place larger than a village），而现在通常表示一个小于城市而又大于村庄的区域（place intermediate between a city and a village）。从中我们可以发现 town 的范围由小变大的历史发展轨迹。又如，汉语"秀"在《说文解字》中注释为"禾吐华"，即其本义是谷类植物抽穗开花，后来引申为"优异"（如"秀民"）和"俊美"（如"秀丽"）之义。与"秀"语义相近的"穆"，从甲骨文形体看，本义是"禾稼垂穗饱满丰硕"，引申出"美好"（如"穆如清风"）和"喜悦"（如"穆君之色"）之义；与"秀"相对的"莠"，本义为"田间的狗尾草"，引申出"丑恶"（如"莠言自口"）和"丑类"（如"莠民"）之义。"秀""穆""莠"等的词义引申，都表现出中华先民借助禾稼花草表达"优异""俊美""美好""喜悦""丑恶""丑类"等可意会却难以言传的心灵概念，既生动又形象。可见，对于汉民族母语者而言，何谓"优异"？即禾苗开花之状态；何谓"俊美"？即禾苗花之模样；何谓"美好"？即似谷物成熟之风采；何谓"喜悦"？即看到谷物成熟之感觉；何谓"丑恶"？即杂草侵害禾苗之状态；何谓"丑类"？即侵害禾苗之杂草（罗常培，2003）。这些词义引申直接表现出创造了辉煌农耕文化的中华先民的价值观念和审美情趣，间接彰显出中华民族早期的生存方式和价值取向。目前，此类词汇与文化的贯通研究并未引起学界足够的重视，而且很多时候随着现代科技和社会的发展，人们忽略了语言词汇所携载的民族文化印迹其实一直留存于我们的日常言语，尤其积淀于特定的词汇，因此这类研究理应引起未来词汇学研究领域的关注。

值此书稿付梓之际，我们特别感谢北京外国语大学柳鑫淼教授、浙江大学邵斌教授、宁波大学于善志教授、河北中医药大学宋聚磊副教授、中国石油大学刘庚博士，他们为本书做出了不同程度的重要贡献。本书得到教育部人文社会科学重点研究基地重大项目"新发展阶段中国外语教育自主知识体系创新研究"（项目编号：22JJD740011）的资助。上海时代教育出版研究中心庄智象理事长，清华大学出版社郝建华编审和许玲玉编辑为本书的顺利出版倾注了许多心血，在此一并深表谢忱！

邬菊艳　王文斌

2023 年 5 月

目　　录

图 目 录

表　目　录

第 1 章
绪　　论

　　希腊语中有一个词叫 barbo，指野蛮人或不会说话的人。在希腊人眼中，语言是文明的标志。德国哲学家 Hans-Georg Gadamer 曾指出，动物依赖自己的气味或便溺来辨认自己的来踪，人类却通过语言来辨认自己的来路，个人如此，社团如此，民族亦如此。人类和动物的根本区别在于动物只有环境，而人类在对环境的符号化认知中获得了一个世界，这个符号世界使人类得以超越其他动物。因此，语言是所有人类活动中最足以表现人或人性特点的标志（申小龙，2021）。语言同时是多层次、多结构的系统，而词汇系统在任何语言中都处于核心地位。词汇最敏感、最活跃，对人类社会做出的反应最快捷。社会生活一旦发生变化，语言中的词汇就会随之做出反应和表达。

　　语言研究较早认识的是语音系统和语法系统，因为这两个系统相对封闭，可以进行较为穷尽性的描写，从而使系统的面貌得到较为清晰的呈现。而词汇则具有开放性，数量巨大，似乎毫无规律可言。关于词汇是否是一个系统的探究，曾一度成为学界的争论热点。因此，相较于语音和语法研究，词汇研究一直处于语言学研究的边缘。然而，词汇可以说是语言系统中的珠穆朗玛峰，词汇规律性研究的重要性是任何语音和语法研究难以比拟的，对于词汇的任何研究都是朝着正确的方向前进了一步（汪榕培，2000）。所幸的是，从 20 世纪末开始，特别是在 21 世纪，随着认知语言学和语料库语言学的发展，词汇研究在学界已引起越来越多的关注，逐渐成为语言学中的显学。正如 Behrens & Zaefferer（2002）所言，词汇学从语言学的"继子"变成了"宠儿"（lexicology， the former step-child and recent darling of linguistics）（转引自王文斌、邵斌，2018）。

1.1 词汇学概论

词汇研究是语言学研究的一个重要部分，词汇学是语言学的一个分支。英语中虽长期没有"词汇学"一说，但词汇研究由来已久。汉语词汇学研究则起步于历史悠久的训诂学。

1.1.1 何谓词汇学?

词汇学，即 lexicology，最早可能在 1828 至 1832 年见于 Webster 词典。lexicology 由两部分组成，lexico- 源于希腊语的 lexikos，即 lexicon, of or for words，指"词汇"之意；-ology 源于希腊语的 logos，指 the study of，即"学"之意。由此可见，词汇学就是对"词的研究"（the study of words）。王文斌和邵斌（2018）曾详细梳理了国内外不同语言学家、语言学词典和语言学百科全书对"词汇学"这一术语的界定和详细论述，最终得出结论："词汇学，可简要定义为对词和词汇及其意义的研究"（王文斌、邵斌，2018：6）。

汉语界较早提出"词汇学"术语的是周祖谟。周祖谟（1959）指出，就语言运用而言，人们必须具备"词汇学"和"语义学"各方面的基本知识，这样才能逐步通过实践达到掌握语言的目的；而就汉语规范化而言，要编一部好的规范化的词典，没有丰富的词汇学和语义学知识是不行的，所以对于汉语的词汇就必须进行深入的研究。词汇的研究和语法的研究一样重要，因为语言是一种体系，语法构造有其系统性，词汇也是如此，而且两者之间具有内在联系。由此可见，词汇研究对于掌握语言具有重要作用，若不去研究词汇发展的内部规律、构成新词的方法、同义词和同音词在语言中的具体情况等，若不能搞清楚语言中的借词、词汇的变化和词义的发展等，那就不可能深刻了解语言并掌握语言。

由此可知，词汇学是对语言系统中的词和词汇的研究。词涉及音、形、义三个层面，但是由于"音"部分往往并入语音研究，因此词的研究主要聚焦词形和词义研究。词汇是一种语言中所有词的集合，因此词汇的研究主要聚焦词汇系统的规律性特征研究。传统词汇学研究侧重单个词形和词义的研究，包括形态学（morphology）、构词法（word-formation）、词源学（etymology）、词汇语义学（lexical semantics）等。现代词汇学研究更侧重词汇系统的研究，尤其注重词汇语义系统的研究，其理论取向往往与现代语言学的其他学派紧密结合，如以生成语言学为取向的生成词库理论、以认知语言学为取向的认知词汇语义理论等。近十年的词汇学研究则更多聚焦现代研究理论与现代科学研究方法相结合的词汇语义系统研究，试图揭示同一语言或不同语言在词汇形式和词汇语义系统层面的规律性特征。

1.1.2 词汇学研究范围

语言研究通常分为三个层面：音位学（phonology）、词汇学和句法学（syntax），其中，词汇学研究的中心议题主要围绕"词"和"词汇"展开。而关于词汇学研究的具体范围，不同的学者往往有不同的见解。王文斌和邵斌（2018）梳理了诸多学者对词汇学的定义以及专著、语言学百科全书在关于词汇学的章节中对词汇学研究范围的论述，发现主要有三种不同观点。第一种观点认为词汇学包含两部分，即侧重词形结构的词汇形态学（lexical morphology）和侧重词汇意义的词汇语义学；第二种观点认为词汇学包含三部分，即除以上两部分以外，还包括侧重词汇来源和历史发展的词源学；第三种观点认为除以上三部分以外，还包括词典学（lexicography），因为词典编纂是基于某种潜在的词汇学理论。王文斌和邵斌（2018）将这四部分内容视为狭义词汇学的研究内容，而广义的词汇学研究则可包括词汇学与语言的其他层面和研究视角的诸多交叉之处。

本书同意以上观点，并围绕狭义词汇学的研究内容展开，重点梳理词汇形态学和词汇语义学的理论、方法和应用发展。但需要指出的是，词源学侧重单个词的历史发展和演变，近十年来系统理论和应用发展的变化不是特别显著，因此本书将词源学的介绍放在传统词汇学研究章节中，其中包括了部分最近的词源学新发展研究内容。此外，词典学更多是对词汇学理论进行的应用研究，因此本书将该方面研究纳入词汇学的应用研究章节。

词汇学还可以分为普通词汇学和具体词汇学。普通词汇学研究语言词汇的一般理论，即世界上各种语言词汇的共同现象及其规律；具体词汇学则研究特定语言词汇的现象及其规律，如英语词汇学、汉语词汇学等。本书主要以普通词汇学发展为主，其中涉及的具体词汇学内容主要是英语词汇学、汉语词汇学以及英汉语言的对比词汇学。

1.2 词汇学研究的历史起源

1.2.1 西方词汇学研究的历史起源

据 Halliday & Yallop（2007）回忆，在印度和欧洲的历史发展中，词汇学研究正如对语言形式展开系统研究一样，都发生在语言被真正书写下来之后。虽然很多口头文化在话语功能和修辞方面已经有了很精细的分析，但只有当语言的书写形式真正发展起来以后，人们的注意力才聚焦语法和词汇方面。一般情况下，当一种语言不断变化，而其原先意义几近丢失时，书面形式的语言研究才真正开始，目的是让古代文本的意义保持活跃。在古印度，大约公元前 2 至 3 世纪，词汇表主要用来解释《吠陀经》（*Vedas*）中的疑难词，而当时《吠陀经》已经有 1000 多年历史，这些词汇表逐渐演变成为今天的词典。公元 7 世纪，印度学者 Amera Sinha 撰写了梵文词典《犹太法典》（*The Amera Kosha*）。这本词典一直被沿用至十多个世纪以后，直到 19 世纪仍是英国学者 Peter

Roget 编写《分类词典》（*Thesaurus*）时的思想来源。在那个年代，词典编纂是对语言系统描写的一个重要方面，当时印度学者在语法、语音方面的研究已经较为深入，但这些研究本质上是基于词典的词汇研究。换言之，词汇研究是当时印度学者开启语言研究的起点。

　　在阿拉伯国家，阿拔斯王朝时期（公元 750—1256 年）的学者 al-Khalil ibn Ahmed 是最早的阿拉伯词典编纂学家。他利用语音规则给词排序，编写了第一部阿拉伯语词典《埃因书》（*Kitāb al-'Ayn*）。《埃因书》倾注了 al-Khalil ibn Ahmed 毕生的心血，但由于种种难以考证的原因，该词典到公元 9 世纪中叶才以他的名义公诸于世（陈中耀，1986）。在伊斯兰教国家，词典编纂的首席人物是波斯湾学者 Abu-Hafs Soghdi。在公元 9 世纪至 10 世纪，他编纂了第一本波斯语词典《波斯语 – 达里语》（*Farsi-Dari*），可惜现在已难以找到。但是，这位学者在公元 11 世纪编写的《波斯语词典》（*Lughat-e Fars*）现在依然存在。他还编纂了《波斯语 – 阿拉伯语词典》（*Persian-Arabic*）、《波斯语 – 土耳其语词典》（*Persian-Turkish*）等双语词典。在古希腊，对词的最早研究始于古书《荷马史诗》（*Homer's Epics*）的词汇表中词的研究，语法学家 Apollonius 在公元前 1 世纪编写了《荷马词库》（*Homeric Lexicon*），但目前都很难找到。而拜占庭时期的词典《苏达辞书》（*Suda*）可谓那个年代最伟大的作品之一，拥有大概三万词条的词源和意义解释，这些词条主要来自古代、古希腊和拜占庭时期的希腊语和拉丁语。

　　在现代欧洲语境内，词典的发展主要与教育的普及和国家文学语言的推动紧密相关。15 世纪 50 年代后，双语词典在学校开始普及开来，最初目的是让学生学习拉丁语，主要有拉丁语 – 德语双语词典、拉丁语 – 英语双语词典等，后来则是为了学习欧洲的现代语言。南欧和东欧的许多国家先后陆续成立了国家研究院，如西班牙研究院（1726—1739）、俄罗斯研究院（1789—1794）等，这些研究院主要承担为词的使用和定义设定规则等责任，编纂了如意大利语词典《秕糠学院辞典》（*Vocabulario degli Academici della Crusca*）、《法兰西学院词典》（*Dictionnaire de l'Academie francaise*）等。到 19 世纪，出版社又推出了系列单语词典，如法语词典和德语词典等，这些词典后续都出版了不同版本。总体而言，各类词典的编纂和双语词典的使用都是西方词汇学研究的历史起源。

1.2.2　中国词汇学研究的历史起源

Halliday & Yallop（2007）曾指出，在中国，由于汉字没有词形变化，语法研究并未受到重视，而是主要侧重词汇研究，如由西汉扬雄于公元前 1 世纪撰写的记录方言词的《方言》、由东汉许慎于公元 1 世纪撰写的调查书面词起源的《说文解字》，以及描写词的声音并根据韵律进行分类的《切韵》和《唐韵》，前者由隋代陆法言于公元 601 年所著，后者由唐人孙愐约于公元 750 年所著。至明清时期，中国已经能够编纂大规模的词典和百科全书，最有名的当属近万卷的《永乐大典》。这部词典是在明朝永乐年间由明成祖朱棣先后命解缙、姚广孝等主持编纂而成的，是一部集中国古代典籍于大成的类书，全书于 1408 年完稿。然而，在我国能完好保存至今的词典却很少，《康熙字典》算是少数保存完好的字典之一。该字典包含五万汉字以及这些字的发音和定义等内容，由总纂官张玉书、陈廷敬主持编纂而成，历时六年，于康熙 55 年（1716 年）完成。

国内词汇学界一般认为《尔雅》是我国最早的词汇学研究专著。尔，通"迩"，近；雅，"雅正"，指当时的通行语。尔雅，近之以正，是指用通行语作为一种标准和规矩对俗语进行指正和规范。《尔雅》开篇《释诂》的第一条，"初、哉、首、基、肇、祖、元、胎、俶（书）、落、权舆，始也"。以动词"始"（女之初也）作为标准的通行语来解释前面多个动词："初"，裁衣之始；"哉"，草木之始；"首"，身体之始；"基"，筑墙之始；"肇"，开门之始；"祖"，人类之始；"元"，人体之始；"胎"，人生之始；"俶"，修行之始；而"落""权舆"皆是新生命开启之始，"落"指果实熟透而落地，同时指果实离开母体，一个新的生命开始了，"权舆"

则是指从土里钻出来的弯曲的新苗，也指新生命的开始[1]。又如，《释宫》篇中指出："室中谓之时，堂上谓之行，堂下谓之步，门外谓之趋，中庭谓之走，大路谓之奔。"这是用标准语"时""行""步""趋""走"和"奔"对具体的动作进行指正和规范：在室内踟蹰不前称为"时"；在厅堂上细步慢走称为"行"；在厅堂外徐行称为"步"；在门外小步快走称为"趋"；在庭院中快跑称为"走"；"奔"则是指在大路上快跑。在形式编排上，《尔雅》就像今天的词典一样，通过分辨同义但不同形的字、词、句来解释圣人的教诲训条、叙述诗人的歌咏和阐述绝妙的离别诗词[2]。六朝人称《尔雅》为"诗书之襟带"，因为他们学诗和读书时需要用《尔雅》来解读和注释。南宋理学家林光朝称《尔雅》为"六籍之户墉，学者之要津"，可见，《尔雅》是"六籍"（六经）的门窗，通过《尔雅》才能看到六经。学者要"过河"（想取得很高的学问），《尔雅》是"津"（渡口），通过它才能到达彼岸。清朝中叶经学家宋翔凤称《尔雅》为"训诂之渊海，五经之梯航"，这是指要解释过去的字、词，学者需要借助《尔雅》这个渊源大海；要抵达五经之山河，《尔雅》则是学者需要的梯子和舟船，只有借助《尔雅》，学者们才能顺利通达学问的境界。由此可见，《尔雅》在当时学者心中的地位之高，从而被列为《十三经》之一[3]。

1.2.3　词汇学融入现代语言学大潮

综上所述，西方词汇学研究主要起源于词典编纂，包括普通词典和分类词典的编纂，而中国词汇学研究主要起源于小学或传统训诂学。此后，随着普通语言学理论的发展，词汇学逐渐融入语言学研究的大潮。随着 19 世纪生物进化论的创立，历史比较语言学（historical

---

1　参考王宁教授解读视频，中华资源库《尔雅》(上)，腾讯视频网站。

2　同上。

3　同上。

comparative linguistics）应运而生。西方学者们从大量现代语言的具体分析以及考古语言文献的对比材料中，发现了语言不断演变进化的客观历史，尤其是通过对各个时期的词汇加以详尽的对比研究后，构拟出了古代印欧语的主要面貌。此后，学者们跨出本族语言的藩篱，开始寻找"亲属语言"之间的谱系关系及其发展规律，历史比较词汇学在那时顺势建立起来。19世纪末20世纪初产生了结构主义语言学（structural linguistics），使现代语言学研究步入了第二个阶段。在20世纪中叶，现代语言学进入语音、语法、语义和语用的综合研究时期，即转换生成语法时期，这时现代语言学研究步入了第三个阶段。陈明远（1984:13）曾指出，"现代语言学的三大时期是连续性的，每个阶段都取得了丰硕的成果。以特色而言，如果说传统语言学是干枯的、规定型的，那么应该说历史比较语言学是活跃的、发展型的，结构语言学是严谨的、描写型的，而转换生成语言学则是智慧的、解释型的。"

语言学的理论和对语言的研究方法无疑渗透到了词汇学的研究之中。可惜的是，这个时期的词汇研究仍然受到忽略和冷落，未能获得与音位和语法同等重要的地位。语音和句法的结构相对具有规则性，而词汇的规则性不易梳理，因此要归纳出具有普遍性的规则并不容易。20世纪的理论语言学家忽视词汇的重要性，最为突出的表现是主流语言学者对词汇表现出的态度。结构主义语言学家 Bloomfield（1933:274）曾对这一观点做过经典概括："词汇实际上是语法的附录，是基本的不规则形式的列表。"生成语言学家 Di Sciullo & William（1987）将词汇比作一套列表上的义素（a set of lexemes on the list），认为这些列表义素本质上是极其无聊的；词库中包含的词没有一个可指明的类型，它们之所以聚合在一起，是因为都无法顺应于有趣的规则；词库就像一个监狱，关在其中的都是不法分子，它们唯一的内在共性就是"无法无天"；词汇并不具有结构，所以不可能也不应该有一种理论与之直接相关。因此，20世纪主流语言学理论并未真正关注词汇学的系统研究。

但是，也有学者注意到了词汇学对于语言创造性研究的重要性，尤其是构词法。例如，德国学者 Stein（1973:29）指出，"当今由于转换生成语法的兴起，语言的创造性再一次受到重视，可令人惊讶的是，为何仅仅局限在句法层面，而事实上似乎更容易在构词法上看到这一点。"所幸的是，从 20 世纪末开始，特别是在 21 世纪，数据加工和语篇研究有了新的研究工具，即电脑和语料库，而且词汇学理论和实践也随之发生了重大变化。从此，词汇研究可以基于大量的口语和书面语语料库进行，开始在学界越来越受到重视，并逐渐融入现代语言学的研究大潮。

1.3　词汇学新发展特征

随着我国经济、政治、文化等各方面的蓬勃发展，坚持经济自强、政治自主、文化自信，建设中国和谐、文明的社会主义社会，构建世界人类命运共同体已成为当今时代的新发展特征，与之对应的语言词汇学研究在理论发展、研究方法和实践应用方面表现出如下三方面的新发展特征。

第一，在理论发展层面，聚焦语言使用者心理的认知操作过程，如以隐转喻、图形－背景等认知词汇语义学理论为视野开展的研究，也借用生成词库理论对词汇语义进行形式化且可操作性强的语义描写，这些仍是词义研究的重要方法。此外，近十年来的词汇学研究开始越来越关注认知社会文化和认知心理实证视角的转向：前者关注概念化过程中的社会文化因素，重视跨文化的普遍性和变异性；后者关注认知心理实验中人类大脑的实际心理加工过程。同时，词汇学理论发展更加关注自身与语言学其他理论的结合，如词汇学与语用学的结合、词汇学与构式语法和语用学的三者结合、词汇学与类型学的结合等，有交叉性的发展词汇语用学、词汇－构式语用学，构建词汇类型学等。值得一提的是，近年来词汇学研究更加注重以问题为导向，力图解决汉语词汇研究中的具体问题，通过与英语词汇系统的对比分析，构建英汉词汇对比研究、英汉词汇语义学对比研究理论等，这也是当下词汇学理论新发展的时代特征。

第二，在研究方法层面，认知语言学的研究方法以原初的"认知"

为基础，逐渐转向定量和实验等多元化方法论，重视语料、心理和计量等语言实证对词汇学理论研究的支撑和论证。语料库研究方法是词汇学研究领域使用最为频繁的方法之一，基于语料库或语料库驱动的词汇语义研究方法强调语料库验证和理论假设之间的平衡和互动关系，其中构式搭配分析法（collostructional analysis）和行为特征分析法（behavioral profile analysis）是目前在词汇学领域较为常见的语料库驱动方法。事件相关电位（event-realted potential，ERP）心理实验法在词汇学研究中的成果也越来越多，该方法具有较为客观、可靠和可验证等优点，可为词汇描写提供接近自然语言处理的数据。此外，将心理实验研究与语料库研究相结合的方法也日益受到词汇学界重视，虽然目前研究成果还不是很多，但这种综合性的研究方法可以将语料库中的语言使用数据和心理实验数据相结合，为语言研究提供汇流的证据，因此有理由相信其在未来会成为词汇学研究手段的主要趋势。

第三，在研究实践层面，基于认知语言学理论的词汇教学研究近年来已引起学界的热切关注，同时，语料库语言学的研究方法和技术手段被引入外语词汇教学的研究和实践中，为外语词汇教学提供了新的途径和研究视角。此外，移动技术辅助外语教学与多模态相结合对词汇学习的有效性研究也是目前学界探究的新领域。近年来，随着我国对外汉语教学热度的升温，对外汉语词汇教学在教学方法、教学模式、教学原则和教学内容等方面的研究，也均取得了很大进展。词汇学理论，尤其是词汇语义学理论的发展，对学习词典和双语词典编纂的理念和方法都具有重要影响。最后，词汇学研究在翻译实践、自然语言处理等方面也均具有重要的实践应用。

第 2 章
传统词汇学研究

西方语言学理论常以"形态学"为重要研究对象。形态学一头连着词法，一头连着句法。在英语形态学中，屈折和派生法则的研究受到高度重视，这些法则通过词头、词尾的变化往往引起句法功能的变化；而与句法几乎无太大关联的纯构词形态如复合、转类、重叠、缩略和逆成等的研究，则往往淹没于形态学的汪洋大海中。然而，随着转换生成语法的兴起，构词法逐渐从形态学中脱离出来而得到关切。此外，通过考察词的语音演变轨迹，以寻求词的早期语音形式和音义结合理据的词源学研究也是传统词汇学研究的重要内容。而关于词的语义问题，传统词汇学研究中主要侧重考察单个词的语义演进路径和发展变化，即"以结构为取向的词汇语义研究方法"是该时期的主要特征。简言之，传统词汇学研究主要包括形态学、构词法和词源学，并主要采取以结构为取向的词汇语义研究方法。

2.1 形态学研究

形态学，英语即 morphology，其中 morph- 指"形态"或"结构"，-logy 指"学"，即对某一学科进行科学系统研究，所以 morphology 是指"对事物的形态或结构进行科学系统的研究"。据文献记载，1796 年，德国诗人兼作家 Goethe 首次创造了 morphology 这一术语（Booij，2007）。该术语最早用于生物学领域，指"对动植物形态和结构进行科学系统的研究"。到了 1859 年，德国语言学家 Schleicher 将这一术语应用于语言学领域，表示对词的形式和结构进行科学系统的研究（Booij，2007）。因此，语言研究的形态学，主要是指对特定语言中词的内部结构的规律性进行科学系统的研究。形态学具体涉及两个方面：一是研究词的屈折变化，即屈折形态学（inflectional morphology）；二是研究词的构成，即派生形态学（derivational morphology）。从语法角度看，屈折形态学采用语言的聚合关系（paradigmatic relationship）视角，而派生形态学则采用语言的组合关系（syntagmatic relationship）视角，但无论是聚合关系还是组合关系，形态学都是研究词层面的内部语法关系，与研究句子层面的句法关系形成对比。Booij（2007）曾著书《词的语法》（*The Grammar of Words*），对词汇形态学的问题进行了探究。从功能角度看，屈折形态学是在特定句子语境中创生出合适的词素形式，如在英语句子中，动词在数和人称方面需要进行屈折变化而达到与主语的一致性；而派生形态学则是创生新词，如当双方需要决定大概的约会时间时，可以在具体数字后加 -ish，由此派生一些新词，如 sevenish（7 点左右）、tenish（10 点左右）等。可见，"形态学最基本的功能就是为一种语言拓展可用的词汇"（Booij，2007：17）。

2.1.1 屈折形态学

通过改变词的形式以适应不同语法语境的需要，屈折形态学所创生的语法意义主要包括名词的数（单数、复数）和人称（第一、二、三人称）、动词的时态（过去、现在和将来）和语态（主动、被动）、形容词和副词的比较等级等。例如，关于名词的单复数问题，平克（2015）曾提到，几乎所有学龄前儿童都可以顺利通过一种"wug 测试"，即一种关于名词复数的屈折形态变化测试。在接受测试之前，孩子们从未听说过 *wugs[1] 一词，但在实验过程中当被问及："这是 1 只 wug，现在这里有 2 只了，这里有 2 只 _____？"几乎所有孩子都能脱口而出：

1　此处 * 表示该词本身并不存在。下文中 * 表示错误或未被普遍接受的语言形式。

*wugs。显然，脱口而出的这个单词并不是简单地从孩子们的心理档案中调取出来的，那么它来自哪里？平克（2015）认为，人类必定拥有一套心理规则，能够在现有单词的基础上生成新的单词，正如这个测试中的规则所言：若要将名词变成复数，必须在词尾加上后缀 -s。

　　但是，英语屈折形态变化并不总是遵循规则，也存在很多不规则变化。这些不规则的变化形式大部分是早期的复数或形式变体的余留，如 man–men、goose–geese、mouse–mice、analysis–analyses 等，它们是最早时期英语的元音变化（umlaut）规则的余留。"部分不规则动词的形态变化还可以追溯至英语的日耳曼语祖先，甚至是原始印欧语时期的动词屈折变化规则的余留"（Booij，2007：101），如 drink–drank–drunk、swim–swam–swum、blow–blew–blown、fly–flew–flown、slay–slew–slown 等。现实生活中，人们常常能敏锐地察觉出其中的变化形式，并不自主地使用 shit–*shat–*shut、sneeze–*snoze–*snozen、take–took–*tooken，觉得它们更加顺口，那么为何会产生这种错觉？殊不知，这正是以 begin–began–begun、freeze–froze–frozen、break–broke–broken 为类比对象而得来的。又如平克（2015）曾提及，在《疯狂英语》（*Crazy English*）一书中有一篇题为《鸡舍狐狸》（*Foxen in the Henhice*）的短文，文中作者对英语的不规则复数形式进行了疯狂恶作剧，如 booth–*beeth、harmonica–*harmonicae、mother–*methren、drum–*dra、bathtub–*bathtubim。然而，一般情形下，这些玩笑式的创造性运用都只是短暂的新鲜异类，真正成功的例子并不多见，只有个别词形变化会在特定的语言社团中得到认可，并在传播开来后真正进入语言系统。例如，几百年前形成的 catch–caught，就是因为 teach–taught 的类比关系而固定下来；今天的 sneak–snuck，也是因为 stick–stuck 的类比关系而被人们接受；has tooken（已经买了）据说已经成为当下爱逛商场的年轻人的首选形式。

　　然而，根据 Booij（2007）的论断，现代英语的屈折形态正在慢慢消退，其原因主要有二：一是英语自身的重音系统（stress system），古英语和现代英语不同，古英语的重音基本在第一个音节上，词尾往往得不到凸显，在整个单词的发音过程中，作为屈折变化的后缀通常因得不到重读而受到忽视，随着时间的流逝，屈折系统就逐渐消退；二是语言接触，古英语持续了好几百年的时间，大不列颠北部长期受丹麦人控制，丹麦人的语言是古诺尔斯语（Old Norse），这种语言和古英语非常接近，有阳性、阴性和中性等格的区分，但具体屈折词尾的变化有些不同。例如，两种语言中均具有词根 bōt（remedy），它们的主格单数形式都相同，但是古英语的主格复数是 bóta，古诺尔斯语的是 bótaR，而 bóta 又正好是古诺尔斯语的属格复数。由此，有学者推断，在一定程度上，说两种语言的人们可以相互沟通交流，但是这种不同的屈折后缀必然会造成交流过程中的混乱，因此人们会有意或无意地忽略使用它，最终这类词缀因长期得不到重视而逐渐脱落。学者们发现，最先失去屈折形态变化的区域是在大不列颠的北部，当地人和说古诺尔斯语的人们共同居住，之后这种屈折形态的脱落逐渐由英国北部向南部扩散，直至扩展到整个英国，最后导致整个国家的英语语言屈折形态变得贫乏，导致现代英语向分析语发展。

2.1.2　派生形态学

虽然英语的屈折形态略显简单粗糙，但是英语的派生构词法却十分丰富。派生法是指在原单词的基础上派生构造出新的单词。派生法中最典型的构词方式是利用前后缀派生出不同词性的新词，主要包括名词化（nominalization）、动词化（verbalization）、形容词化（adjectivalization）和副词化（adverbialization）等。例如，动词后缀 -ize 可以将形容词或名词变为动词，表示"使成为""使……化"，如 legal-ize（使合法化）、normal-ize（正常化）、author-ize（批准许可）、capital-ize（资本化）、polar-ize（两极化）等。在特定语境中，派生法可以灵活调整词性，以起到增强句子表达效果的作用，如例 1（a）中的 fist 是名词，表示"拳头"，make fists 表示"握紧拳头"，而 fist 加上前缀 de- 则表示"放开拳头"；例 1（b）中的 potty 是形容词，表示"疯狂的""痴迷的"，pottiness 则是相应的名词，表示"喜爱""疯狂"。两个句子分别通过同一词干的不同词性转换起到一定的呼应效果。

> 例 1 （a） He made *fists*... He *defists* to gesture.
> （b） [...] and whether our own conversation doesn't sound a little *potty*. It's the *pottiness*, you know, that is so awful.
>
> （Kastovsky，1986：595）

与句子的语法结构类似，派生词的词根和词缀之间也存在语法关系。首先，派生词具有层级性。一旦深入词根和词缀的层级，就如同进入了一个奇特的世界。何谓层级性？先看一首流行英语儿歌，歌词来自 Dr. Seuss 绘本《穿袜子的狐狸》（*Fox in Socks*）中的一段经典语句。

> What do you know about tweetle beetles? Well...
> When tweetle beetles fight, it's called a tweetle beetle battle.
> And when they battle in a puddle, it's a tweetle beetle puddle battle.
> And when tweetle beetles battle with paddles in a puddle, they call it
> a *tweetle beetle puddle paddle battle*...

儿歌最后一句中的复合词 tweetle beetle puddle paddle battle，描述了一种划船桨的战斗，paddle 和 battle 组合形成的复合词 paddle battle（船桨战斗）是整个复合词的中心；展开战斗的动物是 tweetle beetles（嘟嘟叫的小甲壳虫）；展开战斗的地方是 in the puddle（小水坑中），所以 puddle 修饰复合名词 paddle battle，表示"发生在水坑中的一场划船桨战斗"。可见，整个复合词的构成层层嵌套，层级性显著，可表示为 [[tweetle beetle] [puddle [paddle battle]]]。

复合词的这种层级性也体现在派生词中。英语派生词的词干通常是一个词的基本形式，承载着整个词的核心语义。当词干加缀后便可组成新词，但其基本语义仍主要以词干的语义为轴心。例如派生词 encouragement，en- 是动词前缀，-ment 是名词后缀，即en·courage·ment，理论上这个派生词的层级有两种：[[en·courage] ment] 和 [en[courage·ment]]。但是由该词的语义可知，动词 encourage

是首先存在的，而后再构成名词形式 encouragement，因此该词的层级性是 [[en·courage]ment]。又如 unforgettable 一词，其语音式呈现从左至右的一维线序（un- > forget > -able），但其组构方式却严格遵循词缀的层次蕴含原则（-able > un- > forget），否定前缀 un- 蕴含情态后缀 -able，可由 forgettable 生成 unforgettable；反之，-able 不能蕴含 un-，不可由 *unforget 生成 unforgettable，体现出一种典型的层级结构 [un[forget·able]]。

层级性的最显著特征是中心语（head）现象，即派生词通常把蕴含具有词性决定功能的最右边成分作为中心语，中心语携带的所有信息则会传递给整个词。具体而言，中心语自身的名词性或动词性及其自身语义均会传递给整个词。例如，workman（工人）是一个单数名词，因为它的中心语 man 是一个单数名词，指一种"人"，而不是一种"工作"；overshoot（超过）的中心语是 shoot（发射），shoot 是动词，overshoot 也是动词，语义上 overshoot 属于 shoot 的一种。此外，中心语的复数形式或动词变化形式，甚至不规则形式也会传递。例如，workman 的复数形式是 workmen，而非 *workmans；overshoot 的过去时和过去分词形式为 overshot，而非 *overshooted。一般情况下，派生词的中心语位于整个单词的右边，因此该类中心语信息的传递现象也被称为右中心原则。右中心原则是指在词法中，一个形态复杂的词的右边成分通常作为该词的中心语。正如 Williams（1981：248）所言，"词法是一个设计精巧的系统，遵循右中心原则（right-hand head rule）。"需要指出的是，派生词偶尔也会遵循左中心原则，如在 encave 和 endanger 这两个派生词中，因前缀 en- 是动词性前缀，属于中心语，由此使整个派生词成为动词，分别表示"把……藏入洞中；藏于洞中"和"危及；危害；使遭危险"。

随着派生词中心语概念的提出，语言中很多奇怪复合词，得到了合理解释。例如，索尼公司发明了 walkman（随身听），该词的复数形式究竟是 walkmen 还是 walkmans？棒球比赛中的 *flied* out to a center field（击球手击出腾空球至中外场被守方球员接住而出局），为何不是 *flown* out to a center field？多伦多冰球队员被称为 Maple Leafs（枫叶），为何不是 Maple Leaves？这些看似不规则的语言现象背后实则隐藏的是中心语缺失的问题，也就是无中心语词现象。无中心语词是一种特殊的词法现象，它们不符合上文提到的右中心原则。例如，low-life 是一个无中心语词，其整体语义不是指一种"生活"（life），而是指一类"人"，即"一类生活在社会底层的人"，该语义决定了正常的中心语传输通道被阻塞，中心语信息 life 的语义及其复数形式都被束缚在心理词典之内，无法应用到 low-life 上。此时，通用的英语名词复数规则变化"词尾添加 -s"则趁机占领了阵地，于是就有了 low-lifes 的复数形式（平克，2015）。通过类似的无意识推理，英语中出现了 still lifes（静物画）、saber-tooths（剑齿虎）、tenderfoots（初级童子军）、flatfoots（警察）（俚语）等词。同理，walkman 也是一个无中心语词，它表示一种"电子产品"，而不是指"某类人"（man），该语义并非获自内部单词 man，自然就无法传承 man 的复数形式 men，而此时通用的名词复数规则变化"词尾添加 -s"就有了一席之地。尽管词法规则可以对该词做出理性阐释，但实际上英语母语者仍感觉 walkmans 别扭，认为这个单词并非是根据某种广受认可的方式组合而成的，walkman 和 man 之间的关系颇令人费解。索尼公司由于害怕自己的商标像 aspirin（阿司匹林）、Kleenex（舒洁）一样沦为普通名词，于是另辟蹊径，声称 Walkman 的复数形式为 Walkman Personal Stereos，以此来绕开这个词法问题（平克，2015）。再说棒球运动术语 fly out，其中 fly 并不是人们熟知的表示"飞行"的动词，而是一个名词，表示"腾空球"，fly out 的整体语义是"因击出腾空球被守方球员接杀而导致出局"。可见，fly out 也是一个无中心语词，缺少中心语传输通道，动词 fly 的过去式和过去分词的不规则形式（flew-flown）显然不能被传递给整个单词，于是"添加后缀 -ed"的动词过去式常规变化形式便"临危受命"。此处 fly out 失去不规则变化能力的并不是它自身的特殊含义，而是因为 fly 是一个基于名词生成的动词。遵循相同的逻辑，出现了句子"They *ringed* the city with artillery."（他们用大炮包围了这座城市）和"He *grandstanded* to the crowd."（他在人群面前招摇地表演）等表达形式（平克，2015），其中的 ring 和 grandstand 也是基于名词生成的动词，因此均采用了动词过去式的常规变化形式 ringed 和 grandstanded，而没有使用通常的不规则形式 rang 和 grandstood。同理，Maple Leafs 也是一个无中心语词。它是一个专有名称，是加拿大的国家象征，而不是指 a leaf（一片枫叶）。如果一个名词的名词性并非来自其内部的某个名词，那么它就无法获得其内部名词的不规则变化，于是 Maple Leaf 的复数形式"词尾添加 -s"便成为它的默认选项。

层级性的另一显著特征是限制（constraint），即派生构词中存在各类限制。Bauer（2003）曾归纳出三类限制，即词基驱动的限制（base-driven constraint）、输入或输出词的限制（input or output constraint）和层级限制（stratal constraint）。词基驱动的限制是指词基的构成会对进一步派生的新词缀具有限制。例如，带有后缀 -ize 的动词名词化过程中往往会选择 -ation（如 verbalization），而不选择 -ion（如 *verbalizion）；带有后缀 -able 的形容词名词化过程中往往会选择 -ity（如 possibility），而不选择 -ness（如 *possibliness）；以 l-、m-、r- 为首字母的形容词的否定形式往往会选择 il-（如 illegal）、im-（如 immortal）和 ir-（如 irreversible），而不会选择 un-（如 *unlegal）、non-（如 *nonmortal）或 dis-（*disreversible）。输入或与特定词缀结合的输出词的限制是指与特定词缀结合的输入词或输出词会受到限制。例如，形容词后缀 -able 一般派生于及物动词，构成相应形容词，如 drinkable、adjustable 等，而很少与不及物动词结合，如 *listenable 和 *lookable 就无法成立；动词后缀 -en 一般只能与词基末尾有一个阻塞音的形容词结合，如 blacken、whiten 等，但几乎不生成 *greenen 或 *littlen。fast 和 soft 虽然词尾有两个阻塞音，但与 -en 结合后，其输出端的词 fasten 和 soften 会失去其 /t/ 音，变成 /fɑːsn/ 和 /sɒfn/。层级限制是指当多个词缀与词根结合时并非任意，而是由特定的层级关系组合。例如，词根 Darwin 包含在派生词 Darwinian 之中，派生词 Darwinian 又可借助后缀规则构成新的派生词 Darwinianism，由此还可派生出该单词的复数形式 Darwinianisms，图 2-1 体现了该单词结构所包含的三个层级。反之，由于 -ian 只能与词根相连，Darwinism 不

能做 -ian 的词基，*Darwin · ism · ian 不存在；同样，*Darwin · s · ian、*Darwin · s · ian · ism、*Darwin · s · ism 也均不能成立，因为已经发生屈折变化的单词不能再添加任何词根或后缀，这便是词法层级的限制。

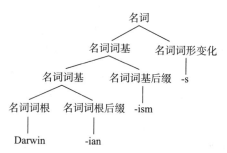

图 2-1　Darwinianisms 的层级结构（平克，2015：133）

层级性的第三个显著特征是词缀类别的区分。Bauer（2003）将英语词缀分为两种类别：一类是中性词缀（neutral affix），这类词缀源自德语，一般不会改变所黏附词基的重音；另一类是非中性词缀（non-neutral affix），这类词缀源自拉丁语，在与词基结合后往往会改变所黏附词基的重音。表 2-1 中的后缀 -ness、-ize、-able 和前缀 non-、il-、un- 都是中性词缀，词基 curious、productive、organ、expend、finite、legal 和 reasonable 与这些中性词缀构成的派生词的重音没有改变，而后缀 -ity、-ic 属于非中性词缀，它们与词基组合构成的派生词的重音均发生了后移。

表 2-1　英语中性词缀与非中性词缀

词基	中性词缀	非中性词缀
curious	-ness (curiousness)	-ity (curiosity)
productive	-ness (productiveness)	-ity (productivity)
organ	-ize (organize)	-ic (organic)
expend	-able (expendable)	/
finite	non- (non-finite)	/
legal	il- (illegal)	/
reasonable	un- (unreasonable)	/

Bauer（2003）还区分了强边界词缀（strong boundary affix，下文用 # 标示）与弱边界词缀（weak boundary affix），英语派生词中通常是强边界词缀后附加弱边界词缀，如 al#ly（environmentally）、al#ness（exceptionalness）、-ive#ness（prescriptiveness）等；反之则很少见。关于中性与非中性、强边界与弱边界的区分，Bauer（2003）并没有进一步深入解释其生成机理，而是仅提到这类现象存在于荷兰语、意大利语、日语、坎纳达语、马来西亚语、俄罗斯语等。由此，我们认为，这很可能是一种词源学现象。换言之，词缀的不同词源导致其性质与边界的差异。

一般说来，具有清晰层级结构的派生词语义具有较高的透明度和可预测性，但仍有一些派生词中的词根和词缀组合语义具有不可预测性。例如，complex·ity 表示"复杂的状态"，electric·ity 却并非表示"有电的状态"，而是表示"电""电能"。同样，instrumental（有帮助的）与 instrument（仪器）的关联性并不大，intoxicate（使陶醉）也并非是"有毒的"（toxic）物质，人们亦不会在 recital（演奏会）上 recite（朗诵），five-speed transmission（五档变速器）也并非是一种 transmit（传递）（平克，2015）。

尽管如此，我们依然认为，派生构词是具有类似句法结构的一种词法规则，或称词的语法。这种语法在人类大脑中究竟如何编码？对此，我们依然认识不清。为此，形态学研究还需要关注大脑语言表征的模式，探究形态学的规则，提出人类语言构建的可能假设。目前学界已经提出的形态学可能假设主要有两种，即项目与排列形态学（item and arrangement morphology）和项目与过程形态学（item and process morphology）。

关于项目与排列形态学理论的前提是将语素（morpheme）看成是词汇项目（lexical item），形态学研究则考察这些词汇项目排列成词的过程。该理论最显著的观点是将词缀看成是一个相对独立的、类似自由语素的词条（lexical entry），如动词后缀 -ize 具有自己的结构信息、语义信息和语音信息，如图 2-2 所示。

-ize　　　　　结构信息[[　] adj./n.＿]v.＿

　　　　　　　语义信息　　　　　　　make adj.; make/put into n.

　　　　　　　语音信息　　　　　　　[...σσ$_w$aɪz]

图 2-2　动词后缀 -ize 的词条信息

　　从其结构信息中，可知 -ize 是一个跟在形容词或名词后的动词后缀，词基和词缀之间有层级关系；从其语义信息中，可了解与该词缀结合派生出的新词的可能语义；在其语音信息中，两个 σ 表示词基的音节，w 下标符表示弱音节或不重读音节，由此可知，与词缀 -ize 结合的词基至少需要有两个音节，而最后一个音节往往承载重音。项目与排列形态学理论中的词缀同自由语素一样有着类似的结构信息、语义信息和语音信息，但两者存在不同。尽管实际使用中自由语素可以独立存在，词缀则具有黏附性，但是该理论却认为，词缀在人类大脑词库中如同自由语素一样具有独立存在性，可以有层级地与自由语素派生构词。随着形态学的进一步发展，很多形态学家无法接受词缀在心理词库中具有独立存在性的观点，由此发展出了项目与过程形态学理论。

　　项目与过程形态学理论认为，仅自由语素在人类大脑中具有独立的词条，而词缀是带有语音和语义信息的粘附语素，通过一定的规则与自由语素相结合，这是一个派生词实现的过程。仍以动词后缀 -ize 为例，-ize 类派生词的实现过程如图 2-3 所示，其中 X 为词基，N 为名词，V 为动词。

X—Xize, where X = N　Xize = V meaning "make, put into X"

图 2-3　-ize 派生词的实现过程

　　该理论与前一理论相比，其最大区别在于动态性，在解释某些动词过去式、过去分词的不规则形式时具有优势。例如，关于 sing、swim、ring 类动词的不规则过去式形式，我们可以构建一个仅改变元音的实现规则（如图 2-4 所示，C 表示任何形式的辅音，N 表示任何形式的鼻辅音），利用项目与过程规则可以非常轻松地表达出这类不规则动词的变化规律。项目与排列形态学理论则很难解释这类语言现象，因为一般不会认为一个单词中的某个字母是一个独立的语素。

$$C_iN \longrightarrow CæN$$
$$[-past] \quad [+past]$$

图 2-4　sing、swim、ring 类动词不规则过去式的实现

项目与排列形态学是将形态规则看成是两个独立成分的静态排列，项目与过程形态学则是将形态规则看成一个由自由语素操作或加工的动态过程。由此可见，从对静态的排列规则的探究转向对动态过程规律的考量是形态学发展的一个重要现象。

2.2　构词法研究

1976 年，美国学者 Mark Aronoff 在其专著《生成语法中的构词法》(*Word Formation in Generative Grammar*) 中较早明确区分了 "词结构"（word structure）和 "构词法"（word formation），指出前者属于形态学，偏重于研究既有词的结构分析；后者属于构词法，偏重研究新词的创造。2.1 节主要探讨了英语形态学；汉语形态学并不发达，故未作讨论。但是，不论英语还是汉语，均存在构词法。下文将综合论述英语和汉语构词法的概况，并着重介述英汉语言中均存在的英汉重叠构词法。

2.2.1　英汉构词法概述

基于世界上大部分语言的构词法，Schmid（2015）指出构词法最常见的分类方式为语素构词法和非语素构词法。我们发现，英汉构词法基本符合这一分类方法。语素构词法主要指两个或多个语素构成一个新词，如英语中的两个单词构成复合词、单词和词缀构成派生词等，因此语素构词法包括复合法（compounding）和派生法，而派生法又包括零派生法（zero derivation）、前缀派生法（prefixation）与后缀派生法（suffixation），而零派生通常称为转类法（conversion）。非语素构词法主要指构词成分并非都是语素，也可以是字母或某个单词的部分，这些组合构成一个新词，因此非语素构词法主要包括融合法（blending）、缩短法（clipping）、首字母缩略法（acronym-formation）和重叠法（reduplication）。语素构词法更具有规律性和可预测性，是在构词规则或构词图式中最常被提及的一种构词方法，是构词法的核心；非语素构词法则更为灵活，更具有个体创造性。此外，逆成法（backformation）本质上是对派生法的逆向构词方法，具有规则性和一定的可预测性，同时具有个体的特殊性，有时会涉及词中部分语素的删减，因此它介于语素构词法和非语素构词法之间，但一般情况下仍将其归于非语素构词法范畴。

中国的传统词汇研究以"字"为中心，从字的音、形、义分别衍生出音韵学、文字学和训诂学。同时由于汉语缺乏形态、字词难以区分等因素，形态学的研究没有受到重视，构词法也一直未能发展起来。直到进入 20 世纪 80 年代，学者们逐渐发现汉语不仅在构字、构词上具有某种一致性，而且发现汉语的词、短语和句子在结构上的一致性，"词的解剖或许可以成为短语、句子解剖的显微和缩影"（潘文国，2004：3）。正如郭绍虞（1979：750）所指出的，"只有第一步从构词法学起，才能切合汉语的语法研究：因为明白了词与词组的结构，自然会明白造句法。"而关于汉语构词法究竟属于语法学还是词汇学研究，学界在 20 世纪 50 年代有过争论，但刘叔新（1990）明确提出，语言构造新词的各种方法，如复合词、叠连法、缩略法、转化法等都毫无疑问须由词汇学去研究，构词法由语法学去研究，显然是越俎代庖（转引自潘文国，2004）。此后，汉语构词法的研究日益引起人们重视。

汉语构词法可以分为语素构词法和非语素构词法。汉语语素构词法和英语类似，也主要包括派生、复合和转类。但是，汉语派生构词与英语派生构词有所不同，汉语中更多的是类派生构词。类派生构词是指类词缀与词基构成派生词的一种构词方法，其与典型派生构词之间的区别在于类词缀和典型词缀之间的不同。虽然英语中也存在如 -like （silklike，catlike，childlike）、-shy（call-shy，camera-shy，kitchen-shy）、-poor（energy-poor，information-poor，communication-poor）等类词缀，但主要以典型词缀为主，而汉语中的典型词缀数量很少，类词缀却相当丰富，如类前缀："被 –"（被自杀、被结婚、被捐款）、"裸 –"（裸考、裸辞、裸退）、"软 –"（软着陆、软饮料、软科学）、"准 –"（准儿媳、准军事化、准将）等；类后缀："– 奴"（房奴、车奴、女儿奴）、"– 吧"（聊吧、陶吧、静吧）、"– 热"（考公热、出国热、烧烤热）、"– 族"（上班族、北漂族、暴走族）等。汉语中类词缀的产生主要与社会新生事物或新现象的产生和发展相呼应，如当年随着微博的蓬勃兴起及纵深发展，产生了一系列"微 X"词语，人们写"微小说"、看"微喜剧"、读"微新闻"；彼此相恋的青年写"微情书"、享受"微爱情"，甚至可以成为"微夫妻"。这一系列"微"族词中的"微"始终指代"微博"，即 [+ 博客]、[+ 微型]。但是，随着"微 X"完全类推式的规模不断壮大，"微电影""微公益""微支付"等词也应运而生，这些类推式在表层结构形式上与原式相同，但其语义属性却与原式大相径庭："微电影"指具有完整故事情节的视频短片；"微公益"指举手之劳、帮人之危；"微支付"则是小金额支付或分期付款。"微"的原语义元素中的 [+ 博客] 已经退去，仅保留表示 [+ 微型] 的语义，"微 X"词模显然已经由完全类推向创造性类推过渡。在各式之"微"盛行的同时，"微 X"由于其所指均为网络衍生品或新生事物，其关涉对象多为年轻、前卫的群体，其整体语义逐渐抽绎出 [+ 时尚] 的浮现意义（沈家煊，2006），如"微约会""微自由""微心情"等，似乎加上"微"字，该事物就与新生代、新生命相关，具有了某种新的生存力、竞争力和发展潜力。换言之，"微 X"词模基于大规模类推而产生了创造性类推，"微"语义经历了退化和转指，其新语义逐渐沉淀，并发展成为类词缀，"微 X"也随之成为了新兴汉语类派生词（邬菊艳、王文斌，2014）。类派生词和复合词往往具有不同的认知基础。类派生词是以事物之间的相似性为基础，建立在人们类比的思维之上，它是以词干为焦点信息，以类词缀为背景信息，具有很强类推性的一种构词模式，而且类词缀本身的语义虚化程度决定了其在整个类派生词中的语义承担程度。复合词是以事物之间的普遍联系性为基础，建立在人们认识事物之间的联系思维之上，是以每一个组词成分为焦点信息，以各个成分之间的联系为基础的一种构词模式（邬菊艳，2011）。

汉语非语素构词法和英语非语素构词法有同有异。相同之处在于汉语也存在重叠法，而且重叠构词现象在汉语中更为常见，沈家煊（2015）甚至提出，重叠法是汉语重要的形态手段，现行的很多名词、动词、形容词，不论是单音节还是多音节，各自重叠后就都变成了摹状性的词。例如，"年"是单音节名词，一旦重叠就能成为摹状词，可修饰动词，如"年年讲""年年考""年年发财"；"指点"是双音节动词，重叠后可以作为摹状词修饰动词，如"旁边的人指指点点地议论着什么""他终于无法忍受妻子常年指指点点的辱骂"；"小心"是双音节形容词，重叠后可以作为摹状词修饰动词，如"小小心心地打开了盒子""白色运动鞋要小小心心地穿"。虽然本节暂不对重叠的语法功能作过多阐释，但仍可以从中看到重叠构词在汉语中的重要性。下文将专辟一节介绍英汉重叠词的最新研究成果。

英语和汉语非语素构词法的不同之处在于，尽管汉语中也存在融合法和缩短法，但是缩略的方式略有不同。英语融合法，通常是指将两个或多个源词去掉部分音节后融合成一个新词的构造过程，如 troublem（trouble + problem，麻烦的问题或人）、medicare（medicine + care，药物治疗）、pixel（picture + element，像素）、malware（malicious + software，恶意软件）、stagflation（stagnation + inflection，滞胀）、taikonaut（taikong+ astronaut，中国航天员）、COVID-19（Coronavirus Disease 2019，2019 冠状病毒病）等。汉语融合法则通常是指将两个或多个源词在语义上凝练成为一个新词的构造过程，如"抗疫"（抗击疫情）、"临牌"（临时牌照）、"刚需"（刚性需求）、"尬聊"（尴尬地聊天）、"减排"（减少排放）、"企微"（企业微信）、"风投"（风险投资）、"非遗"（非物质文化遗产）、"双减"（减轻义务教育阶段学生过重作业负担和校外培训负担）。英语缩短法也叫截短法，是指截去一个特定源词中的某些音节而获得一个相对简短的新词，如 app（application，应用程序）、tec（detective，侦探）、demo（demonstration，演示）、comfy（comfortable，舒服的）、coon（raccoon，浣熊）、pre（presentation，展示）、barbie（barbecue，烧烤）等。汉语缩短法则是指将较长或复杂的源词组合中的部分词截去后剩下相对简短的新词，如很多大学的简称常采用缩短法，"同济大学"简称"同济"，"香港大学"简称"港大"，"香港中文大学深圳校区"则简称"港中深"。普通名词中的缩短词有考公（考公务员）、考研（考研究生）、非典（非典型性肺炎）、核恐（核恐怖主义）、打的（打的士）、龙井（龙井茶叶）、茅台（茅台酒）、非银（非银行金融机构）等。此外，汉语虽然不存在首字母缩略法和逆成法，但有基于语音和声调的构词法，如吴方言区的人经常自嘲"马大嫂"，就是基于"买""汰""烧"的谐音缩略，指家里专做家务的人；又如"we are 伐木累"中的"伐木累"借助了英语单词 family 的谐音，指"我们是一家人"；"我读书少，表骗我"中的"表"借助了"不要"的谐音，指"不要骗我"。

综上所述，英汉语素构词型式包括派生、复合和转类，非语素构词型式包括重叠、融合、缩短、首字母缩略和逆成等。此外，值得关注的是派生法的归属问题，西方形态学显然包括派生法，但在构词法研究中，派生构词也是一种极为能产的构词方式，由于英语的前缀和后缀非常丰富，加缀派生构词具有显豁地位。因此我们认为，英语派生法既属于形态学，也属于构词法：形态学领域的派生法研究侧重派生词的词内规则，构词法领域的派生法研究则侧重派生词的新创性。而汉语派生法主要是构词法，近些年来随着新兴类词缀的出现，关于类派生构词方面的研究成果已汗牛充栋。

2.2.3　英汉重叠构词法

重叠是一种将语素或音节重复叠加而形成新词的构词现象，在英语和汉语言中均有存在。Quirk et al.（1985：1579）将重叠定义为"合成词包含两个或两个以上相同的，或仅仅稍有差别的成分"；Mattiello（2013：144）则对重叠做出了更为细致的描述："一个词的部分重复（see-saw，跷跷板）或完全重叠（goody-goody，伪善的人），抑或词内部的某个元音（riff-raff，乌合之众）或辅音的变换（boogie-woogie，节奏摇滚乐的一个支流）。"汉语中，黎锦熙（1955）最早提出重叠的概念；赵元任（1979/2015）将重叠看作类似英语中的语缀，但是又不同于一般的语缀，因为它们没有固定形式，主要采取其所附着的形式或这个形式的部分。王文斌和宋聚磊（2020）指出，汉语重叠主要包括完全重叠和部分重叠，其表征形式包括 AA 式（日日）、AABB 式（年年岁岁）、AAB 式（高高的）、ABB 式（绿油油）、ABAB 式（通红通红）、AABC式（欣欣向荣）等。由此可见，英汉语重叠虽然在形式上略有不同，但都具备完全或部分重叠、音节或语素的重叠。

Mattiello（2013）将英语重叠分为完全重叠（total or full reduplicative）和部分重叠（partial reduplicative）。完全重叠又可称为复制重叠（copy reduplicative），如 food food 指"非垃圾食品"（not junk food），fur fur 指"真正的毛皮"（real fur），here here 指"确实在这儿"（precisely here），"Are you leaving leaving?"中的 leaving leaving 则指"真的离开"（really leaving）。完全重叠很大部分来自儿童用语，因为儿童习惯于重复相同音节的长音，但实际上并未增加特别的语义，当大人在和儿童交谈时会随着儿童的话语进行重复，如此就产生了完全重叠词，如 knock-knock（a kind of joke，一种玩笑）、ta-ta（goodbye，再见）、buddy-buddy（brother or friend，兄弟、朋友）、fifty-fifty（equally divided，公平分）、kissy-kissy（lovely，亲亲的）、twenty-twenty（having normal vision，视力正常的）、win-win（double win，双赢的）、zero-zero（cannot be seen，能见度为零的）等。部分重叠可细分为三类，即元音交替重叠（ablaut reduplicative）、韵节重叠（rhyming reduplicative）和拟声重叠（onomatopoeic reduplicative）。元音交替重叠的主要特征是元音变换和辅音间插，表现为 ABC-AB'C 型。元音变换往往具有一定的规律性，最常见的是元音 /i/ 转换成元音 /æ/，如 zigzag（蜿蜒

曲折的）、mish-mash（混杂物）、chit-chat（闲聊）、rip-rap（碎石）、knick-knack（小装饰品）、rick-rack（曲折型的花边）、click-clack（咔嗒咔嗒声）、dilly-dally（磨磨蹭蹭）等；其次为元音 /i(:)/ 转换成元音 /ɔ(:)/，如 see-saw（跷跷板）、flip-flop（人字拖）、clip-clop（马蹄的嘚嘚声）、criss-cross（纵横交错）等。这种前高元音（/i/ 或 /i(:)/）加上后低元音（/æ/ 或 /ɔ(:)/）的高频组合说明了英语中叠词对声音变化和音位区别的注重，凸显了英语表音文字的语言特点。韵节交替的主要特征是首辅音变换和音从粘连，表现为 AB-CB 式。辅音变换通常出现在词首位置，其剩余元音部分与第二音节直接粘连形成音丛，如 hodge-podge（大杂烩）、hum-drum（单调的）、hub-bub（喧嚣）、nitty-gritty（事情的重点核心内容）、rag-tag（杂乱的）、walkie-talkie（对讲机）、razzle-dazzle（令人眼花缭乱的）、hotch-potch（大杂烩）、mumbo-jumbo（晦涩难懂的话）、hurly-burly（喧闹）、fender-bender（轻微车祸）、hanky-panky（不诚实的行为）、higgledy-piggledy（杂乱无章的）、fuddy-duddy（古板的）、mayday（无线电求救讯号）等。拟声重叠通常并不是具有实在意义的语素的重叠，而是主要通过模仿自然界中动物或人等发出的各种真实声音的象声词的部分重叠，有时也表现为完全重叠形式，如动物的声音有 oink-oink（猪叫声）、meow-meow（猫叫声）、quack-quack（鸭叫声）、tweet-tweet（鸟叫声）等；人发出的声音有 blah-blah（说话声）、gobble-gobble（吞食声）、clop-clop（走路声）、patter-patter（脚步声）、pech-pech（呼吸声）、glut-glut（吞咽声）、yum-yum（吃饭声）；乐器发出的声音有 clang-clang（铃声）、diddle-dingle（小提琴声）、honk-honk（汽车喇叭声）、tang-tang（拉弓声）、tom-tom（击鼓声）等。

重叠构词是汉语主要的构词法之一，可谓俯拾皆是。比如早在《诗经》中就有"采采卷耳""桃之夭夭""关关雎鸠""大车槛槛""大车哼哼""驷介麃麃""绿竹猗猗""彼黍离离""鹑之奔奔""申伯番番""忧心炳炳"等。现代汉语的重叠构词也可分为完全重叠和部分重叠。完全重叠包括 AA 式，如"天天""星星""个个""处处""点点""事事""朵朵"等；AABB 式，如"高高兴兴""上上下下""条条框框""恩恩怨怨""分分秒秒""祖祖辈辈""家家户户""密密麻麻""大大咧咧""跌跌撞撞"等。部分重叠的型式则较为灵活，包括三音节 AAB 式，如"哈哈笑""团团转""晶晶亮""飘飘然""冰冰凉""欣欣然""蒙蒙亮""悄悄话"等；ABB 式，如"水灵灵""胖墩墩""暖洋洋""香喷喷""美滋滋""圆鼓鼓""雄赳赳""白茫茫"等；四音节 AABC 式，如"比比皆是""彬彬有礼""勃勃生机""嗷嗷待哺""步步为营""楚楚动人""鼎鼎大名""呱呱坠地"等；四音节 ABCC 式，如"千里迢迢""秋波盈盈""人才济济""人心惶惶""神采奕奕""气息奄奄""文质彬彬""书声琅琅""喜气洋洋"等；四音节 ABAC 式，如"笨手笨脚""挨家挨户""不卑不亢""有声有色""群策群力""有勇有谋""全心全意""再接再厉"等。部分重叠还包括一些含有相对确定词的固定重叠式，包括"AA 的"式，如"大大的""高高的""细细的""厚厚的""凉凉的""好好的""矮矮的""饱饱的"等；"A 里 AB"式，如"傻里傻气""糊里糊涂""慌里慌张""怪里怪气""小里小气""疙里疙瘩""土里土气""妖里妖气"等；"一 A 一 B"式，如"一针一线""一五一十""一朝一夕""一箪一瓢"等；"无 A 无 B"式，如"无怨无悔""无边无际""无牵无挂""无拘无束""无亲无故"等。

关于重叠形式的意义，一直是学界关注的一个问题。Sapir（1921）较早注意到不同语言中重叠形式具有意义的相似性。他从既无亲缘关系又无地缘关系的美洲印第安语言、非洲语言和大洋洲语言里观察到，重叠表达的意义通常包括遍指、复数、重复、惯常行为、形状的增大、强度的增加和连续性等。简言之，重叠式经常负载的最为显著的意义是量的增加（张敏，1997）。这种不同语言中相似的形式和相似的意义之间的匹配，似乎不是偶然的，而是具有某种理据。相似性（iconicity）是其中被提及最多的用来解释重叠语义现象的一种认知机制。它是指语言形式和结构与其所表征的意义之间具有某种相通或近似的联系。例如，Greenberg（1963）谈及普遍特征时指出，世界上几乎所有语言中名词的复数形式均无一例外地比单数形式长；Jakobson（1965）也指出，印欧语中形容词的原级、比较级和最高级的语素形式在长短或数量上都是逐级增加的，至今未发现哪种语言的比较级比原级短或少，因此语言中的重叠构词也是形式－意义对应的普遍性，可以看作"形式越多，内容越多"的数量类象形的一种特殊的反映，即更多相同形式的重叠代表更多相同内容。名词或数量词的重叠表示量多，如"人人"表示"每一人"，"年年"表示"每一年"，"辆辆（车）"表示"每一辆（车）"，"个个"表示"每一个"；形容词的重叠表示形状增强，如"干干净净"表示"非常干净"，"水灵灵"表示"十分水灵"，"通红通红"表示"比通红的程度显得更深"，"群策群力"则表示"大家都尽力想出对策方法"。由此可见，重叠动因的实质似乎是以形式数量的增加反映概念世界的量的增长（张敏，1997）。但是，朱德熙（1982）却发现，重叠式有时还表示轻微的程度，如"高高的个子""短短的头发""大大的眼睛""细细的眉毛"中的重叠式相比"高个子""短头发""大眼睛""细眉毛"，在语义上具有"少量"的特征；行为动词的重叠式往往也表示"做一点点"或含"尝试"义，如"周末我经常在家看看书、读读报，休息休息"和"这件事我考虑考虑"中的重叠式在语义上具有"短时"的特征。重叠式的"少量""短时"特征的解释曾引起诸多学者的关注。

王力（1957）将动词重叠式看成是汉语中的一种"情貌"。所谓情貌，是指在语言里，对于动作的表现，不着重于过去、现在或将来，而又和时间性有关系者。动词重叠式的"短时貌"是从动词加数量词演变而来的。例如，"看看"是从"看一看"演变而来的，而"看一看"是把一种行为看作连续不断的许多行为的合体，若把当前叙述的行为不看作连续不断的行为合体，而是一个行为的单体，那么说话人所想象的时间自然是短暂的。可见，王力（1957）认为动词重叠式的"短时"语义实质是连续行为中的一个单体，涉及想象的时间概念。戴耀晶（1993）则明确提出汉语动词重叠的"短时"语义是一个抽象的概念，并不具有时间长度上的可标示性，它与可度量的具体时间并无必然联系，并进一步强调"短时"与其说是一个物理时间，不如说是一个心理时间观念。使用动词重叠式是语言使用者的选择，当他认为一个动作进行的时间短就可以选择这种形式来表达。可见，戴耀晶（1993）认为动词重叠式的"短时"语义实质是一种抽象的心理时间概念。而 Zhou（1993）则以象似性为理论框架，试图从时间维度上解释汉语动词重叠式的"短时"语义特征，认为动词重叠既是实质性的物理符号（physical icon），又是关系性的图样符号（diagrammatic icon）。物理符号是指语言形式符号，体现为发出某一语言符号所需的物理时间长度与表征这一形式符号的动作长度之间的相似性。例如，动词 AA 式（想想）或 ABAB 式（研究研究）的第二个或第四个音节都念轻声，发音较短较轻，语义显然在减弱，而 AABB 式（缝缝补补；来来往往）中各音节都念原声调，发音较重较长，其意义则为动作时间的延长或不断重复（张敏，1997）。图样符号是指代表复杂事物或复杂概念的符号，如指事、会意字等。图样符号的本质特征在于关系和关系的相似，而非实质和实质的相似（张敏，1997）。动词重叠表现为图样符号，这意味着重叠形式中语言单位及层面涉及越多，所代表的动作所需的时量就越长。例如，AA 式及 ABAB 式在音韵分析上普遍被看作是在词根 A 或 AB 上附加一个后缀，仅涉及音韵层面，而 AABB 式则是在原式第一音节 A 之后附上一个中缀，第二个音节 B 后附上一个后缀，同时涉及音韵层面及构词层面，且多出一个语言单位。可见，Zhou（1993）是通过读音的强弱和长短变化等轻声模式来解释动词重叠式中的"短时"问题的。但是，张敏（1997）认为，这种解释尚欠说服力。首先，普通话动词重叠式的轻重音模式都具有强制性，并不存在同一格式中交替采用轻声或原声调来表达或轻或重的语义的情况；此外，普通话构词和句法中的轻声现象十分普遍，如很多双音节动词、形容词和名词的第二个音节都是轻声，虚词也都是轻声，这些形式显然并没有"短时"之意。张敏（1997）进一步指出，形容词和动词重叠表"少量""短时"的现象并非汉语所独有，在其他语言里也有所体现，这一问题的解决需要放入语言类型学的视野中进行深入的考察。

2.3　词源学研究

传说在莎士比亚时代，人们通常用绳索将床垫固定在床架上，当拉绳子时床垫就会收紧，如此一来床睡上去就会更加坚固，这就是英语 Good night, sleep tight!（晚安！睡个好觉）的起源。又如，约四千年前，巴比伦流传这样一个风俗：婚礼结束后一个月内，新娘的父亲要为女婿提供一种蜂蜜酒（mead），女婿能喝多少就需要提供多少，当时巴比伦的历法是基于月亮的圆缺运动制订的，因此这一个月的新婚阶段就被称为"蜜月"（honeymoon）。类似这样的传说不禁让人想起 etymology（词源学），该词源于希腊语 etymologia，其中 etymon- 是指"真实语义"（true sense）或"最初的意义"（original meaning），-logia 则是指"学科"（-ology），因此 etymology 是指"对一个词进行分析，找到它的真实起源的一门学科"或"对一个词的真实语义展开适当研究的一门学科"。如英语单词 treacle（糖浆，糖蜜）来自希腊语，其原初的意义是"药物"（medicine），主要指"被剧毒咬过后的解毒剂"；sad 的最初语义为"令人满意的"（satisfied），直至 14 世纪初才发展为现如今之意（"伤心的"）。正如"在线词源"（etymology online）网页上所言，词源是现代语言的轮辙地图（a map of the wheel-ruts），它们不是概念，而是对词的语义的解释，并展示它们在六百年或两千年前的样子。Durkin（2009：7–8）曾给 etymology 下过定义："词源学是研究词的历史，特别关注那些历史事实不太确定的词的历史，或者是那些通过构建一个假设来解释一个词的起源或发展中的某个阶段，这个阶段也许是该词的意义或形式的历史，或者是其在不同语言或不同言语者之间的传播史。广泛意义上的词源学，也指尝试为某个词的历史提供一种合乎逻辑的解释而付出的全部努力。"总体而言，词源学试图解释语言为何是如此变化和发展的，为历史语言学研究提供更为宽广的领域，但词源学对历史语音学、形态学、语义学和句法学等方面并不特别关注，可相反的是，但凡研究这些领域的学者，都会关注词源学，因为词源学研究词的历史，往往会牵涉词的各个语言层面，包括语音、形态、语义和句法行为。换言之，在某种程度上，词源学就是研究词在语音、形态、语义和句法行为等方面的实际应用，而且非语言因素如社团文化和思想历史等，都是词源学需要关注的问题。

2.3.1 英语词源学研究

德国哲学家 Ernst Cassirer 曾指出："若我们想要发现将语词及其对象联系起来的纽带，就必须要追溯该语词的起源。我们必须从衍生词追溯到根词，必须去发现词根，发现每个词的真正的和最初的形式。根据这个原理，词源学不仅是语言学的中心，而且是语言哲学的基石。"（转引自张绍麒，2000：扉页）正是基于这种哲学本质，无论是在中国还是在西方，词源学研究都开展得很早，有着悠久的历史，并且形成了各自系统的基础理论和研究方法。

西方词源学起始于历史比较语言学，其研究对象重视活的语言材料，采用亲属语言或方言的比较，探讨词的语音演变轨迹，以寻求词的早期语音形式和音义结合的理据。西方词源学中的词源是跨语言的同源，指有亲属关系的不同语言中的词具有同一来源。例如，现代英语单词 friar（修道士）来自中世纪英语词 frere（修道士），而 frere 又可追溯至古法语词 frere（现代法语词 frère，兄弟，修士，教友），古法语词 frere 又源自拉丁语词 frater（brother，兄弟），可见古法语词 frere 与中世纪英语词 frere 的形式相同是该词源发展的关键。

Durkin（2009）曾指出，在语言历史发展中，拉丁语一般是法语的先驱，也就是说，法语与葡萄牙语、西班牙语、意大利语和罗马尼亚语一样，主要是从拉丁语发展而来的。诚然，法语中有很多源自其他语言的借词或受到其他语言的结构影响，尤其受到法兰克人的德语的影响最为显著，但毫无争议的是法语的"基本血统"就是拉丁语。上例中的拉丁语词 frater，确切地说是其间接格中的宾格单数形式 fratrem，经历一些词形变化后，大概在 14 世纪早期引入古法语词 frere，保持了原拉丁语的基本语义"兄弟"（brother），同时又发展出其隐喻性意义"修士；

教友"（brothers who belonged to various religious orders），而这种隐喻性的衍生意义和中世纪的拉丁语词的意义衍生相似。1066 年，法国诺曼底公爵威廉征服英格兰之后，frere 这个单词开始使用于英格兰地区，随后被引入中世纪英语。所以，确切地说，英语单词 frere 实则是从古法语的 Anglo-French 分支中借入的，两者的发音也基本相同。但在中世纪英语中已有通用的 brother 一词，而且 brother 不仅表示通俗语义的"兄弟"，也表示"修士；教友"之义，因此从法语引入的借词 frere，其"兄弟"义受到挤压，语义逐渐出现窄化，最后凸显了其宗教语义，指"修道会的成员，主要指方济会、奥古斯汀教会、道明会和加尔默罗会等的修道士"。由此，原英语本族语 brother 表示普遍语义上的"宗教组织的兄弟"义和 friar 表示"修道院的成员"义就基本得到确定，并在现代英语的发展中一直保存至今。但是，现代英语的形式有所变化——从 frere /friːə/ 演变为 friar/fraɪə/——这种变化可能是受到元音音律变化的影响。

英国语言学家 William Jones 早期发现，梵语与欧洲多种语言之间存在惊人的相似性，因此他认为欧洲很多古典语言诸如梵语、古希腊语、拉丁语、哥特语、波斯语等可能都是同源，而这个源头的语言就是现在人们所说的原始印欧语（Bryson，1990）。如数字"二"的梵语为 dwi，拉丁语为 duo，德语为 zwei，波斯语为 do，希腊语为 duo，意大利语为 due，西班牙语为 dos，丹麦语为 to，荷兰语为 twee，阿尔巴尼亚语为 dy，立陶宛语为 dvi，拉脱维亚语为 divi，英语为 two，根据以上不同语言的同源形式，语言学家构拟出"二"的原始印欧语形式可能是 *duwo。通过比较可知，英语中的 t 和德语中的 z 具有一定的对应关系，而这种对应符合格里姆定律（Grims Law）：现代德语的 z 来自古代日耳曼语的 t，而古代日耳曼语的 t 又来自原始印欧语的 d（伍铁平，1986）。可见，西方词源学中的同源是指具有亲属关系的不同语言中词的同源，具有跨语言性。西方词源学的研究方法是采用历史比较语言学研究的比较和构拟方法，通过分析语音对应关系，尽可能广泛联系不同语言的同源词，从中语言学家可以构拟出这些语言的原始共同语，并找出其彼此之间的亲疏远近，以此来解释语言的历史变化。

2.3.2 汉语词源学研究

汉语词源学的研究虽然受到西方词源学的影响，但其发展却相对独立。王宁（2001）曾指出，当代汉语词源研究是从两个学术源头发展起来的：一是基于西方历史语言学的词源学研究；二是基于中国训诂学的传统词源学研究。应该说，汉语词源学主要是在传统训诂学的基础上发展而来的，传统训诂学的"音近义通"原则是汉语词源学寻找同源词族的主要研究方法。根据"音近义通"原则，语言学家将汉语中的同源词联系在一起，整理出同源词的词族，掌握这些词的音义变化轨迹和规律，成为汉语词源学的主要任务（孙炜，2003）。例如，"齎"本义为"赠送"，《广雅·释诂四》中言："齎，送也"。"资"本义为"货物"，《说文·贝部》中言"资，货也"。然而，《国语·越语上》中言："夏则资皮，冬则资絺，旱则资舟，水则资车，以待乏也"，显然，此处的"资"为"囤积、积累"之意；《战国策·秦策四》中言："王资臣万金而游"，显然，此处的"资"为"赠送"之意。由于货物可以积累也可以赠送，从这个意义而言，"齎""资"在语义上相近；语音上，两者上古皆为精组脂部，故音同（朱乐川，2021），所以，"齎""资"两者音近、义近，但形异，即为音近义通的变易同源词族。又如章太炎在《文始五·阴声鱼部甲》中记载，《说文》：吕，脊骨也。象形。……对转阳孳乳为冈，山脊也。"语义上，"吕"为"脊骨"，"冈"为"山脊、山梁"，两者都指"脊梁"，但是前者专指"人或动物的脊梁"，后者专指山的"脊梁"，两者既有联系又有区别；语音上，"吕"上古来纽鱼部，"冈"上古见纽阳部，可见声纽上前者为舌部，后者为牙部，两者差距较大；韵部上鱼、阳"二者同居"为近转。总之，两者音相近、义相通，形相异，是为孳乳而成的同源词族（朱乐川，2021）。汉语词源学之所以可以根据"音近义通"原则进行同源词族系联，主要是因为汉字是表意文字，是形、音、义有机统一的整体，就其产生的最初形态而言，可以说它记录的就是现代语言中所谓的"词"（孙炜，2003）。而词义的引申发展一方面形成多义词，即用同一词形记录若干词义；另一方面推动词的派生，推动汉字造出新的形式以记录新的词义。因此,词义不断派生分化的过程也就是汉字大量孳乳的过程,这些新孳乳的汉字虽然在字形上和记录根词或源词的汉字有所差异,但在声音和意义上仍或多或少保留了源词的某些特点。既然文字的孳乳由词义的派生推动,那么词源学家自然可以倒过来通过文字线索系联同源词,章太炎的《文始》便是遵循这一思路"讨其类物,比其声韵",根据音义变化的规律系联同源词族(孙炜,2003)。

汉语词源学研究词的形式和意义的来源,属于广义词汇学的范畴。中国传统词汇研究中已经包含了对汉语词源的研究,章太炎建立了初步的词源学体系,现当代学者如黄侃、沈兼士、杨树达、黄永武、王力等进一步推动了词源学的发展。国外学者如瑞典汉学家高本汉的《汉语词类》、日本汉学家藤堂明保的《汉字语源字典》等,也做了极其有益的尝试。在新时代,曾昭聪(2018)曾指出,汉语词源学研究应基于汉语汉字特点,立足于中国传统的词源学研究,吸收西方词源学研究理论,坚持走具有中国特色、汉语特色的汉语词源学的理论建设与应用研究的道路。这不仅是汉语词源学研究的必由之路,也是语言学科建设的需要,更是增强"文化自信"和提高"文化软实力"的重要举措,对于"构建中国特色哲学社会科学学科体系"具有更深刻的时代意义。总体而言,当前汉语词源学研究主要具有以下两方面的特点。

其一,汉语词源学研究重视跨学科的研究方法。李海霞(2005)、吴世雄(2005)在伍铁平(1986,1988)比较词源学理论的基础上,提出比较文化词源学。词源是语言原初历史的写照,又是古代文化的活化石,词源研究是语言学中最具解释性的课题,其中的语言和文化的具体联系可以通过词源得到解释(王宁,1999)。王国维(1997)将汉语词"理"的词源与英语、法语、德语、意大利语、希腊语、拉丁语等印欧语系语言中表示与"理"相近概念词的词源进行比较研究,以此来研究国人与欧洲人对于"理"概念的认识的异同,这是首次将印欧语系中多种语言的词源所反映的古代文化遗迹与汉语中表达相应概念的词源文化内涵进行比较和对比,可算是运用多语种词源文化比较的先驱。人类不同民族的语言尽管表面上千差万别，但所表达出的不同民族的思维观念和文化内涵确有不少的共性：词语的意义内涵是人类经验的历史积蕴，体现词语语义演变过程的词源结构，能更好、更显著地反映古代文化的演变和发展。虽然词源研究在语音上不能引用非亲属语言的材料，但从语义上说，词源研究所涉及的文化、民俗、心理等方面的内容是可以进行跨语系对比研究的，而且这种跨语系的词源对比可以使人们更清楚地了解人类历史的进程和文明的发展，更好地认识人类文明的演变过程。例如，汉语的"妻"字在甲骨文中有多种不同的写法，但都是由一个长发女子和一只手构成的，如 𡛟 表示抢婚，即强行与抢掠来的女子成亲，这是中国古代婚配的习俗之一，即"娶妇做妻"。《白虎通》中言："娶者，取也。"《说文》中言："娶，取妇也。从女从取，取亦声。"古汉语中表示婚娶意义的字本写作"取"，"取"字的本义为"获取"，故"娶"即为"夺取妇女"之意。在原始社会和奴隶社会时期，抢掠妇女做妻妾的事同样盛行于世界各国的许多民族中。早在 1865 年，英国法学家 John F. Mclennan 在其专著《原始婚姻》（*Primitive Marriage*）中提到，在古代及近代，许多蒙昧民族和野蛮民族中存在着一种新郎假装用暴力抢劫新娘的结婚形式，即"抢劫婚姻"（转引自吴世雄，1997）。这种抢婚习俗在许多民族的语言词汇中都有体现，如日语的"嫁取"（よめとり）就是表示娶妻的意思，日语汉字中还保留了古汉语"取"字；俄语的 брак（结婚）是从 брать（取）派生而来的，-к 是后缀，整个词是从 брать себе жену（取妻）获得意义的，брать（取）在词源上有"夺取"的意义；法语 prendre femme（娶妻）中的 prendre 表"夺取"义，如 prendre qn pour femme（取某人为妻）的字面意义就是"夺取某人为妻"；德语中"结婚"可以说成 eine Frau nehmen 或 ein Weib nehmen，字面语义都是"夺取一个妇女"，其中的动词 nehmen 意指"取得""夺取"（吴世雄，1997）。

此外，杨光荣（2001，2004）提出建立"二维词源学""计算词源学"，试图用计算机技术来实现对同源词的处理和研究。二维词源学是指在同源词中，可以将词义切分为"类义"和"核义"两部分，前者是指词所代表的对象，后者是指词在心理或大脑中形成的图像。例如，"沟"由"交叉"与"水渠"二义组成，"媾"则由"交叉"与"性交行为"二义组成："交叉"为"沟""媾"的共有核义，即共有的心理图像；"水渠""性交行为"则分别为"沟""媾"的类义，即所指的对象。该理论中将同源词的词义通过"类义""核义"表征构成一个二元组，为词义的形式化研究跨出了重要一步（杨光荣，2004）。计算词源学研究则在二维词源学的基础上，侧重同源词的有穷表示、同源词的数学描述、同源词的计算机实现原理以及计算词源学的原理等探讨。例如，先采用集合论方法建立同源词的数学模型，并利用这种建模方法使同源词的表述做到规则化、形式化，再将这些信息输入计算机以建立词汇数据库，之后根据特定的定义与判定定理来编写有关判定同源词的程序，再加上相应的技术处理，就可以由计算机自动系联同源词了（杨光荣，2004）。

其二，汉语词源学研究注重利用亲属语言进行比较研究。许多学者采用历史比较的研究方法研究亚洲各语言。例如，丁邦新（2005，2017）对古汉语和原始台语的声调进行了深入研究，认为汉语上古音的演变按声母的清浊把声调分成阴阳两类，原始台语也按声母的清浊分成两类，除入声的演变比较复杂之外，广州话和龙州土语都显示出极为类似的演变。面对如此整齐而类似的演变，人们有充分的理由认为汉语和台语之间具有亲属关系。同时，根据大部分汉藏语学者的发现，声调是后起的，有些声调是从韵尾辅音演变而来的。丁邦新（2017）认为原始汉藏语的时代在前，当声调刚刚萌芽时，古汉语和原始台语还没有跟藏缅语分家，而古汉台语分支的时代在后，在声调系统基本成形后，古汉语跟原始台语才分道发展，所以两者的系统既接近又不全同，而且同源词的声调系统跟台语本身的系统是一致的。此外，自高本汉以后，很多中外学者矻矻探索，最显著的研究成果是汉藏同源说，即汉语、藏语、缅甸语、泰语、苗语、瑶语、壮语等语言之间具有类似的亲缘关系。李方桂认为汉语跟藏缅、侗台、苗瑶三大语族组成汉藏语系（转引自王士元，2005；张民权，2012）；美国学者 Paul Benedict 认为汉语与南岛语关系更紧密，汉语与南岛语一起另立为澳泰语系；而法国学者 Lauran

Sagart 则干脆提出汉语与南岛语同源论；Edwin Pulleyblank 等欧洲学者认为汉语与印欧语同源，不仅有考古学证据，还有音系学、形态学和同源词的证据；俄罗斯学者 Sergei Starostin 等学者则认为应当建立一个独立的"汉藏 – 高加索"超级语系，也就是说汉语与北高加索和叶尼塞语具有同源发生学的关系，附有考古和语言学的证据等（转引自王士元，2005；张民权，2012）。但同时，张民权（2012）认为汉藏同源是一个非常复杂的历史问题，迄今为止仍是一个未经证实的假说，其同源的历史范围及其谱系关系仍是一个聚讼不决的话题，因此汉藏同源说基本上还处于有待科学证明的过程之中。

面向新时代的汉语词源学研究，中国学者需要立足汉语本身，对基础理论继续加以系统化和精细化；同时，通过编纂现代汉语词源词典，将词源学与语言教学、语文规范以及辞书编纂等工作相结合，推动汉语词源学的应用研究（曾昭聪，2018）。

2.4　以结构为取向的词汇语义研究方法

尽管现代语言学之父 Ferdinand de Saussure 从未使用"结构主义"的术语，而仅使用类似"系统""形式"和"整体"等词，但学界一般都认为其是结构主义语言学思想的奠基者。实际上，首次提出"结构主义"术语的是俄罗斯语言学家 Roman Jacobsen，他在《浪漫主义的泛斯拉夫主义》（Romantické v Eslovanství）一文中提出："如果要囊括当前各种科学的主导思想，再没有比结构主义更贴切的术语了。"（李葆嘉等，2013：55）。Saussure 关于共时与历时的区分，是结构主义语言学的立论基础。共时与历时之分实则是状态与演化之别，因此语言在此处是一种变化，在彼处是一个系统，系统与演化并非语言自身固有的区分，而是语言研究者研究语言时采用的两个对立又关联的视角。历时比较语言学的研究取向更注重动态的演化，而结构主义语言学的研究取向更关注静态的系统。结构主义的核心思想是反对将语言看作一堆散落的词语，认为语言是一个自治的、相对封闭的系统。该系统符号具有自身的属性和特征，正是这些属性和特征决定了语言作为符号的运行方式。

结构主义语言学认为语言是一个整体，是一个系统，语言系统中的特定词仅与该系统中的其他词相联系，而与该词语的发展演化没有关系。Saussure（1959）认为，对于一个说话人而言，语言只可能呈现为一种状态，当他需要表达自己的意愿时，就从一个既存的语言系统中择取材料、构造话语。至于语言从哪里来，又向何处衍生，这些无论多么复杂，都与说话人没有关系，也不会被意识到。例如，法语中的 mouton 和英语中的 sheep 都表示"羊"，从这个意义上说两者是相当的，但这两个词在各自的语言系统中的价值并不一样，因为前者还可以表示"羊肉"（英语中表示"羊肉"的是另一个词 mutton），而后者却没有这个意思。类似的情形在同一种语言里也随处可见，如汉语中一般不说"*吃猪""*吃狗"，可是"吃虾""吃螃蟹"的说法却很普遍。简单地说，人们判定一个词项的语义主要不是看它能够指称什么，而是要确知这个词项的价值，还需要比照所有的关联项目，看它不能够表示什么。对于一种语言的共时系统而言，重要的不是语义，而是语义的差别，也就是价值。

语言系统观是词汇场（lexical field）理论发展的直接灵感来源。所谓词汇场，就是指语义上相关联的词项的集合。这些词项的语义相互依存，一起为某一现实域提供语言结构。语言结构组成精神和世界之间的中间层，如果说现实是由实体和事件组成的空间，那么语言就在这个空间里进行切分。在词汇场理论历史中，最有影响的是 Trier（1931）的著作《智能意义域中的德语词汇：语言场的历史》（*Der Deutsche Wortschatz im Sinnbezirk des Verstandes: Die Geschichte eines Sprachlichen Feldes*）。在这部著作中，Trier 认为孤立地研究词语是不合适的，应该在与其语义相关的词语关系中研究——"划分"（demarcation）永远是相对于其他词语之间的划分。Trier 借用马赛克（Mosaic）作比喻，认为马赛克用彼此邻接的装饰片对二维空间进行划分，同样，语言可以把人类知识划分为相互邻接的若干小区域。同时，词汇不是纯粹通过个别词语的语义变化而发生演化，而是作为一个整体结构发生演化。Trier（1968）通过分析语言的不同共时阶段，揭示词汇从一个时期到另一个时期所经历的词汇语义结构变化。

　　只有在词汇场的划分中，才能对词语的确切价值提供肯定答案，孤立地研究词语是不合适的，应该在与其语义相关的词语关系中来研究词语。换言之，一个词语的价值取决于相关词语组成的整个词汇场的结构。然而，问题是该如何对词汇场内的成员做进一步的分析和区分？如果同一个词汇场内的成员 A 决定成员 B，B 同时决定 A，那么该如何避免循环论证（Kandler，1959）？语义价值的描写需要对词汇场中的事物进行识别，而识别的前提是需要某种真正的语义性内容，如"亲属"词汇场中的性别、直系和辈分等，而这些语义性内容又该如何表征？因此，语义成分分析（componential analysis）理论认为，一旦划分了词汇场的界限，就需要对场内的词项进行进一步的细分，恰如可以利用发音方式的不同（如擦音与塞音、清音与浊音、圆唇与半圆唇等）来对音位进行结构描写一样，语义成分也可以在构成词汇场的维度上进行词语语义特征的形式表征。Hjelmslev（1953，1958）提出"内容元素"（éléments de contenu）的概念，此概念大致类似于"区别性特征"（distinctive feature）。到了 20 世纪 60 年代，语义成分分析的观点在 Coseriu（1962，1964，1967）、Greimas（1966）和 Pottier（1964，1965）的著作中得到了充分的发展。其中，Pottier（1964）对法语"家具"词汇场的"坐具"子场的描写是语义成分分析方法的最典型范例。"坐具"子场的上义词是 siège（坐具），下义词包括 siège（椅子）、pouf（高圆垫）、tabouret（凳子）、chaise（装饰椅）、fauteuil（扶手椅）和 canapé（长条椅）。其中，上义词 siège 仅刻画"供人坐"这一特征，而若要进一步对不同种类的 siège（带腿的坐具）进行区分，则需要增加其他区别性特征，如"是否具有坐的功能""是否单人座""有否有椅腿""是否有椅背""是否有扶手""是否由硬质材料制造"等。

　　词语的关系语义研究进一步发展了关于描写词语之间结构关系的思想。Lyons（1963）以结构主义理论为基点，强调语义研究应该聚焦对立关系（relations of opposition）的描写。换言之，词语的语义不是基于词义的孤立描写而得到词语之间具有同义、近义或反义关系，而应是由词语参与其中的一系列的语义关系。Lyons（1963）反对传统语义研究中的"语义优先于语义关系"的观点，而提倡"语义关系优先"。Lyons（1963）将词语的语义等同于其与其他词语之间的同义以及别的类似关系，如 fast 的语义就是其与 speedily 的同义关系。相对于词汇场内部仅受制于具有区别性对立关系的语义描写方法，关系语义研究显然更加自由、开放，如动词 rise 和 raise 显示的是致使关系，writer 和 novel、cut 和 short 显示的是因果关系或者引发结果关系等。"作为语言语义的一个独立层面，这种'关系语义'描写理论几乎成了结构主义语义学的一个缩影。"（Geeraerts，2010：88）

词汇场理论、语义成分分析法和关系语义学理论都进一步在强化语言的内部结构，凸显语言是一个相对独立的自治符号系统的结构主义思想，由此割断了词语与词语使用的环境和使用者心理的关系。当时的词汇研究，尤其是词汇语义的研究，凸显了四个特征：第一，词语语义的研究不再是原子主义的，而是基于词汇系统的语义结构；第二，词语语义的研究不再是历时的语义演化，而是一个共时的语义相互对立或补充的系统结构；第三，词语语义的研究以语言自治的方式进行，基本不再考虑词语使用的语境和词语使用者的心理；第四，词语语义的表征体现出形式化的特征。以上词语研究阐释的方式遵从语言内部层次的语义结构的原则，依赖语言符号和语言符号之间的关系，来完成对词汇语义的化简释义和描写。

但是，作为语言一部分的词汇（尤其是词汇语义知识）和作为世界知识一部分的概念知识之间是否真的可以进行实质性的划分？又在何处可以找到确切的分解？结构主义词汇研究的不同理论方法，似乎并不能对这些问题做出明确回答。因此，理想化的词汇结构自主性最终也许只能成为虚无缥缈，而不得不对世界知识和心理认知做出妥协。

第 3 章
现代词汇语义学研究

西方语言富有形态变化和句法规则，因此西方语言学长期以来关注形态学和语法形式研究，但人类语言的本质共性在于其语义性，语义反映人类相通的认知过程和思维成果。随着语言信息处理和知识工程的发展，语义研究的重要性和迫切性日益显露。美国科学院语言自动处理咨询委员会的调查报告《语言与机器人》（*Language and Robots*, 1966）中指出，机器翻译遇到了难以克服的语义障碍（semantic barrier），在近期或可遇见的未来，开发出实用的机器翻译系统毫无指望。日本在 1992 年启动的"真实世界计算机"计划不得不于 20 世纪 90 年代后期宣布暂停，并指出在十年内要完成一个高智能系统是不可能的。计算语言学界明确提出，语言信息处理本质上就是语义信息处理（李葆嘉等，2013）。正缘于此，现代词汇学的研究已逐渐向词汇语义学研究转变。

3.1 原型范畴理论

3.1.1 范畴化

我们会发现自己在这个世界上被各种各样的事物和现象包围，这些物体有着各自不同的质地、颜色和形状。正常情况下，我们都能够识别这些物体，也不难对其进行分类并给予合适的类别名称，这种分类的心理过程就是范畴化（categorization）。范畴化的结果是产生各类认知范畴（cognitive category），如身体范畴、家族范畴、水果范畴、蔬菜范畴、服装范畴、家具范畴、学习用品范畴、电子产品范畴、理财产品范畴等。从横向的平行关系来看，一个特定的范畴内的成员之间以原型为中心，向边缘成分展开，例如"青菜""萝卜""番茄""圣女果"都属于"蔬菜"范畴，其中"青菜"是"蔬菜"的原型，而"圣女果"是"蔬菜"的边缘成分，因为"圣女果"有时属于"水果"。从纵向的垂直关系来看，一个特定的范畴内的下位范畴和上位范畴之间属于所属关系，例如"海鲜"—"虾"—"龙虾"，这三个层次还可以上下扩展，比如往上属于"食物"，往下则是"龙虾"更详细的分类，如"澳洲龙虾""波士顿龙虾""蓝龙虾"等。在纵向关系中，从最具概括性的范畴到最特例的范畴形成一个类似菱形的结构，在这个层级结构中，越往上越抽象，范畴成员越少；从菱形的顶部开始，越往下越具体，经历一个成员最多的中间层次后，越往下成员也是越少，成员最多的中间层次为基本层次范畴。Rosch（1977）认为基本层次范畴具有最大的内包性，且信息量最多（转引自 Evans & Green，2015）。Lakoff（1987）也指出，基本层次范畴是完型感知、身体运动能力和形成丰富心理意象能力的集合体。所有的"鸟"范畴都具备其所特有的完型，以区别于"猫""狗"等范畴；人们可以通过基本层次范畴上的物体与外界交流，如"鸟"是一种有羽毛的、会飞的动物，有些人很喜欢养鸟等；上位范畴在使用时会经常使人联想到基本范畴，如要描述一种"动物"时，一般会想到其基本范畴成员，如猫、狗、鸟、兔、鱼等，而不会是一种抽象的、统一的动物意象。

对语言学家来说，范畴化是一个重要的问题，因为它一般潜存于词和语言的使用之中。语言的产生和理解无疑包括认知过程，因而范畴化一定是发生在人们心智之中的某种东西，由此而来的范畴则可以理解为储存于人们心智之中的心理概念，它们在一起组成所谓的心理词库。上文提到的基本层次范畴成员是最常使用的名称，是人们词汇系统中的最重要成员，也是儿童命名和理解的第一个层次。该范畴的词汇最先进入语言词汇系统，在拼写上大多都是最短的基本词项，更是人们的主要知识得以组织的基本词汇。

基本层次范畴词汇的第一个特点是：它们大多是由单一词项构成的单词，如 dog、cat、orange、carrot 等。有时，上位范畴词汇会在一个语言系统中缺失，如汉语中有囊括各种颜色的上位范畴词"颜色"，但是英语中的 color 有时不包括黑、白、灰三种颜色。又如，英语中有表示 brother 和 sister 的上位范畴词 sibling，但汉语中却没有相应的词，虽然汉语中有"手足之情"，但却很少说"他是我的手足"（尽管偶尔说"他是我的手足兄弟"），因此严格意义上说汉语中没有类似 sibling 的上位范畴词，一般用解释性短语"兄弟姐妹"来表示。下位范畴一般是由一个基本范畴词和一个表示限定说明的修饰语共同组成，英汉两种语言均有这种构词法，但是汉语中更加显著。例如，"球类"范畴的下位范畴有"篮球""排球""足球""乒乓球""羽毛球"等；"星期"范畴的下位范畴有"星期一""星期二""星期三"等；"月份"范畴的下位范畴有"一月""二月""三月"等，汉语将两个义素并置相加，语义上具有很强的可分析性。英语中也可以把几个表意成分相加形成一个新的概念，如 ball 的下位范畴有 basketball、volleyball、football、table tennis 等，但是总体说来英语的词化程度相对较高，所以很多时候一个概念通常用一个单独的词来表达，如 badminton、Monday、Tuesday、Wednesday、Thursday、January、February、March 等。

基本层次范畴词汇的第二个特点是：它们的使用频率比上位和下位范畴词汇更高。基本层次范畴词汇以它们的高频使用率区别于非基本层次范畴词汇，如英语中基本层次范畴词汇一般都是英语本族语，形式简短、结构简单，多为单音节词；而非基本层次范畴词汇在词源或构造上则相对复杂，从词源来看，很多来自希腊语或拉丁语，往往适用于比较正式的文体或作为学术、专业用语出现。例如，名词 belly 是英语本族语词，而其近义词 stomach 来自法语，abdomen 来自拉丁语；动词 tell 是英语本族语词，而其近义词 inform 来自法语，acquaint 来自拉丁语；形容词 weak 是英语本族语词，其近义词 frail 来自法语，fragile 来自拉丁语。这些本族语词的使用频率很高，主要用于日常的口语和笔头的交际，属于基本层次范畴；法语和拉丁语则属于非基本层次范畴，主要用于重要场合和正式情况下的语言交际活动，或者用于学术活动、公文文本或法律文本，属于学术性词语，是学术体（王文斌，2005），而且后两类词语的使用频率显然没有第一类高。Taylor（2003）认为，基本层次范畴词汇使用频率高的主要原因在于人们总是在基本层次上讨论事情。由于基本层次范畴词汇具有显豁的认知凸显性，成为在不需要细节时的首要和必然选项，这也是区分基本层次范畴词和非基本层次范畴词的一种简单又快捷的方法。例如，在日常生活的相互交流中，如果有人问："你手里拿了什么？"人们一般回答"一本书"，而不会说"一件物品"，因为后者的这种回答会给人有遮掩某种东西的感觉；一般也不会回答"外国小说"或"*Gone with the Wind*"，因为这种回答也会给人一种奇怪的感觉，认为你在炫耀（能看懂外文原版小说）。

3.1.2 原型性和家族相似性

20 世纪七八十年代，Rosch（1978，1988）对范畴内部结构进行了心理语言学研究，该研究成为原型范畴理论（prototype category theory）的基础。Rosch 最初的实验研究主要与 Berlin & Kay（1969）对多种语言中基本颜色词进行的人类学研究相关。通过对不同语言中基本颜色词进行对比研究，Berlin & Kay（1969）发现，所有的语言都是从 11 个颜色词的集合中挑选出该语言的基本颜色词，而且这 11 个颜色词具有如下的层级性：

黑／白＞红／绿＞黄／褐／蓝＞紫／粉／橙／灰

这个层级意味着：如果一种语言中只有两个颜色词，那么就是"黑"和"白"；如果有三个颜色词，那么就是"黑""白"和"红"；如果有四个颜色词，那么就是"黑""白""红"和"绿"；如果有五个颜色词，那么就是"黑""白""红""绿"和"黄"或"褐"或"蓝"，其中"黄""褐""蓝"处于同一层次，不同语言可能会挑选其中一种或两种或三种作为该层次的颜色词。同时，色卡的感知实验结果表明，受试者对某一特定颜色的最佳样例的色板选择几乎都是相同的，与其会说什么语言并无相关性；受试者在对焦点色的识别方面几乎意见一致，但在确定边缘色时明显产生意见分歧。基于以上人类学研究成果，Rosch（1977）推断，相较于不太凸显的颜色，焦点色在语言中往往更容易编码，在心理上也更容易记忆。焦点色的词形相对更短，比边缘色更容易表达出来。此外，Rosch（1977）还进一步提出，除在语言中焦点颜色词更容易掌握这一现象以外，具体感知特征的心理凸显性还可以扩展到其他领域，如心理学研究揭示了人类的六种基本情感：喜、悲、惧、厌、奇、怒，它们在功能上更为凸显；格式塔心理学家也发现相较于其他复杂图形，某些几何图形如三角形、正方形、平行四边形等在人类心理上也具有更加凸显的地位。

综合观察以上研究，Rosch（1977）提出，对范畴做出严格且精确的定义，本质上可能会与心理的感知实际相违背，因为基于感知的范畴并没有清晰的边界，概念域之间的边缘界限是模糊的，只有基于范畴中的焦点，人类才能清晰地定义不同的范畴（转引自 Geeraerts，2010）。Rosch（1977）把这种观察映射到更普遍的自然语言范畴中，通过各种实验验证了一个事实：根据具有其所在范畴的特性的多寡，一个特定语言范畴内部的各个成员具有不同的原型性（prototypicality），其中的"原型"是指范畴内的焦点成员，这些焦点成员的属性是该范畴最凸显的属性，其他成员具有非原型性，处于范畴的边缘位置。例如，英语的 bird（鸟类）范畴中的最典型成员被认为是 robin（知更鸟），接着依次是 sparrow（麻雀）、bluejay（蓝鸟）、canary（金丝雀）、blackbird（黑鹂）、dove（鸽子），而 chicken（小鸡）、turkey（火鸡）、ostrich（鸵鸟）、penguin（企鹅）和 peacock（孔雀）则是 bird 范畴中的边缘成员；对于 furniture（家具）范畴而言，chair（椅子）的原型性最高，drawer（抽屉）的原型性居中，telephone（电话）的原型性则最低。又如，vegetable（蔬菜）范畴所对应的原型性等级从高到低分别是 carrot（胡萝卜）、potato（马铃薯）、rice（稻米）；vehicle（车辆）范畴分别是

automobile（汽车）、tractor（拖拉机）、elevator（升降机）; sport（体育运动）范畴分别是 football（足球）、skating（溜冰）、checkers（跳棋）; toy（玩具）范畴中最典型的是 doll（洋娃娃），居中的是 puzzle（拼图），最低的是 bow and arrow（弓箭）; clothing（衣服）范畴分别是 pants（裤子）、shoes（鞋子）、bracelet（手镯）; carpenter's tools（木匠工具）范畴分别是 hammer（锤子）、awl（尖钻）、axe（斧子）; weapon（武器）范畴分别是 gun（枪）、bow（弓）、rope（绳索）。

　　范畴内部的各个成员由"家族相似性"（family resemblance）联系在一起。所谓"家族相似性"，是指在一个范畴中，所有成员都由一个相互交叉的相似性网络联结在一起。例如，在 bird 这一范畴中，成员具有的特征包括：有羽毛、卵生、会飞、尾短、体形小、重量轻、胸脯发达等。知更鸟几乎具备所有这些特征，企鹅和孔雀虽具有"有羽毛、卵生"的特征，但却不会飞，此外企鹅体形肥胖，孔雀尾巴特别长。其实，有时很难清晰地划分范畴与范畴之间的界限。Geeraerts（2010）曾经指出，如果说 apple（苹果）、orange（橘子）和 banana（香蕉）是 fruit（水果）范畴中的原型，pineapple（菠萝）、watermelon（西瓜）和 pomegranate（石榴）属于非原型，那就可以进一步追问，coconut（椰子）和 olive（橄榄）是不是也属于 fruit 范畴？从专业角度看，植物中带籽的部分都应该属于植物的果，那么 coconut（坚果）显然应该属于 fruit 范畴。可是在日常语言中，coconut 和 fruit 一般被认为是属于两个不同的范畴。再如上面提到的那些边缘成员，telephone 是属于 furniture 范畴还是 electrical equipment 范畴？ checkers 是属于 sport 范畴还是 mind activity 范畴？ rice 是属于 vegetable 范畴还是 grain 范畴？……总之，要严格划分范畴与范畴之间的界限是一件相当困难的事。

3.1.3　原型范畴的转换和裂变

　　在人类经验的基础上，通过认知模式和文化模式建构起来的概念，依附于语言符号而获得意义。随着人类社会经济文化的发展，有些概念因得到不断的扩充而抽象化，有些概念会不断缩小而专业化，于是赋予旧词以新义，继而产生多义现象。一个多义词往往构成一个以基本义为原型的语义范畴（廖光蓉，2005）。Taylor（2003）提出，多义词范畴中大多具有多原型结构，即范畴中的无论哪一个成员总会与某一原型的表征相似，而那些与范畴联系在一起的原型之间具有家族相似性。Ungerer & Schmid（1996）认为，这些多原型结构的产生主要缘于语义范畴的原型转换（prototype shift）和原型裂变（prototype split）。所谓原型转换，是指一个范畴的中心特征因为社会科技、经济、文化、政治等的发展而发生了转变，也就是说一个词原有的原型义项转变为一个新的原型义项。所谓原型裂变，是指原型从一般到具体的变化。Ungerer & Schmid（1996）曾以 coach 为例阐释原型转换的过程：该词在 16 世纪首次被引入英语，指"四轮的，里外都有座位的、可关闭的大马车"。当时这类马车主要由皇家贵族或官员乘坐，因此 coach 的原型义项是 [state carriage]（御用马车）；到了 19 世纪，这类马车的使用范围越来越广泛，普通百姓也能使用，此时 coach 的原型义项发生转换，变为 [stage coach]（公共马车）；后来由于科技的发展创新，发明了有轨火车，coach 的原型义项再一次转换，变为 [railway carriage]（火车车厢），后来还转变为 [motor coach]（机动车），而原来的原型义项 [stage coach] 成为边缘义项。面对如此巨大的原型概念内容的转换，语言使用者似乎都能很轻松地面对，表面上看这个范畴结构似乎保存完好无损，但对于这种稳定性该如何解释？从认知角度看，主要原因是在原型转换过程中，尽管 coach 的动力源经历了"由马拉"（stage coach）到"由电机发动"（railway carriage），再到"自我驱动"（motor coach）的变化，但是其功能语义"用来运输人"始终是其各个义项的核心语义，正是这个核心语义将所有这些转换的语义连结到一起。从另一个角度看，当 coach 的原型义项转变为 railway carriage 时，该义项与其他原型义项有所不同，因为它并不在道路上运行，而是需要在特定的轨道上运行，所以人们认为 coach 的原型义项是 railway carriage，但实际上它是第二个原型义项（stage coach）的裂变。

原型裂变一般发生在具有抽象意义的多义词中。例如，idea 在 15 世纪进入英语，表示 concept（概念，想法），如 The *idea* of truth is hard to grasp.（真实的想法很难掌握）；从 18 世纪到 19 世纪早期，该词的原型语义从抽象变成具体，即 belief（信念），如 The *idea* that the Earth is a disc has been refuted.（地球是一张碟的理念已经被驳斥了。）；到了 19 世纪 30 年代，该词的原型语义又一次具体化，变成 aim，plan（目标，计划），如 The *idea* is to put all cards on the table.（计划一切都开诚布公。）；最后该词的语义进一步具体化为 sudden inspiration（突然产生的灵感），如 And then he had a brilliant *idea*.（然后他有了灵感。）。又如，"回溯词"（retronym）就是一种典型的原型裂变现象，其中被回溯的原词通常是表抽象意义的基本范畴词，由于特定新词的产生，原词不得不成为该范畴内的具体成员，与新范畴成员相区别。回溯词的基本构词方法是在一个名词前加上原本冗余的修饰语而构成特殊的复合结构（张建理、邵斌，2010）。例如，随着网络信息的发展，虚拟的网上商店成为大众购物的重要渠道，于是原本的基本范畴词 store 和"商店"不得不加上限定词以示区分，于是英语中出现了 brick-and-mortar store（砖砌的商店），汉语中出现了"实体商店"；同样，近些年受新冠肺炎疫情影响，很多人都只能居家办公，网络会议成为公司开会的主要方式，于是原先的"会议"范畴词前不得不加上修饰语"线下"，以区别于"线上会议"，当然还出现了"线上线下相结合的会议"等。回溯词中回溯修饰语符的出现标志着回溯性的形成，即原型范畴的裂变，其修饰方式大体可分为五类（张建理、邵斌，2010）。第一类是本原描述指称型，指回溯词对本原物体进行详述以区别于新物品，如汉语中的"笔"最初表示手握由竹管和兽毛制成并配以墨砚的一种书写工具，随着"钢笔""圆珠笔""铅笔"等的出现，"笔"被回溯为"毛笔"；又如英语中 e-book 的出现，book 被回溯为 p-book 或 paper book。第二类是序列指称型，指添加Ⅰ、senior、the elder 等来表示时间上较早出现的人或事，如"老布什"和"小布什"、World War Ⅰ和 World War Ⅱ。第三类是回归指称型，指添加 conventional、 classic、traditional、real、natural 等来表示"常规的""传统的""标准的""真正的""自然的",以指称那些已经被新物品大体取代或被显著补充的旧事物,如"原味酸奶"和"草莓酸奶"、conventional oven 和 microwave oven。第四类是重复指称型,指回溯修饰语重复中心语,以强调其本原特性,如 mouse-mouse 表示"老鼠",以区别于 mouse(鼠标);volunteer-volunteer 表示真正意义上的志愿者,与"有报酬的志愿者"相区别。这类回溯词在汉语中通常用"真""真正的"等作为修饰语,如"真老鼠""真正的志愿者"等表述。第五类是否定指称型,指对相关新事物加以否定来指称原本物品,如"非转基因大豆"和"转基因大豆"、non-ebook 与 e-book。可见,一个原型语义从普遍性、抽象性向具体化、个性化转变,这是原型裂变的重要特征。人类的经验和认知过程是复杂的、可连续的、可发散的、可跳跃的,一个词汇的义项范畴显然会因原型转换、原型裂变等多种情况而不断发生变化。

3.2　理想化认知模型和概念整合理论

3.2.1　理想化认知模型

Fillmore & Atkins(1992)曾经指出,认知语义学的方法不同于词汇场方法。在词汇场理论中,词汇语义学家通常将词汇系统中各成员之间的关系进行归类编目,并且将因某种关系而构建的特定词汇集合加以特征化。而在认知语义学理论中,词语的意义需要参考语言使用者的经验、信念或实践等多重结构背景来理解,由此成为理解意义的"概念先决条件"(conceptual prerequisite)。换言之,听话人首先需要理解由该词语所编码的概念驱动的背景知识,然后才能真正理解该词语。在这种方法中,词的意义显然不再是词与词之间的直接相互联系,而是词与普遍背景知识之间的相互联系。

毋庸置疑,认知语义学对于意义的概念先决条件假设,本质上是百科知识的，而要描写百科知识型的结构概念，理想化认知模型（the idealized cognitive model）的方法便应运而生，其方法能基本体现百科知识的图式化认知。理想化认知模型由 Lakoff（1987）率先提出，它是一个概括性术语，是指理解意义的一种百科知识型的各种模式。该理论模型认为语言知识与世界知识紧密相连，而世界知识又以一种认知模型的方式为基础。其中，认知模型是指能引导认知处理并具有结构形式的一套有序的信念和期待；理想化是指一切知识都是从现实世界中抽象出来的，而并非捕捉真实世界中的所有复杂性和具体性。例如，Lakoff（1987）对 bachelor 的分析就是一个关于理想化认知模型的典型案例，其中涉及某些特定的情况，譬如教皇、在丛林中长大并与社会没有接触的成年男子等，这些意义是否应在 bachelor 的认知模型中提及？Lakoff（1987）认为，这些情况不应予以考虑，因为这一模型是理想化的，而并不能完全和现实世界一一对应，它往往是对背景假设的简约化。因此，理想化认知模型是指为认知模型提供一个概念模板，用此模板便能灵活处理世界知识的复杂问题。依据结构形式的不同，理想化认知模型主要由四种结构组成：命题结构（propositional structure）、意象－图式结构（image-schematic structure）、隐喻结构（metaphoric structure）和转喻结构（metonymic structure）（Lakoff，1987）。其中与词汇语义有密切关联的主要是意象—图式结构、隐喻结构和转喻结构。

意象—图式结构，是指在大多情况下，人类对空间的经验以及由此形成的概念一般是借助意象－图式建构起来的心理表征，如容器、出发地－路径－目标、部分－整体、中心－边缘、上－下、前－后等（王文斌，2014a）。例如汉语中的形状量词，除对客观事物进行计量的功能之外，还对客观事物的状貌起描写的作用。然而，人们在观察事物时，若视角不同，进入眼帘或视觉感知的事物形象也会随之不同，而特定的视角往往就是一种意象图式。例如，"一峰骆驼"是因为在语言使用者看来，骆驼的意象图式就像是一座"山峰"；"一尾鱼"是因为在语言使用者对于"鱼"的意象图式里，其"尾巴"部分最为凸显；"一头猪"则凸显语言使用者对猪"头"部的意象图式；"一行泪"是因为语言使用者注重泪水下滑过程中留下的"痕迹";"一尊佛像"表现了语言使用者对于佛像的意象图式,凸显其"虔心诚意和对佛像的尊重之情"。又如"一朵云彩",是因为语言使用者将视角聚焦"云彩"的"朵"状,看上去像一朵花;"一片云彩"是因为将视角聚焦"云彩"的"片"状,看上去平而薄;"一卷云彩"是因为聚焦于"云彩"的"卷"状,云彩似乎被弯转裹成了圆筒形(王文斌,2009)。

隐喻结构,是将始源域(source domain)的理想化认知模型结构映射到目标域(target domain)中的相应结构上(Lakoff,1987)。简单来说,就是将始源域映射到目标域上的心理表征,借此达到解读目标域的目的(王文斌,2014a)。例如,汉语中的"床头",其始源域"人的身体上部"映射到目标域"床"上,施喻者将"床"看成是"人",其隐喻结构为 BED IS A HUMAN BEING. 类似的隐喻表达俯拾皆是,如"椅背""山腰""瓶颈""雀斑""鼻梁""杏眼""樱桃嘴""笔记本电脑""人山人海""榆木脑袋""鹅行鸭步""铁石心肠"等;英语中有 the eye of a needle、goose flesh、skin-deep、to bare one's heart 等。

转喻结构,是指在由理想化认知模型建构的同一个概念域中,某个成分与另一成分之间或某一成分与整体之间构成替代关系的心理表征。也就是说,在同一个概念域中,成分与成分之间或成分与整体之间发生某种联系,而且在特定的情景中某一成分得到认知上的侧显(profile)而被用来指称与其具有某种联系的另一成分,或者被用来指称其整体;反之亦然,即整体得到认知上的侧显可以被用来指称其某一成分(王文斌,2014a)。例如,汉语中的"扬帆起航""孤帆远影""直挂云帆""千帆竞发",其中的"帆"与"船"形成一个概念域,在这一概念域中,作为该概念域成分的"帆"得到认知侧显,被用来指称整条船。在这一转喻结构中,体现的是部分替代整体。类似的转喻表达在英汉语中都普遍存在,汉语中有"小提琴手""贪杯""权杖""巾帼""糟糠""绿罗裙""乌纱帽""脍炙人口""笨嘴笨舌""如隔三秋""崭露头角""键盘侠"等,英语中有 the White House(美国政府白宫)、to oil one's tongue(油嘴滑舌地说恭维话)、to grind one's teeth(咬牙切

齿 ）、to bite one's tongue off（后悔说过的话）、catch one's ear（吸引某人的注意力）、be in black mood（情绪低落）、to put one's heart into（全心全意投入）、a good ear for music（欣赏音乐的能力强）。

3.2.2 概念整合理论

概念整合理论（conceptual blending theory）是一种理论研究框架，主要探究隐匿于语言意义实时在线构建与解读背后的人类认知活动。Lakoff & Johnson（1980）强调隐喻不仅是一种语言层面的修饰方式，更是人们普遍使用的一种认知手段和思维方式。隐喻理论的提出，引起语言学界对隐藏于隐喻语言现象背后的人类认知过程及其认知机制的追索。五年后，Fauconnier（1985）提出心理空间理论。此处的心理空间是指人们在交谈和思考的过程中为达到局部理解与行动的目的而临时储存于工作记忆的概念集（转引自王文斌、毛智慧，2011）。在自然语言意义实时构建的过程中，心理空间通过各种语言形式而得到建立、所指和辨认，"对相关语言组织的理解，会将我们引向对空间域的探究，而这些空间域是建基于我们的谈话或听话过程，并且我们借用各种语义要素（element）、角色（role）、策略（strategie）及关系（relation）来建立这些空间域"（Fauconnier，1985：1），而这些空间域实质上就是"彼此具有相互联系的心理空间"（Fauconnier，1985：2）。

1997 年，Fauconnier 在其专著《思维与语言中的映射》（*Mappings in Thought and Language*）中，较为系统地提出并详尽阐述了概念整合理论，即"四空间"交互作用的自然语言意义构建模型，揭示自然语言中的意义实时构建及连接各心理空间的映射过程。这四个空间是类指空间（generic space）、输入空间 I_1（input space I_1）、输入空间 I_2（input space I_2）和合成空间（blending space）。这一过程首先从类指空间向两个输入空间（输入空间 I_1 和输入空间 I_2）映射，获得这两个输入空间共享的并且通常是存在于人类大脑中更为抽象和更为常见的思维结构和组织，从中起核心作用的是跨空间映射。两个输入空间一旦发生直接的、部分的或有选择性的对应映射之后，便会再被映射到合成空间，并在合成空间里借助"组合"（composition）、"完善"（completion）和"扩展"（elaboration）这三个彼此关联的心理认知过程的交互作用而产生新显结构（emergent structure）。新显结构的产生过程就是意义的运演和形成过程。正因为有认知思维和心理运演在此不断地展开，整个认知模型昭示出一个充满动态的认知运作过程。该运作过程对词与词的组合能构建出多层次的潜在意义方面，具有很强的解释力。下文以形名组合在不同语境中的不同意义解读为例来进行说明。

　　在形名组合中，名词是一类事物范畴，而不是指具体的某一事物。当一个典型的形容词与之组合在一起时，便产生了一个更详细、更具体的类型，如 horse 指称一类"马"，而 dark horse 则进一步详细说明更具体的类型。Langacker（1991）认为形容词是关系性的，侧重界标和射体之间的关系，比如在 dark horse 中，界标指示颜色空间中的一个区域，而射体在关系中是详细说明的内容。通常情况下，dark horse 指的是"体表为黑色的马"，换言之，dark 作为形容词的心理空间与 horse 作为名词的心理空间之间构成一定的关系，即一种详细说明的关系。其实，dark horse 的意义不只是表示"黑色的马"，还可以指"在重大活动中一鸣惊人的获胜者"。这两种意义的解读受不同语境的影响。也就是说，dark 和 horse 两个输入心理空间中的成分，在不同的语境意义中，其概念整合是不同的。在前者语义中，是颜色空间的 dark 与 horse 空间中的成分，即 horse 的体表，整合在一起；在后者语义中，dark 空间中凸显的是其隐喻义"不为人所知的"，horse 空间中凸显的也是隐喻义"具有该类特质的人"，两个空间中的隐喻义整合在一起，形成"实力难测的竞争者或出人意料的优胜者"之意。可见，概念结构不是合成性的，形名组合的意义同样也不是。形名组合的意义是由形容词和名词代表的两个输入空间的概念整合所决定的。语言理解者根据形名组合的语言形式提供的最低程度的提示，需要获取大量的相关概念结构，并把这些概念结构与具体场景（scenario）整合起来。另外，整合必须视具体语境而定，这也反映了人类思维的弹性和动态性。又如"黑科技"一词，伴随着新奇科技成果的研发，人们对其的解读似乎是"惟人参之的结果"（王寅，2019：20），利用概念整合理论可以对它的内涵和外延进行解释（唐丽娜、殷树林，2022）。颜色域"黑"和概念域"科技"虽然分属不同的心智空间，但两者在属性范畴内具有质的关联性："黑"主要用于描述事物的颜色或性质，与"科技"的性质特点"专业性、理论性"相呼应；两者分别进入输入空间 I$_1$"颜色域"和输入空间 II$_2$"概念域"，借助相似性，颜色域"黑"和概念域"科技"直接相关，从中人的体验认知发挥重要作用，相应的背景知识得到激活，两个空间中的部分结构投射到类属空间。"黑"主要表达事物昏暗无光、难于辨认的情况，因而神秘，尽显距离感、神秘感和隐匿感；"科技"具有专业性和理论性的特质，对于非科学技术领域人员而言，蕴含着高深莫测、遥不可及的特点，同"黑"有着同样的概念属性，两者的共性在类属空间得到凸显，继而跨域映射到合成空间并得到有机整合，产生新显结构，人的心智体验参与其中，驱动超字面意义的形成。因此，词义在不同语境中、在不同解读者眼中往往具有不定性、可变性、动态性、相对性和可整合性（唐丽娜、殷树林，2022）。

3.3 框架语义理论

3.3.1 框架语义学

Fillmore（1976）指出，虽然框架已经脱离语言而独立存在，但是语言不能脱离框架，语言表达总是与人们记忆中的有关框架相联结，即人们在某种语境下接触到某一语言形式时，就会在头脑中激活特定的框架，并借助该框架连通到与此联结的更多语言表达。因此，"了解一个语言系统的方法之一就是找到该语言中带有语言反射（linguistic reflexes）的框架之总藏，关注复杂框架在词汇语义中的表征程度"（Fillmore，1976：29；转引自陈忠平、白解红，2012：16）。当 Fillmore

将框架和语言联结起来探究语言的意义以及意义理解时，框架就成为语义框架（semantic frame）。

"语义框架"这一术语最早用于 Fillmore（1977a）关于格语法的论述，该框架在他之后的研究成果（Fillmore，1977b，1985，1987）中逐渐成形。它在很大程度上与理想化认知模型同义，均是指人们思考世界的方式的知识结构。框架语义是分析自然语言语义的一种方式，也是人们思考世界的一种视角化（perspectivization），而视角化是意义识解的一个关键因素（Geeraerts，2010）。正如 Geeraerts（2010）所指出的，基于框架语义的理论探讨主要基于两个层面：第一个层面是对指称场景或事件的描写，包括识别相关成分、实体以及他们在该场景或事件中起到的概念作用；第二个层面是纯语言的描写，包括凸显相应场景或事件各方面的某些表达形式和语法模式。在框架语义理论的早期发展阶段，这两个层面分别被称为"场景"和"框架"，"场景"是底层的概念结构，"框架"是凸显场景某个部分的语法模式。但是，在框架语义理论的发展后期，前者被抛弃，仅剩下"框架"仍被使用。关于"框架"分析最典型的例子之一就是 Fillmore & Atkins（1992）刻画的交易框架。交易框架涉及 buy（买）和 sell（卖），即一方与另一方通过协商付给对方钱，并从对方手中获得某物的所有权或控制权的场景。这个场景包括所有权关系、货币经济以及商业合同等。描写交易场景中的动词语义需要的基本范畴包括：buyer（买方）、seller（卖方）、goods（商品）和 money（货币）。其中的动词可以通过凸显场景中的具体成分来编码交易的特定视角。若要体现 buy 这一动词，买方可以作为主语，货物作为宾语，而卖方和货币的出现只能由介词引导，如 My mother bought a smart shirt from Catherine for $87.；若要体现 sell 这一动词，卖方可以作为主语，货物作为宾语，而买方和货币的出现则由介词引导，如 Mary sold a book to Paloma for $45.。

框架语义学运用于词汇语义的研究，是指一个词的意义只有参照包含经验、信仰或惯例的结构化背景才能得到理解，而其中的结构化背景，在框架语义学中就是指框架与框架组合而成的百科式背景知识。例如，人们看到"教授"一词时会联想到大学、学生、校园、教室、图书馆、论文、博士、研究等；读到"玫瑰"一词时会联想到红色、花瓣、爱情、恋人、浪漫、情人、情人节等。因此，若要理解 niece 一词的语义，我们就需要理解 brother（兄弟）、sister（姐妹）、daughter（女儿）、husband（丈夫）、wife（妻子）、marriage（婚姻）等概念；若要理解 radius 一词的语义，我们就需要理解 circle（圆）、diameter（直径）、center（中心）、arc（弧）等概念。一个词语的输入可以激活该词语的概念，同时有可能激活与该词语概念相连通的背景知识。这些概念及背景知识就是框架，是一个整体系统，这种整体性具体表现为一个特定词语可以激活与之相关的整个概念语义框架。当然，一般情况下，框架中的凸显概念成分总是处于激活状态，背景成分则可以处于无意识的半激活状态。例如，"姑父"作为一个凸显的概念成分，其背景可以有"我""爸爸""妈妈""姐姐""妹妹""丈夫"等相关概念知识，这些成分构成的"称谓框架"激活"姑父"，这些成分的联结关系可以使这些概念知识处于半激活状态。而在理解较为复杂的句子语境中的词语意义时，还会涉及框架与框架之间的转换，以达到适用于该语境的意义解读。

3.3.2 框架转换理论

Coulson（2010：31）指出："要使'框架'这个概念成为语言加工和理解中的一个有用概念，就应改变传统的框架静态观，而将之看作知识表征的动态框架。"传统的意义观认为意义构建主要源于句法分析（parsing），即将一个词分解为结构或句法信息的表征以及词汇语义的表征。与此相应的是，意义构建系统主要由相互独立的两部分组成：一部分用来加工与词相关的结构或句法信息，另一部分则用来加工词汇语义本身的信息，而将这两种信息组合起来就产生了独立于语境的意义。此外再加上语用知识，就可以使这一独立于语境的意义变得适用于当时的语境。换言之，词语的意义可以由词的句法规则、语义以及语用知识三个部分相加组合而成，这样的意义理解观被称为组合观（compositional account）。

Coulson（2010）强调，意义的组合观并不能真正反映语言加工的实际情况，并由此提出意义的构建观（constructivist account）。这一观点认为："理解哪个心理空间正在构建，哪个背景框架是与之相关的，这对于理解语言加工至关重要"（Coulson，2010：32）。在日常话语理解中，听话人往往会随语境变化不断进行语义重新分析（semantic reanalysis），这种重新分析的认知操作过程实则是把当前的框架信息重新组织，转换进入另一个新的框架，从而促使新框架中的新信息重新得到新意义的构建和解读，这种认知操作过程就是框架转换（frameshifting）。简言之，框架转换是指语言理解中框架信息和概念不断得到更新、修改和完善的一种认知心理加工过程。目前，自然语言理解中存在的最大问题是，语言理解者通常具有不止一种方法来解释语言与和语言有关的事件之间复杂多变的联结关系。因为语言本身就存在歧义，所以在特定情况下人们该选用哪个框架来支持现有的理解是至关重要的。框架转换能集中表现语言加工中动态的心理推理机制，因此它可以成为语言理解模式的试验场。例如 bouncing 在例 1 句子中的意义：

例 1 （a）Jaimie came *bouncing* down the stairs. Paul ran over to kiss her.

（b）Jaimie came *bouncing* down the stairs. Paul rushed off to get the doctor.

（Coulson，2010：34）

正如 Coulson（2010）所言，在例 1（a）和例 1（b）的第一分句中，bouncing 的语义和整个分句的语义是相同的，但是，例 1（a）的第二分句是"Paul 跑过去亲了她"，由此可以知晓此处 bouncing 是指 walking down the stairs with excitement（兴奋地走下楼梯），而例 1（b）的第二分句是"Paul 匆忙跑去叫医生"，由此可以知晓此处 bouncing 是指 tumbling dangerously down the stairs（从楼梯上滚落下来，很危险）。

可见，由于后句提供的背景知识不同，前句中 bouncing 的语义经历了框架转换，由此形成了不同的意义构建。

3.4 生成词库理论

在生成语义学时期的词汇语义研究方法论中，影响最为深远的是生成词库理论（generative lexicon theory）。该理论是由美国布兰代斯大学的教授 James Pustejovsky 创立（Pustejovsky，1991，1995）。在 1991年第 17 卷第 4 期《计算语言学》（*Computational Linguistics*）期刊上，Pustejovsky 首次以"生成词库"（The Generative Lexicon）为题发表论文，之后又陆续发表了多篇论文阐述生成词库理论的各个方面，直至1995 年，Pustejovsky 的专著《生成词库》（*The Generative Lexicon*）正式出版，标志着该理论框架已基本形成，在学界引起了很大的反响。词网（WordNet）的主要研制者 Fellbaum（1997：597）曾对该理论给予极高的评价，她指出："自从 Chomsky 的《句法结构》（*Syntactic Structure*）问世以来，语言的生成性已经深入人心，但直到 Pustejovsky 提出生成词库理论后，人们才开始意识到词汇语义也具有生成性"。基于对传统的语义列举词库的静态词义描写模式的批判性思考，Pustejovsky et al.（2013）希望能提供一种用来解释语义成分生成的组合语义学（compositional semantics），对源自现实语言使用中的语义进行语境调整，因此生成词库是具有生成性、组合性和动态性的体系，该理论的主要框架包括词汇语义结构描写体系和词汇语义组合机制。

3.4.1 词汇语义结构描写体系

词汇语义结构描写体系是指由四个层面的语言知识共同组成的词汇描写体系对该词汇的语义加以表征。这四个层面是论元结构（argument structure）、事件结构（event structure）、物性结构（qualia structure）

和词汇继承结构（lexical inheritance structure）（Pustejovsky，1995）。论元结构规定论元的数量、逻辑论元的类型和句法实现，是词汇语义结构描写体系中词汇语义研究的逻辑起点，一个词项的论元结构可以看成是词汇语义的最小成分。事件结构主要描写动词词项或短语语义中的事件信息，包括一个表达的事件类型及其子事件结构，其中子事件结构用来说明哪个事件是核心事件。事件结构还可以说明事件发生的先后顺序等（Pustejovsky，1995）。

物性结构是一个关于词汇本体知识（lexical ontology）的描述体系。Pustejovsky（1995）借鉴了西方哲学的传统研究，尤其是借鉴了Aristotle为说明事物运动而提出的知识"四因说"（four causes），即假定世界上存在四个解释性条件和因素，可以用来说明具体事物产生和运动变化的原因。这四个原因包括质料因（material cause）、形式因（formal cause）、动力因（efficient cause 或 moving cause）和目的因（final cause）。基于"四因说"，Pustejovsky（1995）提出了名词语义的四种物性角色，即构成角色（constitutive role）、形式角色（formal role）、施成角色（agentive role）和功用角色（telic role）。这四种角色几乎与"四因说"中的四个原因一一对应。构成角色对应质料因，描写一个物体与其组成部分之间的关系，或者物体在更大范围内构成或组成哪些物体，包括构成物体的各个组成部分以及物体的材料、质量、轻重等，如铝合金门窗的构成角色包括玻璃和铝合金等；铅笔的构成角色包括石墨和木头（或聚酯材料）等。又如，书（book）的构成角色包括封面、封底、目录、章节、厚重、纸张等；手（hand）的构成角色说明手是身体的一部分，可表示为：CONST = part_ of (x, y: body)，x= info，y= phys_obj。形式角色对应形式因，描写对象在更大的认知域内区别于其他对象的属性，包括尺度、形状、维度、颜色和位置等，如铅笔的形式角色包括"红色（或别的颜色）""拿在手里"等；铝合金门窗的形式角色包括"朝向""长方形"等。又如，"小说"在形式上是"书"的样子，因此它的形式角色就是"书"；饼干和啤酒的形式角色则是"食物"；报纸（newspaper）在形式上是承载信息的物体，因此其形式角色是个

"点对象"（dot object），即结合了信息和物体两个子概念，可用 info·phys_obj 这个词汇概念范式（lexical conceptual paradigm，LCP）来表示。LCP 的不同部分在具体语境中可以得到不同程度的凸显，形成不同的义面（semantic facet），因此，报纸的形式角色可描写为：FORMAL = hold (e, x, y)，且 e = event。施成角色对应动力因，包括创造者、人工合成、自然类、因果链等，如粽子是用米和其他馅料包裹出来的，"包裹"是粽子的施成角色；毛衣是妈妈手工编织出来的，"编织"是毛衣的施成角色。又如，书是作者写出来的或者是编者编写的，那么书的施成角色可以（部分）描写为：AGENT = write (e, w, x, y)，且 w = writer。功用角色对应目的因，描写事物的用途（purpose）和功能（function），如粽子是用来吃的，毛衣是用来穿的，那么"吃"和"穿"就分别是粽子和毛衣的功用角色。又如，饼干和啤酒的功用角色分别是"吃"和"喝"；小说（novel）的功用角色是"看"；而词典（dictionary）的功用角色是"查阅"，那么词典的功用角色可以描写为：TELIC = type（e, x, y: consulting）。功用角色可以分两种：一种是直接功用角色（direct telic role），即事物是功用角色表达的活动的直接对象，表现为名词通常可以作其功用角色的宾语，如"报纸"是"读"的直接对象，所以"读"是"报纸"的直接功用角色；另一种是间接功用角色（indirect telic role），即事物不是功用角色表达的活动的直接对象；如工具类名词通常具有间接功用角色，"写"是"笔"的间接功用角色，因为"笔"不是"写"的直接对象，而是用来写字的工具。另外还有一类特殊的功用角色叫自然功用角色（natural telic role）。它表示事物的天然功能，与意图和目的无关，如"抽压血液"是"心脏"的自然功用角色，而不是有意识和目的的行为。

物性结构是生成词库理论最为核心的内容。物性角色在本体知识的平面上勾勒出人们对事物的认识，对生活经验和常识进行编码，使之进入语言系统，这是构建词汇语义的基础，为语言知识和百科知识的表征提供接口。需要说明的是，每个角色的赋值可能不止一个，如 novel 的施成角色一般认为是 writing，但其实 publishing 也可以被看成是 novel 的施成角色。另外，除上述四种角色之外，规约化属性（conventional attribute）最近开始也逐渐被纳入广义的物性结构中（Pustejovsky & Ježek，2008；Ježek，2012）。规约化属性是指事物的典型特征，包括自然物的典型用途、与事物相关的常规活动等，如"水"可以用来"喝"，但是"喝"并不是"水"的功用角色，而是规约化属性，因为水不是专门用来喝的。又如"叫"是"狗"的规约化属性，"消化"是"食物"的规约化属性，"游泳"是"鱼"的规约化属性等（宋作艳，2013；宋作艳等，2015）。

　　词汇语义结构描写体系的第四个层面是词汇继承结构。词汇继承结构是指通过描写词汇结构如何在类型网格中与其他结构相关联，进而对整个词库系统的组织做出贡献，如 dictionary 的词汇继承结构包括在类型网格中继承了 book 的形式角色（容纳）、reference 的功用角色（查阅）和 compiled matter 的施成角色（编纂）。词汇继承结构还指支配成分从被支配成分的物性角色中临时获得一些意义，从而推导出整个格式义的过程，如 a new house 从 house 的施成角色中继承了"修建"义，由此整个短语具有了 a house recently built 之义。

　　综观上述，词汇语义结构描写体系的总框架可参见图 3-1。

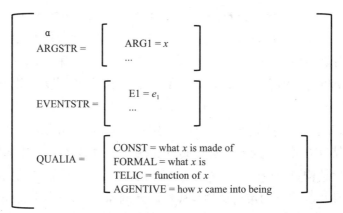

图 3-1　生成词库理论对词项语义的描写框架（Pustejovsky，2006：2）
注：α 代表某个词语；ARGSTR 代表论元结构；EVENTSTR 代表事件结构；
　　QUALIA 代表物性结构。物性结构又包括四种物性角色：CONST 代表构成角色；
　　FORMAL 代表形式角色；TELIC 代表功用角色；AGENTIVE 代表施成角色。

3.4.2 词汇语义组合机制

词汇语义结构描写体系将语言知识与百科知识进行分层编码，使之进入词义的描写体系，但这样的描写体系如同词汇语义成分分析法一样，是相对静态的。生成词库理论秉持强组合性观点，认为单独一个词项的语义是相对稳定的，但在上下文的语境中，这个词项可以通过一些语义组合机制获得创新性用法，得到意义的衍生，即语义生成机制。这种语义生成机制贯穿语义结构描写系统中的各个描写层面，旨在揭示词语如何在语境中呈现创造性，并最终实现语义向句法层面的投射，或者实现词汇语义与句子语义之间的同构。

Pustejovsky（1995）把词汇语义组合机制分成三类：第一类是类型转换（type shifting）和类型强迫（type coercion）；第二类是共同组合（co-composition）；第三类是选择性约束（selective binding）。类型转换是指允准表达式在特定语境中改变其语义类型的一种机制；类型强迫是指当词与词组合时，若两者的语义类型不相匹配，一方会强迫另一方发生语义类型转换，以满足自身语义搭配所需的机制。类型转换是类型强迫使然，因此将两者归为一类。共同组合是指物性结构允准下的相互组合。最初提出共同组合是为了解决动词的逻辑多义问题，如bake the potatoes 和 bake the cake 的逻辑义不同，前者是改变状态，后者是制作新事物。为了在不增加词条的情况下解释这种逻辑多义现象，Pustejovsky（1991）提出，宾语携带的物性结构信息可以作用于支配该宾语的动词。换言之，宾语不仅可以充任动词的主论元，也可以通过充任论元来改变动词指谓的事件类型。当动词与其宾语组合时，两者会发生物性特征合并（张秀松、张爱玲，2009），合并的结果是生成整个名词的物性结构。选择性约束是指使修饰语从其中心语的物性结构中选择某一事件作为自己约束对象的生成机制。例如，在 a fast road 中，fast 先从 road 的物性结构中选择功用角色 for driving（为了驾驶）作为约束对象，再将 driving 与 fast 组合，构成 a road on which cars can drive fast（一条汽车可以快速行驶的路）的语义。

近年来，随着生成词库理论的进一步发展，词汇语义组合机制有了很大改变，主要是把类型转换和类型强迫纳入句法层面的论元选择机制。根据论元选择的具体情况，组合机制可以分为以下三种：纯粹类型选择（pure type selection）、类型调节（type accommodation）和类型强迫。纯粹类型选择是指函项（function）要求的类型能得到论元的直接满足；类型调节是指函项要求的类型可以从论元的上位类继承；类型强迫是指函项要求的类型被强加到论元上。类型强迫可以通过两种方法来实现，即选择使用（selective exploitation）和引入（introduction）。选择使用是指可以选择论元类型结构的一部分来满足函项的要求；引入是指用函项要求的类型来包装论元。以上三种组合机制出现于不同的语境，只有当论元类型与要求的类型完全匹配时，才可能是纯粹类型选择。同样，类型调节也仅适用于相同的类型域，如果类型域不一样，类型强迫就会起作用：当论元类型比所要求的类型更为复杂时，是类型选择使用；反之则是类型引入（Pustejovsky，2006）。下文分别举例说明。

例 2　The rock *fell.*

例 3　John *began* reading the book.

例 4　John *wiped* his dictionary.

例 2 中的 fell 需要一个指"物体"的类型，rock 能直接满足这个要求，所以该例就是典型的纯粹类型选择。例 3 中的 began 是事件动词（eventive verb），要求其补足语是事件论元，句法上通常表现为 VP（如 read/write the book），例 3 能满足 begin 的这种语义选择，所以该例也是纯粹类型选择。而例 4 中的 wiped 要求宾语论元有表面（surface），dictionary 虽然不能直接满足要求，但可以从它的上位类"物体"那里继承一个表面，所以该例是类型调节。

例 5　John *believed* the book.

例 6　John *began* the book.

例 5 中的 believe 要求与其组合的是"信息"类名词，比如 I believe the news.，而 book 是合成类实体名词，不能直接与其匹配，但是 book 的语义结构中具有"信息义"，因此 believe 选择其中的信息义来满足自身的论元选择要求，因此该例是类型强迫中的选择使用。例 6 中的 begin 同例 5 一样需要选择一个 VP 来满足要求，但在句法层面却实现为指事物的 NP（the book），这样就出现类型不匹配（type mismatch）的情况，因此 begin 会强迫（coerce）这个 NP 进行类型转换，变成事件类型。这种强迫通过 book 的物性结构中施成角色"写"或功用角色"读"来实现，即 John began writing the book. 或 John began reading the book.，因此该例是类型强迫中的类型引入，即为一个实体类型引入了一个事件类型。概言之，语言结构的语义并非始终是语言各成分语义的简单相加，而可能会出现语义缺省（semantic default）、语义冗余（semantic redundancy）和语义限定不足（semantic underspecification）等情况。生成词库理论在词汇语义结构描写体系的基础上，通过以上这些语义组合机制，使词语之间的组合以及组合之后所带来的语义变化过程都能得到反映，从而可以解释语言中的多义、语义模糊和语义变化等现象。

生成词库理论尽管在处理语境意义的灵活性方面非常精细，但在理论根基与方法论上依然受到批判和质疑。在理论根基层面，首先，在语义描写系统中，语言知识与百科知识该如何区分，在多大程度上应该保留后者，这是一个值得深入讨论的话题。Fodor & Lepore（1998）认为，如果词项的确能表达意义，那么词库中应该保留的是关于词项的信息，而不是关于世界百科知识的信息。其次，关于名词是否存在类型转换现象，Godard & Jayez（1993）提出类型强迫的假设并没有来自语言事实的证据。Copestake & Briscoe（1992，1995）也认为在一些谓语动词并列的例子中，名词的意义并没有发生变化，也不存在逻辑多义或常规多义的现象。他们指出名词的语义是模糊的，而不是多义的，事件强迫是源于动词的结构性多义，而不是因为宾语名词发生逻辑转喻，而动词的结构性多义是动词对宾语某方面意义的选择性问题，或者是动词本身复杂的语义结构对语义解读产生了影响。

在方法论层面，该理论受到批判的具体方面是词库的词汇语义描写框架和组合机制可能出现生成过度或限定不足的情况。生成过度是指某些语言结构不能成立或者不能按照物性角色所提供的动词进行语义解读，物性角色和类型强迫具有过度概括的嫌疑。譬如，从 dictionary 的功用角色中可以生成"查阅"的语义，但人们一般不会说 John began the dictionary.；同样，从 chair 的功用角色中可以生成"坐"（sit）的语义，但人们不会说 John began a chair.。限定不足是指语言结构具有多种语义解释的可能性，物性角色和类型强迫对这些语义解读难以做到限定。譬如，在句子 John began the telephone. 中，从 telephone 的功用角色中究竟生成"制造"（make）还是"打"（call with），我们不得而知。Verspoor（1997）认为造成生成过度或限定不足的主要原因在于，生成词库方法只关注了词组内部语义结构的作用，而忽视了实际语言使用中的惯常性用法和篇章及语境信息对语义解读可能带来的影响。此外，Evans（2010）也认为生成词库理论通过这种物性结构和强迫机制等进行选择、组合的意义生成模式，可能适合于计算语言学或语料库词汇数据分析，但并不具有心理现实性。换言之，人类真实的语言加工机制也许并非如此理想化，至少到目前为止，尚未有心理学实验证明这种强迫机制的心理现实性。

3.5　以用法为取向的词汇语义研究方法

本章力图为词汇语义描写的方法提供一个可以厘清不同流派继承关系的框架，但词汇语义描写的发展从来都不是一种方法随机地跟随另一种方法。恰恰相反，理论和方法演化的背后常存在某种内在逻辑，本章试图重构这一逻辑：词汇语义的描写从语言内部的语言符号之间，到语言与语境之间，再到语言与语言使用者和语境之间的演化发展。简言之，词汇学向词汇语义学的转向本质上是突破了语言是一个自治系统的藩篱，经历了以用法为取向的研究方法论的转向。

生成词库理论是基于语言符号与语言使用之间的关系视角，此类词汇语义描写法保持语义和用法之间存在某种程度上的区别，同时恪守语义描写必须服从于形式表征的前提，遵循的是词语知识加上概念知识、语言语义加上语境调制，这是一种具有形式化、组合性和生成性特点的词汇语义描写方式，其研究对象侧重的是语义和概念内容。然而，不论是结构主义或生成词汇语义表征的方法或理论，都认为词语义项是相对稳固的语义成分，而且语义较大成分的整体语义可由语言较小成分的语义相加整合而成，如此的研究方法显然过于理想，并不能对自然语言语境中多变的词义问题做出合理的阐释。

基于原型的词汇语义结构现象表明，在实际的语言使用中，词汇范畴的边缘部分模糊不清，但是其核心是清晰的，即处于核心地位的焦点成员具有该范畴最凸显的属性和特征，只有基于焦点才能明确定义不同的词汇范畴。特定词汇语义的多义性特征本质上是以核心语义为焦点，基于语境的灵活性通过隐喻或转喻等认知机制得到衍生和发展，词汇的多种语义之间以家族相似性联系在一起。正如 Katz & Fodor（1963）所言，心理空间和概念整合理论对词汇语义的描写方式是把心理因素引入自然语言的语义描写层面，探究语言使用者的能力，即语义学的显性目的，是对语言使用者解释词汇的意义进行描写。框架语义理论主张语言促使语言使用者通过框架构建以达到对词汇意义的理解，而背景知识和语境信息是构建框架信息层面表征的重要原始材料。框架语义学理论把语言的能产性看作集意义的在线场景性、构建性以及百科知识性于一体的心理动态过程。认知语义学对意义的在线构建和解读的描写，其主要目标是探究语言使用者的思维。换言之，认知语义学的显性目的是对语言使用者思维的认知机制和认知心理进行描写，因此其研究对象侧重词汇意义的后台认知构建问题。

　　概言之，基于结构的传统词汇语义学在语言系统内部关注语义，而生成语义学在语义与概念纠结的历程中关注的是基于用法的动态语义，认知语义学则从词汇静态语义出发，聚焦概念的认知机制和意义构建的后台认知过程，侧重的是语言的使用环境和使用者。从词汇学向词汇语义学研究的转向之路，本质上是基于结构的词汇学研究向基于用法的词汇学研究发展的必然之路。

第 4 章
词汇学新发展研究理论

第 3 章已经论述了现代词汇学研究注重以用法为取向的词汇语义的描写，从生成语言学和认知语言学研究中汲取理论和方法，在近十年来的词汇学新发展时期，这两个研究视角依然是词汇学界研究的热点。但与此同时，学界也试图从构式、语用、类型学和对比等更多元化的视角来观照词汇的语义、生成和构词方式等。

4.1 认知语义理论

词汇的认知语义视角是指从认知视角研究词和词义，即认知词汇语义学，认知词汇语义学研究主要阐释词义延展和演化的认知机制和演变过程。"无论是论著的数量，还是参与研究的学者人数，认知语义学都是当代语言学研究词义最受欢迎的理论框架"（Geeraerts，2010：183）。近十年来，认知词汇语义学在传统认知语言学理论的基础上，尤其关注隐喻 – 转喻理论、图形 – 背景理论对具体语境中的词义问题的探讨，同时随着认知研究向文化和心理实验的转向，词汇学也开始注重认知社会文化视角和认知心理学视角的研究。

4.1.1 隐喻 – 转喻理论

第 3 章的 3.2 节中已经指出，隐喻是基于相似性的两个不同概念域之间的跨域映射，转喻是基于邻近性的同一概念域的域内映射。从理论上看，两者具有本质区别，是两种完全不同的认知机制。但在具体语境中，两者实则很难截然区分（Riemer，2002），这与人类的认知相对性有关，因为人们往往很难严格界定映射的两个概念是属于两个不同的概念域还是同一个概念域（龚鹏程、王文斌，2014）。20 世纪中期以前，人们对隐喻的界定非常宽泛。Aristotle 把所有的修辞现象都称作隐喻性语言（metaphorical language），而转喻则被视作隐喻的一部分。Lakoff & Johnson（1980）的认知语言学奠基之作命名为《我们赖以生存的隐喻》（*Metaphors We Live by*），转喻则是作为其中的一个章节来阐述，这使得很长一段时间内，隐喻研究几乎就等同于认知语言学。随着认知研究的逐步深入，越来越多的学者发现，隐喻与转喻应该视作一个连续的统一体，典型的隐喻和典型的转喻各处于这个连续统的两端，而中间地段则呈现出隐喻与转喻的相互交织，可视作隐转喻（metaphtonymy）的模糊地带。对隐转喻的研究影响最大的是 Goossens（1990），他的论文《隐转喻：语言行为表达中隐喻和转喻的互动》（Metaphtonymy: The interaction of metaphor and metonymy in expressions for linguistic action）被视为隐转喻研究的开端。Goossens（1990）基于现代英语语料库，首次提出交织在一起的隐转喻通常包括四种类型，即由转喻而来的隐喻（metaphor from metonymy）、隐喻中的转喻（metonymy within metaphor）、转喻中的隐喻（metaphor within metonymy）和隐喻而来的转喻（metonymy from metaphor）。可见，Goossens（1990）有关隐转喻的观点首先建立在隐喻和转喻相对独立的基础之上，之后对彼此之间的联系和转化关系进行分析，发现隐喻和转喻存在"你中有我"和"我中有你"的交织情况。龚鹏程和王文斌（2014）也曾从体验哲学视域指出，认知视角和认知范畴因认知相对性而发生变化，隐喻和转喻因而也发生相应的相互转化，二者由此产生隐转喻界面。在认知相对性的作用下，隐喻和转喻之间因存在界面而产生连续体关系，隐转喻界面及其连续体关系都是人类主客观相互作用于思维方式而产生的结果。值得注意的是，关于 Goossens 提出的上述四种类型的隐转喻现象，前两种比较常见，第三种很少见，第四种仅在理论上存在，并未在实际语料库中发现。因此，下文主要详述前两种隐转喻现象对词语理解的解释。

由转喻而来的隐喻主要是指读者首先注意到隐喻，而实则该隐喻是由转喻而来的。该类现象普遍存在于英汉词汇系统。例如，英语动词 giggle 表示"笑着表达或说话"（express by or utter with a giggle），如例 1 所示：

例 1　"Oh dear," she *giggled,* "I'd quite forgotten."

例 1 中，若将 giggle 解释为 she said while giggling，那就存在"部分转指整体"的关系，即以"笑"的动作转指"边说边笑"的整体动作，是一种典型的转喻；若将 giggle 解释为 she said as if giggling，那就涉及两个不同域之间的投射关系，即从"笑"概念域向"说"概念域的投射，是一种典型的隐喻，而这种隐喻性的解释与转喻概念性的解读之间的联系依然存在，因为此处无论是"笑"还是"说"，均带有"心情愉悦"或"傻傻的"等物理特征，这就是所谓由转喻而来的隐喻（Goossens，1990）。再如，英语习语 loud color（扎眼的颜色）中的 loud 和 color 处于不同的概念域，前者属于声音域，后者属于颜色域，两者之间跨域映射是典型的隐喻。但是，loud 无法直接喻指 color，需要依赖于"范畴"转指"范畴特征"的转喻，即"声音大容易引起注意的特征"，因此 loud color 是一种由转喻而来的隐喻。由转喻而来的隐喻在汉语复合词中也普遍存在，如"扇贝""眉批""脚注""头灯""智库""银发""金婚"等。"扇贝"用"扇"喻"贝"，读者首先注意到这类复合词的隐喻特征，而要把握两域之间的相似性，则需要依赖于"范畴转指范畴特征"的概念转喻"扇子转指扇子的形状"，因此"扇贝"也是一种由转喻而来的隐喻。在"眉批"和"脚注"的复合词中，读者首先注意到的是隐喻特征，即用"眉""脚"喻指"所在的位置，即在页面的顶部和底部"，而要把握两域之间的相似性，则需要依赖于"眉毛""脚"转指两者所在的位置特征，因此"眉批""脚注"也是由转喻而来的隐喻。

隐喻中的转喻主要指首先存在一个隐喻，但是该隐喻内部往往隐含一个转喻（built-in metonymy）。换言之，整个表达式是一种转喻，但是部分单词的解释存在一种典雅的隐喻，如例2所示：

例2　These changes will be *applauded*.（Goossens，1990：329）

例2中，动词applaud意为"鼓掌"。"鼓掌"是人们表达拥护赞同的典型行为，这种以"行为"替代"驱动行为的心理活动"则属于转喻。人们反复体验"鼓掌"的经验，久而久之这种经验就固定下来，在具体行为"鼓掌"和表达抽象态度"赞许"之间形成常规的映射，从而确定隐喻关系，因此，applaud的隐喻是以转喻为基础的。又如例3：

例3　I should *bite my tongue off*.（Goossens，1990：333）

例3中，习语bite my tongue off意为"懊悔刚才说的话"。该习语是从具体的自残行为"咬掉自己的舌头"映射至抽象的心态"懊悔"的，属于隐喻用法；同时，"舌头"是说话所需的重要器官，这里指代"说话能力"，即用"事物"来指代"事物的功能"，属于转喻用法。因此，整个习语属于隐喻中的转喻。此类语言现象在英语中非常普遍。又如，shoot one's mouth off比喻"傻傻地谈论自己不知道或不应该谈论的话题"，其始源域是错误或糊涂地使用枪械，向目标域即不加考虑的语言行为（speech action）映射，这是一种隐喻。而mouth向speech action映射是"器官转指功能"的转喻映射，因此shoot one's mouth off也属于隐喻中的转喻。汉语复合词中也存在隐喻中的转喻情况。例如，名名复合词"雪花"中"花"激活了听话人对"花状物"的理解，语言形式"花"的指称对象从"花"到"花状物"的转换属于再范畴化，即将"花状物"归类为"花"的范畴，这种范畴化本质上依赖于"特殊"转指"一般"的概念转喻，而该概念转喻又是基于"雪花"以"花"喻"雪"的隐喻，类似的有"烟花""火花"等。又如，"匪巢"以"鸟巢"喻"匪徒聚集地"，属于隐喻，但该隐喻义的形成是以"鸟巢转指聚集场所"的概念转喻为基础的，是以"特殊转指一般"的概念转喻（黄洁，

2008）。又如，"题海""人海""花海"等中的"题""人""花"都被隐喻为"海洋"，而这样的隐喻解读均是以"特殊转指一般"，即以"海洋转指海洋容量大"的转喻特征为基础，即隐喻中存在转喻。

隐喻和转喻都是人类日常思维和行动的认知方式。随着研究的不断深入，学者们逐渐发现转喻与隐喻有时难以截然分开，甚至转喻可以是隐喻形成的必要基础。唐承贤（2018）曾探讨余光中写的《乡愁》中的诗句："小时候，乡愁是一枚小小的邮票，我在这头，母亲在那头。"在此，"邮票"首先通过部分代替整体转喻"贴着邮票、装在信封里的书信"，这一转喻意味着"书信"完成了从写信人到收信人的"现实旅行"，进而实现诗人"乡愁"的心灵旅行，即诗人在给母亲的信中抒发的思念家乡、思念母亲的情感，并最终完成从"乡愁"到"邮票"再到"书信"的隐转喻建构。隐转喻的认知手段将隐喻和转喻有机地结合起来，为诗人创造浓浓的诗意提供了统一的主题建构框架，因此隐转喻是诗人表情达意的基本工具。

4.1.2　图形 – 背景理论

一个世纪以前，丹麦心理学家 Rubin（2001）提出，当人们感知周围环境的具体事物时，在大脑感知觉中会把这一事物从其背景中作为凸显分离出来。这一发现后来在心理学研究中被称为"格式塔心理学"（Gestalt psychology），用于研究人类感知觉，主要涉及视觉和听觉。例如，白纸上有打印的黑字，那么视觉上一般认为"黑字"是图形（figure），"白纸"是背景（ground）；一首完整的歌曲有旋律与和声伴奏，那么听觉上一般认为"旋律"是图形，"和声伴奏"是背景。可见，图形是认知的焦点，是被人们清晰感知的事物；背景是认知的参照点，是被人们模糊感知的事物；图形的形象鲜明、轮廓清楚、结构完整，而背景的形象往往朦胧、轮廓不清晰、没有固定结构。图形从背景中凸显而出，背景则退隐在图形背后。图形 – 背景在理论上存在四种知觉关系：第一种是图形前于背景，背景则绵延于图形之后，也即凸显原则；第二种是图形与背景的身份可以相互转化，即在特定情景下，图形可以转化为背景，背景也可以转化为图形，也即可逆性原则；第三种是图形与背景互为参照，相互依存，也即依存原则；第四种是图形与背景彼此分离，各自相对独立，也即独立性原则。但实际情况下，第四种情况基本不存在，因为图形的存在是以背景为前提的，同样背景之所以为背景也是因为有图形的存在。因此，将图形 – 背景之间的选择及其两者之间的关系应用于语言结构研究时，主要探讨的是图形与背景之间的前面三种关系。

首先看图形的凸显原则。美国语言学家 Talmy（1972）率先把图形 – 背景理论应用于分析语言表征的语义，在其博士论文中首次使用该理论探讨语义的凸显方式。如例 4 中，因空间视觉的感知，物体 the pen 在背景 the desk 的衬托下成为图形，由此得到凸显。这种图形与背景所表现的关系也适用于语言对事件关系的描述，如例 5 my husband was playing the piano 因 I was reading a book 这一背景的衬托而成为图形，由此得到凸显。

例 4 *The pen* lay on *the desk.*

例 5 *My husband was playing the piano* while I was reading a book.

图形 – 背景中的图形凸显原则可以运用于汉语古诗词的英译过程中（辛红娟、覃远洲，2014）。汉语古诗词中尤其是描写山水的诗词，其汉语诗句的表述主要采用并置结构，将两个及以上的意象排列放置，如黄庭坚《寄黄几复》中的"桃李春风一杯酒,江湖夜雨十年灯","桃李""春风""酒""江湖""夜雨"和"灯"六个意象相互独立，但读者若细细品味，这些独立成景的意象之间便能产生联系，"桃李"与"江湖"、"春风"与"夜雨"、"一杯酒"与"十年灯"形成强烈对照，诗人的快意与失望、小聚与久别、往日友情与当下思念跃然纸上，既给人一种江湖漂泊、孤灯独坐的人生感慨，又营造出开阔深远的意境。采用并置结构的诗句中的图形 – 背景关系不清晰，但若将这些诗句描绘的场景变成画，展现在读者眼前的经常是一个或多个独特的画面，画面中的有些物体凸显为图形，其余则构成画面背景。将此类诗词翻译成英语时，就可以将原诗描绘的画面中的图形－背景关系，映射于英译的句子表述中，使译文展现在读者眼前的图形－背景画面与原诗词相似或一致，达到诗歌韵美、神美的再现。王维写的《使至塞上》中有两句诗几乎家喻户晓——"大漠孤烟直，长河落日圆"。从汉语诗词形式看，"大漠"和"孤烟"并置，"长河"和"落日"并置，但是如果将这两句诗描绘成景，则会展现出两个栩栩如生的画面：第一个画面是大漠孤烟，无边无际的莽莽黄沙构成一幅宏大画面的背景，而烽火台上扶摇直上的孤烟因背景的衬托成为图形而得以凸显；第二个画面是长河落日，蜿蜒而行、波光粼粼的长河构成画面的背景，而恍然而至的红日因背景的衬托成为图形而得以凸显。这两句诗中的背景"大漠"和"长河"展现了诗人出使塞外后所见的边陲大漠雄奇壮丽的风光，意境雄浑，而图形"孤烟"和"落日"则是诗人将自己孤寂落寞的情绪巧妙地融入这广阔的沙漠瑰丽景色之中。在翻译这两句诗时，译者可以把握诗歌描写画面中呈现的图形与背景关系，投射到英语层级结构的句式中，以重现原诗的神韵，如例 6 所示：

例 6　In boundless desert lonely smokes rise straight; Over the endless river the sun sinks round.

（许渊冲，2006：11）

可见，许渊冲将原诗中的"大漠"和"长河"分别译为介词短语 In boundless desert 和 Over the endless river，作为背景；将"孤烟直"和"落日圆"分别译为主句 lonely smokes rise straight 和 the sun sinks round，作为图形，从而与原汉语诗句具有对应关系，原诗的神韵得以移植和再现。因此，图形－背景理论中的图形凸显原则对于汉语诗歌的英译具有较好的应用价值（辛红娟、覃远洲，2014）。

其次看图形－背景的可逆性原则。人们所熟知的人脸与花瓶幻觉图（face/vase illusion）（Rubin，2001）显示，一般情况下人们不可能在同一瞬间既能看到人脸又能看到花瓶。若以人脸为背景看到一个白色花瓶；若以白色花瓶为背景看到两张侧面的人脸。以人脸为背景看到的

"白色花瓶"是图形，即被凸显的视觉图像；以白色花瓶为背景看到的"两张侧面人脸"是图形，即被凸显的视觉图像。这种因视角转换导致的不同视觉效果，其根由就在于图形与背景具有可逆性，即图形／背景转换（figure/ground reversal）。王文斌（2015）曾指出，图形与背景的逆转常因人的注意点不同而发生转换，而当一个事件的发生牵涉多个背景时，背景与背景之间会因视角的改变发生相对的凸显。例 7 中，the manager ran 是这一事件的图形，而其背景有三个：the meeting room、the corridor 和 his office，这三个背景均对图形起衬托作用。但是从例 7（a）到例 7（c）的句式转换，其本质是这三个背景因视角不同在英语语言表征上可得到不同程度的凸显；从例 7（d）到例 7（f）的句式转换，其本质是这三个背景在英语语言表征上分别转换为图形而得到凸显。

例 7（a）The manager ran out of the meeting room across the corridor *into his office.*

（b）The manager ran across the corridor into his office *out of the meeting room.*

（c）The manager ran into his office out of the meeting room *across the corridor.*

（d）*Out of the meeting room,* the manager ran across the corridor into his office.

（e）*Across the corridor,* the manager ran out of the meeting room into his office.

（f）*Into his office,* the manager ran out of the meeting room across the corridor.

图形与背景之间的关系是相对的。在特定情况下，随着人的视角发生转换，图形与背景之间有可能出现逆转，这种逆转不仅体现在图形与背景之间，也可能发生在多个背景之间，并得到不同程度的凸显。换言之，在特定的情况下，图形与背景、背景与背景之间的转换皆有可能，语言的表征方式因此会千变万化、丰富多彩。（王文斌、邬菊艳，2020）

图形与背景的这种可逆性原则可以在很大程度上解释词汇语义研究中的一词多义现象。"一个词之所以会形成多种语义，其原因在很大程度上在于人们在观察客观事情时所发生的视角变换，即在此所言的图形与背景的转换"（王文斌、邬菊艳，2020：181）。例如，汉语动词"吃"，其本义是"摄取食物或饮料进入体内"。一般情况下，本义是得到凸显的语义，是图形，与"吃"这一行为相伴的其他因素，如"吃"的食物、场所、时间、方式、来源、情绪、经历、手段等均潜隐于背景地位。但是，图形与背景之间的关系并非固定不变，而是可逆转的。"吃"所携带的各类动作对象的名词可构成不同的词组，如"吃面条""吃食堂""吃火锅""吃劳保""吃的是寂寞""吃批评""吃粉笔灰"等，这些表达均是将通过"吃"行为相关的因素，根据其特定表达的需要，进行不同的背景 – 图形化。不仅如此，潜藏于背景的其他对象也可因某种表达的需要而走到前台得到凸显，如"吃土很深"中的"吃"表示"进入"；"吃墨水"中的"吃"表示"吸收"；"吃不透原文"中的"吃"表示"领会"；"吃掉两个师"中的"吃"表示"消灭"；"吃软不吃硬"中的"吃"表示"接受"。在这些不同的表达中，"吃"的本义退隐于背景位置，而原本处于背景的信息因说话人的表达需要而得到凸显，即得到图形化。"这就如同一群模特走秀，走上前台表演的是得到凸显的模特，即成为图形，而在后台等待表演的其他模特则是背景；但处于背景的各个模特并不始终只处于背景位置，往往会根据表演需要走上前台，从而成为图形，而原先在前台表演的模特则会走下前台，退隐于背景。因此，一群模特走秀时，其角色始终在图形与背景之中转换，每个模特都会根据表演需要而有机会成为图形或背景。"（王文斌、邬菊艳，2020：122）

又如英语动词 make，其本义是 bring sth. into existence，即"做成某物"。但 make 还有多种不同语义，如 form sth. by putting parts together（制作）、prepare or draw up by writing（拟定）、arrange bedclothes tidily on a bed ready for use（整理床铺）、carry out, perform, or produce a specific action（做出某种行为）等。深入分析后可发现，这些语义无不

与其本义存在或多或少的联系，如"制作"之意就是使某物从无到有，即"做成某物"；"拟定"之意是"做成某物"过程中的前期准备；"整理床铺"之意包含着要"做成某物"时需要收拾整理的过程；"做出某种行为"显然是"做成某物"时具有的行为表现等。由此可见，make 的各种不同语义均反映了"做成某物"的不同侧面和不同维度。这些语义原本是背景义，因特定表达的需要，均在特定情况下得到了图形化，此时其本义反而退隐为背景（王文斌，2015）。任何一个行为的发生都不是孤立的，均会牵涉到与这一行为有关的许多方面，而这些方面通常情况下都是背景，在描述行为本身时，人们往往仅聚焦这一行为本身，使之图形化，而所关涉的诸方面就作为背景因素潜伏于这一图形周围。一旦人们转移视线，将目光聚焦某一背景因素，这一背景因素就会得到凸显，随即成为语言表述中的图形。关于词的本义与引申义之间的关系，本义一般是得到凸显的图形，引申义则是潜伏于图形周围的背景，一旦语言使用者基于特定语境的需要，本义和引申义就可能相互逆转，本义隐退为背景，引申义则随即成为语言表述中的图形。

最后看图形－背景的依存性原则。图形依赖背景而存在，背景是图形存在的土壤，图形背景相互依存，密不可分。图形－背景相互依存的原则实则是当前很多双关广告语的内部认知机制（黄洁，2014；田龙菊，2010）。一语双关现象是一种常用的修辞格，常常利用词语的谐音、多义性等巧妙地使词语在特定语境中带有明暗双重意义，或一明一暗，一隐一显，言在此而意在彼；或将两种语义巧妙关联，由此及彼，从而使语言表达形象生动、充满奇妙的韵味，令读者印象深刻、回味无穷（田龙菊，2010）。如以下例句：

例 8　某电蚊香广告："默默无蚊"的奉献

例 9　某热水器的广告：随心所浴

例 10　某止咳药的广告：咳不容缓

例 11　某祛斑除痘化妆品广告：趁早下斑，请勿痘留

例 8 至例 11 均是谐音双关广告语，其中的谐音词（下画线部分）

显然是图形部分，是广告设计者煞费苦心、巧妙设计需要凸显的目标，而原本正确的成语或表达成为背景，该背景是谐音的认知基点，用以衬托图形。换言之，该类广告语中的图形谐音词必须依赖背景，只有在正确理解背景的前提下，图形的语义才能得到准确解释，因此该类词语的语义体现了图形与背景的相互依存性原则。就例 8 而言，对于一个初学汉语的外国人来说，他首先需要知道汉语中"默默无闻"这一成语的背景，并能深刻理解其语义，在此基础上才可能读懂该广告语，懂得该广告语蕴含的双重含义：一方面展示该电蚊香优秀的品质，暗示只要消费者使用该电蚊香，便不会受蚊虫干扰；另一方面隐含商家为消费者默默奉献的心意，以此吸引消费者，产生购买欲望，最终达成广告宣传的预期目标。

有些语义双关广告语则是利用词语在不同语境中的多义性，假用词语本义，实则取其比喻义来借此说彼。该类广告语中也遵循图形 – 背景之间的相互依存关系（田龙菊，2010）。如以下例句：

例 12　千金药业广告：家有"千金"是福气

例 13　可乐广告：非常"可乐"，非常选择

例 14　联想广告：人类失去"联想"，世界将会怎样

例 15　大宝面霜广告："大宝"，天天见

例 12 至例 15 均是语义双关广告语，其中各公司品牌或产品名词（下画线部分）显然是图形部分，是商家特意设计来凸显的目标，原句的真实语义或本义是背景，该背景是凸显图形的认知基点，衬托图形。换言之，该类广告语中相关词的多义性是图形必须依赖的背景，只有将图形的语义和背景的语义相互结合理解，消费者才能领悟该广告语中的双关特性，因此该类词语的语义也体现了图形与背景的相互依存性原则。例 12 中的"千金"具有多义性，其通常语义是指"女儿"，原句的真实语义是指家里的女儿通常懂事、孝顺，因此父母有福气，这是该双关广告语的背景语义，而此例中的"千金"是指千金药业集团生产的药，能够像细心体贴的女儿一样呵护家人的健康，这是商家精心设计而想要

凸显的图形，而这个凸显图形必须以整个句子的原义为背景才能被感知（田龙菊，2010）。由此可见，图形与背景之间具有相互依赖性。

同样，谐音词语表达也体现出语言使用者利用图形－背景的相互依存原则（黄洁，2014）。例 16 中，2010 年大蒜、绿豆、食用油等农产品以及各类商品价格普遍快速增长而引发网友的吐槽。

例 16　蒜你狠，豆你玩，姜你军，苹什么？油他去！铜心协力，铝创新高，金金有味，锌锌向荣，锂直气壮，棉里藏针。（黄洁，2014：12）

从例 16 的这些谐音词语的构词规律可知，涨价商品如"蒜""豆""姜""苹""油""铜""铝""金""锌""锂""棉"显然是语言使用者想要凸显的图形，而原本的口头语或成语如"算你狠""逗你玩""将你军""凭什么""由他去""同心协力""屡创新高""津津有味""欣欣向荣""理直气壮"和"绵里藏针"是背景。想要理解语言使用者面对市场价格上涨而表达的调侃、无奈甚至愤怒的情绪，必须要以理解其背景语义为前提，背景语义是图形语义释解的土壤。图形与背景两者互相依赖，缺一不可，这是谐音造词的认知规律所在。

如果说隐喻－转喻、图形－背景的认知理论仍主要关注语言使用者个体认知心理过程的加工活动，那么近些年来认知研究已逐渐趋向于社会文化和心理实证视角，关注概念化过程中的社会和文化因素，关注跨文化的普遍性和变异性，注重收集心理实验的客观数据对认知理论的支撑或驳斥。下文将从认知社会文化视角和认知心理学视角探究与词汇学相关的研究状况。

4.1.3　认知社会文化理论

生成语法学派喜欢谈论"心智"（mind），但不愿研究意义；形式语义学派虽然善谈意义，但只停留在假定世界与真实条件方面的意义。如何正确表达人类认知、社会交往以及民族文化的意义，仍是现代语言学家所面临的难题（李炯英，2005）。17 世纪德国哲学家和数学家 Gottfried Wilhelm Leibniz 将语言符号看作是人类思维的工具，指出所有解释最终都必须以概念为基础，而这些概念本身应该是不言自明的，人类语言肯定存在一种"基元概念的目录"（catalogue of primitive concepts）或者"人类思维的字母表"（alphabet of human thoughts）（转引自 Couturat，1903）。正是基于这样的理性主义哲学传统，语言学家 Anna Wierzbicka 开始了语义基元（semantic primitive）的探寻，并于 1972 年发表了其奠基之作《语义基元》（Semantic Primitives），其中自然语义元语言（natural semantic metalanguage，NSM）理论被首次提出，并在 Wierzbicka 与其合作者的一系列论著（Cliff & Wierzbicka，1994，2002；Wierzbicka，1985，1992，1996，1997，1999，2003）中逐渐发展起来，至今大概已有 50 年之久，是当代语义学中的一种新范式。其主要原理是通过一套"微型语言"（mini-language）来解释所有语言的基本语义，试图对各类事实进行客观、中性的描述，以表达复杂概念和文化思想。NSM 理论有两个核心概念，即语义基元和文化脚本（cultural script）。语义基元是指那些指称不可界定的简单词语，这些词语在所有语言中都普遍存在且具有相应的对等词，如 I、you、someone、part、good、bad、say、do、live、not、like 等，迄今为止已经识别的语义基元数量基本稳定在 65 个。同时，为了避免在词语语义释解时出现循环性和模糊性，该理论利用这些语义基元，根据化简释义（reductive paraphrase）的方法，将复杂语义的概念或词语解释成简洁明了的概念或词语。文化脚本是指利用 65 个语义基元作为语言描写工具，将不同文化中的话语习俗、规约和价值加以简洁而清楚地解释的一种模式化方法（Goddard & Wierzbicka，2004；Wierzbicka，2013）。通过为不同语言中带有文化概念的词汇构筑特定文化脚本的方法，可以考察语言使用者微妙的心理世界，以此揭示蕴含在复杂语言现象背后的共性和差异，并透视出语言中的文化规约和价值。因此，文化脚本就是一幅"朴素的世界绘画"，能帮助人们把握理解不同语言者的机会，从而为最终实现刻画不同语言者之灵魂做出贡献（Wierzbicka，2013）（转引自刘锋、张京鱼，2015）。国内首次引进 NSM 理论的学者是范文芳（1995），她在《〈跨文化语用学：人类交往语义学〉评价》一文中详细介绍了该理论，并做出客观评论。此后，国内学术界陆续有学者对该理论本体和应用研究进行探讨（何洋洋，2019；李炯英，2005，2011；刘锋、张京鱼，2015；钟守满、罗荷香，2013）。下文将以文化脚本为主要理论，探究词汇语义在社会文化层面的考察新路径。关于语义基元的词义解释方法，王文斌和邬菊艳（2020）有过详述，可供参看；同时在下文关于文化脚本对政治文献词汇的释解中也会提及并运用。

文化脚本的研究方法是跨文化的语义学范式。该方法具有独特的跨文化语用观，强调语言现象释义中说话者本人的"局内人"（insider）文化视角与"局外人"（outsider）的可理解性相结合，从而有效避免跨文化研究中的"民族中心主义"（ethnocentrism）（刘锋、张京鱼，2015），对日常普通词汇、政治文献词汇等的语义和概念都具有较好的释解作用。

首先是文化脚本对日常普通词汇语义和概念的释解作用。刘锋和张京鱼（2015）曾对汉藏语系中的土家语和汉语以及印欧语系中的英语表征"借"这一概念的词汇展开了一项跨语言对比。该研究利用文化脚本理论对以上三种语言中"借"的词化概念分别构筑了文化脚本，以期窥探不同语言者的心理世界，揭示语言词汇背后的语义共性和个性，最终透视词汇中不同的文化规约性（刘锋、张京鱼，2015）。土家语中"借"的概念主要通过土家语"oŋ^{53}""lu^{35}""tso^{53}""ts'oŋ^{35}"四个词来表征，对四个词的词化概念进行文化脚本构筑后可以发现，土家语"oŋ^{53}""lu^{35}""tso^{53}""ts'oŋ^{35}"主要基于"所借物品""归还方式"和"借方心理"三个维度来区分。从所借物品看，"oŋ^{53}""lu^{35}"侧重除"钱"以外的日常生活用品和生产工具的借用，而"tso^{53}""ts'oŋ^{35}"则指所有物品皆可借用；从归还方式看，"oŋ^{53}"侧重短时间内原物归还，"lu^{35}"则侧重原物消耗，归还的只能是等价物品，而"tso^{53}"则表示两种归还方式皆可以，"ts'oŋ^{35}"则不能确定能否归还；从借方心理看，"oŋ^{53}""lu^{35}""tso^{53}"表示借方确定能得到所借物，"ts'oŋ^{35}"则不能确定能否得到所借物。对英语 borrow 的词化概念进行文化脚本构筑后发现，说话者认为借物的所有权属于借出方，borrow 仅用于实施借物所有权暂时转移的行为，因此英语中存在与 borrow 相对的词 lend，两者的区别就在于 borrow 的说话者主语不拥有该借物，而 lend 的说话者主语拥有该借物。对汉语"借"的文化脚本构筑后发现，借入方对借出方有一种承诺，强调"有借必有还"的心理（刘锋、张京鱼，2015）。

基于以上三种文化脚本，我们能够清晰窥见三类语言者不同的认知心理，而认知心理的差异正是三种语言所根植的不同文化规约的彰显。例如，土家语文化是一种"山地文化"，由于恶劣的自然环境，土家族人生活艰苦，物质资料匮乏，因此他们在向他人求助财物时会感觉非常困难，尤其是在借"钱"时更觉尴尬，但有时为了生存却不得不做，因此"借"的行为就异常复杂，如此复杂的心理过程外化为语言形式时造就了词汇使用上的多样性。在英美法系中，人们特别注重私有财产权，认为私人财产神圣不可侵犯，这是盎格鲁文化中的一种规约，如若发生私有财产暂时转移行为，财产所有权归属必须予以明确和凸显（刘锋、张京鱼，2015）。而汉语"借"凸显及时归还的承诺，正是中国传统文化的为人处世之道，反映的是"有借有还，再借不难"的哲理，它告诫人们信用是人立身社会之本。可见，长期浸润于特定文化中的语言表达会受到该文化规约的塑造作用，而通过文化脚本可以透视语言、文化和认知思维之间的相互作用和关联。

其次是文化脚本对政治文献词汇语义和概念的释解作用。澳大利亚国立大学教授 Ye（2013）撰写的论文《理解中国社会交往和外交中"老朋友"程式的概念基础》（Understanding the conceptual basis of the "Old Friend" formula in Chinese social interaction and foreign diplomacy: A cultural script approach），可算是 NSM 理论应用于中国外交辞令研究的典范。在很多外交场合中，中国领导人喜欢用"中国人民的老朋友"来称呼外国友人或国家领导，这样的外交辞令曾让很多人感到疑惑。美国政治科学家 Solomon（2005）曾提到，在一个相对很短的会谈时间内，美国前国务卿基辛格发现自己被当时的国务院副总理吴邦国称为"老朋友"，所以 Solomon 认为这就是中国人的谈判行为，即通过"老朋友"的称呼来缩短彼此间的距离，增强彼此间的亲近关系，以求得利益的最大化。这种称呼不仅见于两国高层正式会晤时，而且在当时的《人民日报》上也常出现类似的表达，如例 17 至例 19 所示：

例 17 吴邦国接见美国前官员基辛格和奥尔布赖特时，说："你们两位都是中国人民的老朋友，很长时间以来都为促进中国友谊而奉献，我对此表示钦佩和感谢。"（2009 年 9 月 3 日）（转引自 Ye，2013）

例 18 当地时间 21 日，著名的国际奥林匹克主席萨马兰奇在巴塞罗那与世长辞。作为国际奥委会荣誉委员会成员，何振梁在记者采访中表示，我们会深刻铭记这位中国人民的老朋友。"（2010 年 4 月 22 日）（转引自 Ye，2013）

例 19 胡锦涛在接见柬埔寨内政部长谢辛时说，谢辛部长是中国人民的老朋友，长期以来为促进中 - 柬人民的友谊作出贡献。我们为此表示感谢。中国珍惜中 - 柬关系中的传统友谊，中 - 柬关系一直以来就很好，从战略高度也加强了两国全方位的深入合作。（2012 年 4 月 1 日）（转引自 Ye，2013）

可见，"中国人民的老朋友"作为中国外交活动的一种话语程式，似乎成为中国外交语言中标准的保留节目（Ye，2013）。我们从维基百科上搜索关键词"中国人民的老朋友"时发现，这种话语表达式已经凝固为一个相对稳定的术语，意思是"长期对华友好的外国人士"，即中共中央人民政府及其领导人和官员褒称长期对华友好的重要外国人士的正式用语。Ye（2013）统计了 1949—2010 年间的《人民日报》，发现共有 600 多人被称为"中国人民的老朋友"，他们分别来自五大洲，120多个国家。这一称呼出现的频率，在 20 世纪七十至九十年代达到了高峰。不过，21 世纪以后，这一称号在《人民日报》上使用的频率逐年下降，大概从每年约 50 次降低至 20 次左右。尽管近些年来我国外交场合中并不常用此类外交辞令，但其实这个辞令具有很深的中国社会现实基础，受到一系列本质上相互关联的文化脚本的影响，因此这方面的研究对类似其他具有中国特色的外交辞令的考察仍然具有很好的借鉴意义。

费孝通在《乡土中国》（1948/2008）中指出，西方现代社会中人与人之间的关系可以被归纳为一种"团体格局"，就像"一捆一捆独立的柴束"；同一个团体中，每个人与这个团体的关系是相同的，因此人与人之间的地位是平等的；在团体成员之间，人际关系就像"柴束"中一根根平行束在一起的柴枝一样，平等而简明。即使同一团体中有组别或等级的区分，那也是事先规定的，因此组别或等级可被视为内部的"亚团体"，在每个组别或等级内部，成员之间彼此平等。在"团体结构"中有两个边界清晰的团体单元：一个团体单元是"家庭"，指的是夫妻和未成年子女，因为父母通常对成年子女在经济上没有必然的义务和责任，比如他们一起外出吃饭时可能会各付各的钱；另一个团体单元是"国家"，费孝通（1948/2008）认为，在西方社会里，"国家"这个团体是一个明显的、也是唯一凸显的群体界限，西方人将"国家"看成一个超过一切小组织的团体，上下双方都可以为这个团体牺牲，但不能牺牲它来成全别种团体。为什么"国家"这么重要？因为"国家"的行政边界是政治制度、经济制度、教育制度、法律体系等社会基本制度实施的地理领域，正是这些基本制度使一个现代社会得以建构和运行，使公民的各项权利、责任和义务得到制度保障，所以在西方现代社会中，"国家"是最重要的团体单元。

与"团体格局"相比，费孝通（1948/2008）把中国传统社会的人际关系形容为"差序格局"，"社会关系"是逐渐一个人一个人推出去的，是私人联系的增加，社会范围是由一个个私人联系构成的网络，这就好比把一块石头丢入水中后水面上所激起的一圈圈推出去的波纹。在"差序格局"的网络中，"家庭"的边界是不清晰的，具有"伸缩能力"，甚至可以"伸缩自如"，"自己人"可以包罗任何要拉入自己圈子的、表示亲热的人物。"自己人"的范围是因时因地可伸缩的，可以大到数不清，这就是所谓的"天下可成一家"。掌握各类社会经济资源的能力，决定了作为私人网络中心的这个人与其他人之间私人关系的紧密程度，甚至决定了他的"家"的边界。所以，中国传统社会的人际关系体系是由己到家、由家到国、由国到天下，是一条通路。在这种社会结构中，"由己及天下"是一圈一圈推出去的，在这个次序中，波纹最深、与每个人最切身、最被看重的自然是"自己"的利益，其次是"家"的利益，之后是他所在的更大范围的团体的利益，这样一层一层推出去，直到最后的"国"和"天下"。

中国传统社会人际关系的"差序格局"与西方现代社会的"团体格局"的差异，使汉语中的"朋友"和英语中的 friend 范畴的概念化方式存在很大不同。换言之，当将汉语"中国人民的老朋友"转换为英语 Chinese people's old friend 时，其中涉及的汉语范畴"朋友"和英语范畴 friend 的文化概念内涵是不同的。其次，汉语"老朋友"中的"老"和英语单词 old 也不尽相同，这些不同涵义只能通过语义基元来呈现。正如上文所述，语义基元是世界各语言中普遍存在的、简单不可再分解的语言描写工具，不具有特定国家或民族语言的烙印，即可以有效避免跨文化中的"民族中心主义"。

汉语中"朋友"的文化脚本可以构筑如下：

a. someone

b. I think about this someone like this:

c. "this someone is someone like me

d. I said some things to this someone at many times before

e. I did many things with this someone at many times before

f. when I think about some things, this someone can think about them in the same way

g. *because of this, when I think about this someone, I feel something good*

h. *I want to do good things for this someone when this someone wants it*

i. *this someone wants to do good things for me when I want it"*

j. I know that this someone can think about me in the same way

（Ye，2013: 377）

88

英语中 friend 的文化脚本可以构筑如下：

a. everyone knows: many people think about some other people like this:

b. "I know this person well

c. I want to be with this person often

d. *I want to do things with this person often*

e. *when I am with this person, I feel something good*"

f. I think this person thinks the same about me

g. I think like this about this person

（Wierzbicka，1997：52）

　　从两个不同的文化脚本注释中可见，汉语"朋友"和英语 friend 的相同之处在于：拥有共同点、互相有好感、喜欢在一起、有类似的想法。但是，两者本质上仍具有差别，汉语"朋友"的脚本中 g—i 显示，社交本身只是其中的一个方面，而获得一个更亲近的关系才是交朋友的最大目的；英语 friend 的脚本中 d—e 显示，friend 更注重社交性，并由此互相之间产生好感，这是 friend 释义中最核心的语义。换言之，汉语"朋友"的释义中更凸显共同的利益和互相帮助的期待，而不仅为了享乐或玩得开心（Ye，2013），而英语 friend 则更凸显积极的情绪体验。

　　那为何是"老朋友"？根据费孝通（1948/2008）的"差序格局"，从"生人"到"熟人"再到"自己人"，主要是基于一定时间的接触和交往，对于中国人来说，在"由疏至亲"的过程中，时间是一个非常重要的因素。例如，在表示具有共同生活经历的人们之间的关系时，汉语中经常用"同 X"来界定说话人与对方之间的关系，如"同学""同事""同乡"和"同行"。但是，这仅是一种相对模糊的范畴划定，若要进一步拉近说话人与对方之间的距离，可以在"同 X"之前加"老"，如"老同学""老同事""老乡"和"老同行"。又如，"领导""顾客"和"前辈"等称呼指定了一个相对模糊且基于利益、准经验和准主观的一种社会范畴，显然无法用来区分"自己人"和"外人"，若在前面加上"老"，如"老领导""老顾客"和"老前辈"，就明显能感觉到说话人与对方之间的亲近。同理，在"朋友"这个范畴前加"老"表示"长久的"（long-standing），这样能把"外人"进一步拉入"自己人"的圈子，因此"老朋友"的概念中蕴含了比"朋友"多一个把对方当成是"自己人"的语义。

汉语中"老朋友"的具体文化脚本可以构筑如下：

[many people think like this:]

a. it is good if someone wants to say something like this about someone else (Y):

b. "this someone (Y) is someone like me

c. for a long time before, it was like this:

d. I said some things to this someone at many times before

e. I did some things with this someone at many times before

f. because of this, I know that when I think about some things, this someone can think about them in the same way

g. because of this, when I think about this someone, I feel something very good

h. I want to do good things for this someone when this someone wants it

i. this someone wants to do good things for me when I want it

j. *I can think about this someone as I think about a zijiren*（自己人）

k. this someone can think about me in the same way"

（Ye，2013：378–379）

一般情况下，外交场合中外国人对于中国人来说显然属于"外人"，而当"老朋友"程式语用于称呼某位外国友人时，目的是实现"由疏至亲"，缩短外国人与中国人之间的距离。当中国的外交官或政府官员使用"中国人民的"作前修饰词时，即"中国人民的老朋友"，一方面是表明自己是代表整个国家或民族，另一方面更是为了降低国家政治利益关系，凸显这是"人与人"之间的社交关系。通过以上文化脚本的阐析可知，"中国人民的老朋友"是基于中国传统社会现实基础的，是具有中国特色的外交辞令，其深意远超于相应的英语表达 Chinese people's old friend。

该外交辞令的文化脚本理论释解对我们理解或翻译当代中国政治文献词汇具有很好的借鉴作用。当前中国治国理政的经验具有高度概括性，理念和价值观也越来越抽象，如"国内循环为主体，国内国际双循环"的"循环"，"精神文化生活""会议精神"的"精神"等，如果我们对这些抽象词汇背后的文化内涵不加思考，直接将"循环"译为circulation，将各种"精神"不加区分地译为 spirit，那么就容易让外国读者摸不着头脑，加深中西方之间的文化鸿沟，最终阻碍中国思想、理念和价值观走向世界。当前中国的对外传播还在夹缝中生存，如果自己无法正确认识中国思维、中国理念和行为方式，无法在语言上解决文化不对等现象，就极有可能会影响中国话语的有效输出和中国正面形象的树立，甚至会损害中国利益。著名汉学家 Paul Cohen 在谈及中国文化的坚韧时，曾强调，"在外国人眼里，中国文化绝大部分是被尘封了"，并呼吁研究者要努力考察中国文化中"不显见的、更难企及的部分"（Cohen，2011：388）。但问题是中国人应该如何去解释或更好地打通汉语和外国语之间的转换通道，我们认为自然语义元语言理论的语义基元和文化脚本模型可以成为一个很好的理论工具。语义基元具有语言的普遍性，意味着这些词或表达具有很强的心理现实性。脚本的互文性可以使不同语言之间的内在逻辑的差异性被显性地、较为客观地表征出来，而文化脚本的目的是揭示本土意义系统，从而增强特定语言形式描写的翻译可能性。

4.1.4　认知心理学理论

早期认知语义学理论的提出，如上文述及的原型范畴理论、概念隐喻和转喻、心理空间映射及概念整合、框架语义学等经典理论主要是基于内省法，因此经常遭遇质疑，认为这种方法是自圆其说，无法证伪，难以捕捉心理现实性。而纵观词汇语义的描写方式，无论是静态的词汇语义分析，还是动态语境下的词汇意义构建，相关讨论基本停留在语言形式层面，如语义成分分析（Hjelmslev，1953；Wierzbicka，1972）、词际间的语义关系（Cruse，1986；Lyons，1963）、句法形式化操作（Jackendoff，1990；Pustejovsky，1995），又或者聚焦交际者的心智空间，抽象地阐释语言的心智加工过程（Coulson，2010；Fauconnier，1997）。也正因为如此，Geeraerts（2010：240）曾明确提出："认知语义学想要解决词义问题，势必要与关涉意义和大脑的心理研究建立紧密的联盟。"

在心理学领域，相关的理论研究如感知符号系统理论（Barsalou，1999）、语言神经理论（Feldman & Narayanan，2004）、行为研究（Kaschak et al.，2005）和脑机制研究（如 ERP 研究、fMRI 研究）均已发现，心理模拟（simulation）与语言理解之间存在显然的交互作用。因此，有部分学者开始关注心理模拟系统如何与语言学信息进行交互作用的研究。例如，尚国文（2011）提出，感知符号系统理论倡导的语言理解的心理模拟方式，对于语言中词汇意义、抽象概念和隐喻等解释具有重要的启示作用；Evans（2010）认为，语言与情境模拟（language and situated simulation，LASS）理论可以论证词汇意义构建过程中语言与概念系统之间的认知心理现实性问题；邬菊艳和王文斌（2019a）则以 LASS 理论为视角，阐释动态语境中的词汇意义构建的认知心理过程，构筑了词义三角模型。

传统的符号认知（symbolic cognition）理论认为，感知信息以抽象的概念符号形式存储于大脑，语言理解主要通过符号与符号之间的连接操作而实现（Fodor，1983；Simon，1979；Versa & Simon，1993）。例如，在理解词语"饺子"时，首先通过词语符号与大脑存储的抽象符号"饺子"相连接，并通过"饺子"的概念符号与其他相关概念符号如"面条""面皮""馅"的连接，产生"饺子"的意义。这种理论主张看似合理，但一直缺乏明确的实验证据（Barsalou，2008），而 Searle（1983）最终证明，抽象符号之间的相互连接并不能产生意义，意义的获得必须通过身体经验，这就是后来堪称"横扫我们这个星球"（Adams，2010）的具身认知（embodied cognition）假设。

具身认知假设是由 Lakoff & Johnson（1980）率先提出的。具身认知是指具身体验和基础认知：前者是指在人类世界中任何现实的本质并不具有客观性，而是基于个体的身体体验（Evans，2012；Lakoff，1987）；后者是指人们对现实的大脑表征并不是对客观现实的完整映像，而是基于身体体验的大脑的状态（Evans，2012）。人类体验世界的具身性是由身体和神经组织器官构建而成的，是认知的结果，这就是具身认知。简言之，认知基于身体，源于身体（叶浩生，2018）。Barsalou（1999）在具身认知的基础上，提出了感知符号系统理论。

感知符号系统理论认为，感知者在感知事物过程中由于注意选择机制，某些神经状态被抽取并储存于长时记忆，发挥类似符号的功能，这就是感知符号，而大量相关联的感知符号整合成一个框架系统，这个框架系统就是模拟器（simulator），具有感知情境模拟的功能。因此，感知符号系统理论认为感知与认知本质上是相同的，更是相通的，两者的不同在于感知是主体在线的思维操作，而认知是主体离线的思维操作。例如以"电脑"为例，主体在感知实物"电脑"的过程中都会有意无意地择取某些感知信息，如电脑的颜色、大小、触感、操作性能等，电脑可以用于编辑文本、制作表格、网络社交、看电影、玩游戏等，这些信息均会以感知符号的形式在人们的长时记忆中留下痕迹，并且整合成"电脑"感知模拟器，成为认知概念系统的一部分，当人们之后看到或听到"电脑"这个词语时，认知系统便可以构建类似于心理意象的模拟。十几年来，感知符号系统理论得到大量实验证据的支持，国内心理学界对此也做过相应介绍（谢久书等，2011；殷融、叶浩生，2013）。

然而，随着研究的深入，认知心理学家发现有些概念加工过程并不完全依赖具身效应，而是可以用词频、词序等语言因素进行解释（Louwerse，2007；Louwerse & Jeuniaux，2010）。为此，Barsalou et al.

（2008）对感知符号系统理论进行了修改扩充，提出人类知识的表征方式不是唯一的，而是多系统的，其中主要是基于语言系统的语言加工机制和基于模态系统的情境模拟加工机制，这就是语言与情境模拟理论。在该理论中，语言加工机制是指语言形式本身可以表征知识。在语言理解过程中，当一个词语被识别后，主体可以通过词语关联（word association）信息生成其他词语，以此作为知识表征对概念进行加工。情境模拟加工机制是指当主体得到特定的刺激时，就会产生相应的知觉、运动与情感状态的变化，主体大脑的神经系统可以记录这些状态的变化，而在概念加工时，通过大脑的通道特异系统，主体会模拟一个或多个关于此概念的示例，模拟激活的多通道信息组成对相关概念的知识表征。两种加工机制并非相互独立的，而是具有复杂的关联和交互作用。

邬菊艳和王文斌（2019b）认为词义包含三个层面："语言层面的词义"表现为稳定的词汇语义；"概念层面的词义"表现为图式性的词汇概念；"使用层面的词义"表现为多变的词汇意义。词汇语义是语言范畴中的一个实体（entity），是词语结构的基本要素之一。词汇概念属于概念范畴，是词语在意义构建中留下的意义足迹的记忆，是经过多次使用事件而抽象出来的心理图式知识。词汇意义是心理范畴中的一个事件（event），是语言使用者的一种心理构建过程。简言之，词义问题涉及语言和概念两个不同系统以及这两个不同系统之间的互动关系。而根据LASS 理论，概念系统的情境模拟机制在早期人类尚未形成语言时就已存在，而语言系统在人类进化的后期才出现，进化的程序决定了这两种机制必定在不同的层面进行加工（Barsalou et al.，2008）。因此，语境中词汇意义构建的认知心理现实基础，本质上是语言层面的词汇语义加工机制和由词汇概念提供路径通往概念层面的情境模拟加工机制相继交互作用，最后达成词汇意义构建事件的过程。

词义构建首先是语言层面的词汇语义加工机制被最早激活。LASS理论认为在概念加工过程中，虽然语言加工机制与情境模拟加工机制都会自动激活，但是在大多数加工任务中，语言加工机制会最早启动，其激活水平最先达到高峰。而语言层面的加工形式主要通过词汇关联信息，激活相互关联的词语，以此作为知识表征进行加工（Barsalou et al., 2008）。我们基本同意这一观点[1]，因为人们总是根据感知到的事件或情境产生语言，语言中具有较高关联度的词语，其指称物在现实生活中会经常同时出现在某一事件或情境中，因此词汇间的关联信息与现实生活中的事件或情境具有相互对应性。例如，当主体识别 kitchen 这一单词时，会激活与其相关联的单词如 electric cooker、refrigerator、kettle、food、wife、mother 等，而这些物或人本身构成了一般厨房的普遍场景。

　　但是，词汇关联信息在语言层面究竟涉及哪些方面？ Barsalou et al. （2008）并未做出具体诠释。本书认为词汇关联主要包括三种形式，即语义确认、语义关联和语义组合。所谓语义确认，是指通过词典释义或者其他途径获取特定词语语义信息的过程。换言之，在词义构建过程中，解读者首先会对目标词语相对固定的词汇语义进行识别，如若遇到困难，通常会借助词典或其他参考资料进行基本词汇语义的确认，而这些语义往往是在语言社团中被普遍接受的、相对稳定的语言知识。所谓语义关联，是指将语境中相互靠近的且处于同一语言层级上的两个或多个词语语义进行而相互贯连，从而得到词组语义，继而得到整个句子或语篇的完整语义。在语义关联中，有时会出现两个或多个词语的语义凝结，浮现出创新语义块或整体语义，这就是所谓的语义组合。例如下面两个例子：

例 20　In one driveway a *chauffeur* wearing rubber boots was hosing down a *limousine*.

例 21　An interview question on whether a job candidate would *cook the books* to make something "work" for the company's bank is hard to answer.

若要理解例 20 中 chauffeur 和 limousine 的语义，对于一般的英语学习者来说，首先要通过查阅词典以确认其基本语义分别为"受人雇佣

1　诚然，语言加工可能涉及词形、发音、词法、句法结构等诸多方面，但本书在此仅聚焦词义问题，词汇关联是其中的主要形式。

的司机"和"豪华轿车",最后通过与其他相邻词语的语义关联而得到"这个司机正在冲洗这辆豪华轿车"的整句语义。但是,若对例21中的 cook the books 也仅进行语义关联,那么就会得到"烧或煮书"的语义,显然这三个单词的整体语义并不是其部分语义的简单相加,而是通过语义组合得到一个创新语义,即"做假账"。可见,经语义组合而浮现出的新的整体语义往往不同于多个词语语义关联后的词组语义。总之,在语言加工层面,通过对目标词语的语义确认、词语间的语义关联或语义组合,语言加工机制才能达到峰值。

语言层面的语义加工将有效激活相应概念层面的情境模拟加工。LASS 理论认为,主体对概念的深度加工的本质是对概念的体验模拟,概念知识的提取不仅仅是一种认知过程,同时是一种生物过程,是一种"所见即所感"式的经验再现(殷融、叶浩生,2013)。词义在概念层面的理解加工的本质也是一种心理模拟过程,是自上而下地激活与特定词汇相关的概念结构,以重演主体与客体互动时的知觉、运动及内省状态。通过激活模拟,词汇概念在真实世界的词汇意义随之得到构建,而模拟过程的情境性、主体性和当下性,决定了词汇意义具有流动不居的易变本质。

模拟的情境性,即情境模拟,是指在日常生活中,主体对客体或事件的经验不是抽象的,也不是与具体情境割裂的,而总是从特定的情境背景中获得的。因此在概念加工时,主体也并非在空白的背景中对某概念的示例进行模拟,而总是以一种情境化的方式来表征概念知识,加工过程往往包含意向、客体、行为、事件和心理状态等大量具体背景的情境信息(Barsalou,2009,2016)。例如,当主体对"山"的概念进行加工时,主体的概念系统并非模拟普遍意义上抽象的"山",而总是模拟曾经看到过或旅游过的"阿尔卑斯山""珠穆朗玛峰"抑或某座或几座不知名的具体的"山",其中还包括主体与这些山相关的活动、经历和心绪体验等各种背景信息。模拟的情境化涉及具体词义的理解过程,是指当主体对目标词语相关联的概念结构进行心理模拟时,总是以该词语所处话语语境激活的特定场境信息为背景,通过词汇概念信息和情境信息的相匹配来获得适切的词汇意义解读或构建。例如：

例 22（a）前面慢慢走过来一个老太太。

（b）小宝一蹦一跳地走向他妈妈。

（c）上坡时，马走不动了。

例 22 中的"走"是一个基本动作行为词，其相对稳定的语义是"人或兽的脚交互向前移动"。当主体对"走"进行深度概念加工时，不仅激活了与"走"相关的概念结构信息，即主体感知信息中所具有的各种不同方式的"走"以及相关情绪体验等，同时激活了"走"所在的不同句子语境触发的背景信息，即通达了不同的语境场景。经过模拟整合，将词汇概念信息与其所浸入的句子情境信息进行合流，"走"的词汇意义随之构建：例 22（a）是指"步履蹒跚的老人慢慢地挪步"；例 22（b）是指"活泼可爱的孩子开心愉悦地蹦跳"；例 22（c）是指"疲惫不堪的马在上坡过程中四只脚艰难地移动"。

模拟的主体性是指个体差异性。正如一千个读者眼中有一千个哈姆雷特一样，一次模拟的具体内容不仅受制于语境所激活的情境信息，也取决于个体的生活经验和感知表征状态。正如上文提到的"山"的概念加工，不同的主体曾经看到过或旅游过的"山"的形状、高低、景色、气候等千差万别，其关于"山"的体验和感知表征状态也迥然不同，因此不同主体对"山"的概念加工过程的实质是模拟了不同概念结构背景信息下各种不同的"山"，这就是模拟过程的主体性。模拟的主体性涉及具体词义的构建过程，是指不同个体对于特定词语所提供的途径通往词汇概念结构信息的不同，具有个体差异性。例如，Coulson（2010）曾提到，英语单词 thoughtful 的意义会随与之搭配的名词的变化而改变，如 a thoughtful mother 和 a thoughtful wife 中的 thoughtful 的意义不同——"体贴的"母亲是对孩子而言的，"体贴的"妻子是对丈夫而言的，两者在现实世界的角色行为都相差甚远。本书认为，即使是同一个 a thoughtful mother 中的 thoughtful，不同主体对其通往的概念结构进行探幽的情境也不尽相同：可能是"年轻的母亲陪伴孩子玩乐、给孩子讲故事、细心照料孩子的日常起居"的情境；可能是"中年的母亲在工作之余耐心辅导孩子的学习功课，为读中学的孩子精心准备一日三餐"的情境；也可能是"孩子已经成家立业，而年迈的老母亲依然细心为孩子打理各种家务"的情境；甚至可能是"孩子并不在母亲身边，但母亲依然通过邮件给予孩子人生的教育和指导"的情境。经过对不同情境信息的模拟加工过程，不同主体对于 thoughtful 的词汇意义的构建事件显然带上了个体的主观烙印。换言之，在每一个主体心中，关于 thoughtful 的概念结构的背景信息不同，经过模拟后构建的词汇意义自然就具有个体差异性。

模拟的当下性是指概念加工过程会根据当下主体面临的环境、任务、要求以及自身的情绪状态等，激活模拟器的不同子集，从而构建出特定的模拟。因此，每一次模拟都是在线的、特有的、独一无二的。模拟加工的当下性决定了在一次具体的情境模拟中，某一种信息通道可能会占居首要地位，而其他的信息通道则处于次要地位（Barsalou，2008）。例如，一位钢琴演奏家在想到即将到来的演出时，对"钢琴"这一概念的模拟可能包括钢琴发出的声音、演奏时的手部动作等；相反，在想到搬运钢琴时，他模拟的内容可能包括钢琴的形状、尺寸、重量，以及搬运钢琴时所需要注意的地方等（殷融、叶浩生，2013）。因此，即便是同一认知主体，当他处于不同的环境、情绪状态中认知、理解某个特定词语时，经模拟而建构的词汇意义必然会有所不同。例如：

例 23　Next Wednesday's meeting has been moved *forward* two days.

（Boroditsky & Ramscar，2002：185）

例 23 中对 forward 的不同理解会使整个句子产生歧义：若将 forward 理解为在抽象的时间轴上"向前"移动，那么下星期三的会议将移至下星期五；若将 forward 理解成在接近说话人当时所处时刻的层面"向前"移动，那么下星期三的会议将移至下星期一。Boroditsky & Ramscar（2002）把这个句子呈现给正在排队等待吃午餐的学生，让他们判断这个会议究竟会在什么时候举行。结果显示，处于队伍前面位置的学生倾向于回答"会议推迟到了下周五"，而处于队伍后面位置的学生倾向于回答"会议提前到了下周一"。Ramscar & Boroditsky（2005）进一步进行该试验，让被试在回答这个测试问题之前，先分别读例 24 中的两个句子，例 24（a）是一个真实运动的句子，而例 24（b）则是一个虚拟运动的句子。

例 24（a）The road is next to the coast.
　　（b）The road runs along the coast.

结果发现，仅读过例 24（a）的受试者倾向于回答"会议提前到了下周一"，而读过例 24（a）和例 24（b）的受试者则更倾向于回答"会议推迟到了下周五"。本书暂且不讨论其中关于时间和空间移动之间的民族思维问题，但这两个实验至少可以清楚地论证，当主体在进行情境模拟时具有显然的当下性特征，即主体当前所处的环境以及所具有的认知状态会直接影响模拟过程，正是这种模拟的当下性使词汇意义的构建也具有即时在线的特征。

在此有两点需要特别提及。一是尽管上文分点论述了基于词汇概念层面的情境模拟加工过程的情境性、主体性和当下性，但实质上任何一次具体的模拟活动都同时具有以上这些特征或更多其他特征，而经模拟后构建的词汇意义整体上也具有与语境共生、个体差异和即时在线的特征。二是在强调情境模拟的主体性和当下性的同时，我们坚持认为人们毕竟生存于同一个客观世界，而对客观世界的模拟总是以人与人之间的共通性和主体间性为前提，否则人类无法沟通，词汇意义的构建也就没有任何价值。

语境中词义的构建过程实则是语义加工、情境模拟加工以及语言与情境模拟融合交互作用的认知心理过程。上文已经提到，LASS 理论认为在一般情况下，语言加工机制会首先启动，其激活水平最先达到峰值，同时语言加工对激活概念层面的情境模拟起着重要的提示和导引作用。当语言系统识别特定的词汇后会激活概念模拟，情境模拟加工机制后续启动，其激活水平达到高峰的时间较晚，见图 4-1。语言加工是对概念的浅层加工，情境模拟加工是对概念的深度加工，是概念加工过程的基本形式。

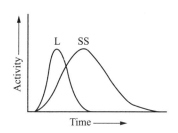

（L=Language; SS=Situated System）

图4-1　语言系统与概念系统先后加工的时间轴（Barsalou et al.，2008：248）

随着加工过程的持续发展，两个系统各自分别经历相对活跃与不活跃之间的转换。活跃的语言形式可以激活情境模拟，而情境模拟也可以进一步激活相应的语言形式，两者融合并交互作用，随语流的推进而以各种不同的模式反复轮回，直至最后完成概念加工任务，见图4-2。

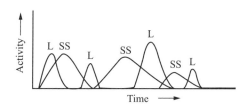

（L=Language; SS=Situated Simulation）

图4-2　语言与情境模拟融合交互加工的时间轴（Barsalou et al.，2008：272）

若涉及具体词汇意义的构建过程，主体会聚焦某个或几个目标词语，并首先在语言层面进行语义确认、语义关联或语义组合等语义加工，继而获得词语所在语境的整体语义，而目标词语语义或整体语义知识成为情境模拟加工的重要背景信息资源，对主体进一步展开概念层面的深入加工起着重要的限制和指示作用。在概念层面，主体通过对词语的概念结构和词语所在语境激活的情境路径的探幽过程，将概念结构信息与语境情境信息合流匹配，此时的词汇意义构建的通路在理论上应已达成。然而，在实际语流中，随着话语或语篇的展开，语义加工和心理模拟会反复多次的相继发展，两者不断融合和交互作用，最终获得与语境匹配的动态性解读，即词汇意义完成构建过程。在此需要特别强调的是，词义构建过程是一种深度的概念加工过程，其间还会涉及思维深层较为复杂的认知过程，如概念组合、逻辑推理、抽象概括等。

　　基于以上对词汇意义构建过程中的语义加工、情境模拟加工以及语言与情境模拟融合交互作用过程的深入擘析，本书在此提出语言使用中词义构建的三角理论模型，见图 4-3。

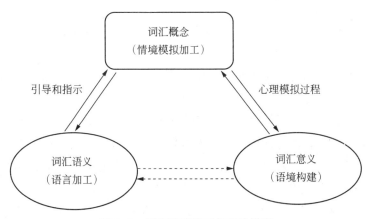

图 4-3　词义构建的三角理论模型

　　正如图 4-3 所示，语境中词义构建的过程需要经历三个阶段：语言加工阶段、情境模拟加工阶段和语境构建阶段，每个阶段分别依存于词汇语义、词汇概念和词汇意义三个载体，这三个载体分别处于三角形的三个角。其中，词汇语义和词汇意义是语言理解过程中人们能够感知到的"前台"，语言层面的词汇语义处于左底角，使用层面的词汇意义处于右底角，虽然一般的直觉经验认为，人们可以根据相对稳定的词汇语义构建出适切于语境的、多变的词汇意义，但实则两者之间并非具有直接的相互连接性，三角形中的虚线表示两者之间的间接性。作为顶角的词汇概念是词汇语义和词汇意义的"后台"认知基础，基于词汇概念的词义加工实则是人们对词语的概念结构和语境激活的情境路径的潜意识探幽过程，更是词义构建过程中的必要桥梁。在语言层面的词汇语义加工是浅层加工，但可以引导和指示词汇概念层面的深层加工，即情境模拟。通过激活模拟，词汇概念在真实世界的词汇意义也随之激活。然而，具体语境中特定词汇的意义往往要经过多次语义加工与情境模拟加工的融合和交互作用，最后完成构建过程，获得与语境匹配的意义解读。反之，基于语言使用的假设，词汇意义是形成词汇概念的过程，词汇概念是词语在意义构建中留下的意义足迹的记忆，是经过多次使用事件而抽象出来的心理图式知识。而词汇语义是词汇概念在语言词汇中的编码，词汇概念是词汇语义的来源和基础。总言之，三角形中的词汇语义、词汇概念和词汇意义之间的联系都是双向箭头关系，即连接和互动关系。

在实际的语言阅读理解过程中，语言层面的词汇语义加工和概念层面的词汇概念加工之间的连接与互动关系，往往表现为浅层阅读者仅停留于语言表层，并不能做出更多语言形式以外的、更多的精确推理；相反，深度阅读者常能做出大量的各种推理。换言之，当少量的推理出现时，人们主要在语言系统上加工语言形式，如果他们开始构建模拟，也可能是主要模拟单个词汇的意义，而若继续深入，便会产生更丰富的推理，那么就会将这些相对零碎的词汇意义整合起来，即通过整合模拟（integrated simulation）而构成整体模拟（global simulation）。在整合加工过程中，深度理解者甚至可能会在整体模拟中加入额外的信息，使推理更具有连贯性和统一性。关于主体个人对词汇进行加工的形式，理解能力较弱者可能会把更多的时间和精力投入语言形式加工方面，会花更少的精力去模拟和整合词汇意义；而理解能力较强者对语言形式的加工也能力强，他们会花更多的时间和精力去模拟和整合意义，如此就能表现出更高层次的理解力。

客观世界不仅错综复杂，而且处于恒变的状态，难以用某种单一的模型或结构去框定。词及词义是人们对客观世界的心理反映，如同Sweetser（1990：16）所言，"词义的内部结构并不是自主的，其存在是以人们对客观世界的总体假定为前提"。所以，若要对词及词义进行模型化或结构化，首先需要对大千世界进行模型化或结构化，而这显然是十分困难的。因此，词及词义的心理研究任重而道远，需要人们付出更多的努力。但是，将语言研究与人的心理研究结合起来加以考察无疑是一条正确的学术思路，因为语言终究是人类的语言，在人类与语言这两者的关系中，心理显然起着至关重要的作用。

4.2　生成语义理论

　　近些年来，生成词库理论发展极为迅速，研究规模日益扩大，尤其在词汇研究这一领域开创了一片新天地，开垦出了一片前人都未曾涉猎的新沃土（李强，2018）。生成词库理论创始人 Pustejovsky 最初就确定了开发生成词库的总目标："提供一种语言成分的组合语义学，对源自现实语言使用中的意义进行语境调制。"（Pustejovsky et al.，2013: 31）换言之，生成词库理论一方面关注词汇成分的语义组合，另一方面关注使用语境的意义调制，并试图在它们之间进行调和，生动阐释词义的生成性问题，前者主要利用以物性结构为主的词义描写体系，后者则利用事件强迫的语义组合机制。

4.2.1　物性结构

　　第 3 章的 3.4 节已经阐述过物性结构是生成词库理论的最核心内容，是一套描写词汇本体知识的描写体系，通常一个词项中至少包含了四个层面的物性角色：构成角色、形式角色、功用角色和施成角色。这些物性角色在本体知识的平面上勾勒出人们对于事物的基本感知和认知，将生活经验和常识编码并纳入语言系统，从而为语言知识和非语言知识的互动搭建沟通的桥梁，近十年来利用物性结构对汉语复合词组构方式的生成机理的考察取得了很大进展。

　　利用物性结构对汉语名名复合词的组构方式的研究发现，复合词中的两个名词通常呈现出一种规律性的物性角色关系特征，即其中一语素是另一语素的某种物性角色。以"X花"为例,"鸡冠花"中的"鸡冠"是"花"的形式角色,"塑料花"中的"塑料"是构成角色,"啤酒花"中的"啤酒"是功用角色,而"剪花"中的"剪"是施成角色(Song & Zhao, 2013)。同样,隐喻式名名复合词中的单个语素或整个复合词发生隐喻时,一般都基于指称对象的物性结构信息的某种物性角色作为相似性媒介,以此指称其他更为抽象或更难理解的事物,而隐喻机制利用的物性结构信息呈现出一定的规律性,即最多涉及形式角色,极少涉及施成角色,而构成角色和功用角色在隐喻过程中涉及的频率则大致相当(赵青青、宋作艳, 2017)。具体而言,物体的形式角色,即物体的形状、颜色、声音、特殊属性等是人们最常和最易感知的部分,因此最容易作为理解其他陌生或抽象概念的基点,如"冰山""雪饼""竹海""蜂鸟""蚁蚕"中,"山"基于形状相似,"雪"基于颜色相似,"海"基于"广阔"之属性相似,"蜂"基于声音相似,而"蚁蚕"既涉及形状相似,又涉及颜色相似。物体的施成角色由于涉及物体的来源和产生过程,如"海米"用"米"的加工过程隐喻"虾仁"的制作工序,人们不能从直接的感知中获得,而是需要一定的认知推理,因而相对而言较难作为隐喻产生的基点。此外,不同语义类型的复合词发生隐喻时通常涉及不同的物性角色。例如,指称自然类的复合词发生隐喻时较多涉及构成角色,如"鱼水"用"鱼"和"水"两个事物之间的联系来比喻一种密不可分的关系;指称人造类的复合词发生隐喻时则较多涉及功用角色,如"栋梁"是比喻担任国家重任的人。周韧(2016)探讨了汉语三音节名名复合词与其整体韵律模式的关联性,发现"1+2式"的名名复合词中,定语名词一般充当中心名词的构成角色或形式角色,如"皮大衣""金项链""电风扇"中的"皮""金""电"分别是构成"大衣""项链""风扇"的质料,前者充当后者的构成角色;"夏时制""西三环""手风琴"中的"夏""西""手"分别限制了"时制""三环"和"风琴"在时间、空间和工具上的范围,前者是后者的形式角色。而在"2+1式"的名名复合词中,定语名词和中心名词之间存在隐含动词,这个隐含动词多数情况下是中心名词的功用角色。例如,在"汽车厂""家具店""温度计"中，"厂"的功用是"生产"，"汽车厂"是"生产汽车的工厂"；"店"的功用是"售卖"，"家具店"是"售卖家具的商店"；"计"的功能是"测量"，"温度计"是"测量温度的计量仪器"，后者是前者的功用角色，而该功用角色由隐含的动词担任。宋作艳和孙傲（2020）还探讨了"处所 + 名词"复合词中处所成分与中心成分之间的物性角色关系，发现该类复合词中的处所成分不仅指事物所处的方位，还可以进一步细化为事物使用和产生的地方，其隐含的谓词通常是名词的功用角色或施成角色。例如，"面具"指"戴在面部起遮挡保护作用的东西"，"路灯"指"装在道路上照明用的灯"，"领钩"指"钉在领口上以扣住衣领的金属钩"，其中的功用动词均有两个：一个是放置动词如"戴""装""钉"，说明该事物放置在某个地方的方式；另一个是功用动词如"遮挡保护""照明""扣住"，说明该事物的作用和功能。又如，"地铺"指"把被褥铺在地上做成的铺位"，"湖盐"指"从咸水湖中提取的盐"，"海藻"指"生长在海洋中的藻类植物"，其中，"地""湖"和"海"均是说明中心名词所指称事物产生的地方，而隐含的谓语动词"铺""提取"和"生长"则是中心名词的施成角色，"地铺"和"湖盐"是有人为之的，"海藻"则是自然生长的。

利用物性结构对汉语中含有动词性语素的复合词的组构方式的研究发现，动词性语素通常是整个复合词的某种物性角色。例如，"水磨""玉雕""泥塑""木刻"中的动词性语素"磨""雕""塑""刻"是动名复合词的施成角色；"炒锅""坐垫""搅拌机""烘烤箱"中的动词性语素"炒""坐""搅拌""烘烤"是动名复合词的功用角色；"作曲""描眉""炒饭""存款"中的动词性语素"作""描""炒""存"是动名复合词的施成角色。李强（2015）从物性角色角度探讨了非常规宾语的组合问题，认为非常规的"V + N"结构中，N 的功用角色所能激活的名词是 V 的常规宾语，如"听耳机"中的"耳机"具有功用角色，"将声音传输进入耳内"，所以能够成为"听"的宾语，意思是"听耳朵里传来的声音"；N 的施成角色是前面的 V，如"堆雪人"中的"雪人"具有施成角色"堆造"，所以"雪人"能够成为"堆"的宾语，意思是"堆造雪人";N 的形式角色是 V 的常规宾语,如"写宋体"中的"宋体"是"字的形式角色",所以"宋体"可以成为"写"的宾语,意思是"写宋体式样的字";N 的构成角色是 V 的常规宾语,如"贴墙纸"中的"墙纸"凸显其构成角色,所以可以成为"贴"的宾语,意思是"把墙纸贴到墙上"。

以生成词库理论中的物性结构为视角来考察汉语各类复合词中构词语素之间的关系,属于词汇学研究中的构词法研究,这种研究有别于传统上探究词语构造的一般方法。传统的构词研究常根据语素的数量将词语分为单纯词和合成词,而合成词根据词性可以分成名名、形名和动名复合词;汉语中还存在类词缀和类派生词等,或将合成词按照句法语义形式分为主谓式、联合式、动宾式等。显然,传统的词汇分类方法主要是基于形态或形式视角的,而物性结构视角是基于语素与语素之间的语义关系,借助物性角色知识,人们可以对词汇进行创造性地使用,尤其是对词项在不同的语言环境下所创生不同的意义这一动态性词义变化现象进行说明和解释。

4.2.2 **类型强迫**

第 3 章 3.4 节已经论及,在物性角色的基础上,生成词库理论阐述了词语组合的三种不同机制——纯粹类型选择、类型调节和类型强迫——用以解释词项为何能够组合在一起以及组合后意义的生成性问题。Pustejovsky(2011)尤其对类型强迫做了更为细致的扩展描写和分类,使之具有更强的解释力。上文在举例时已提及,在英语句子"John began the book."中,begin 是事件动词,要求其补足语是一个事件论元,如 writing/reading the book 等动词短语,但是该句中的 book 是一个指称事物的名词短语,导致类型不匹配,因此 begin 就会强迫这个名词短语进行类型转换,变成事件类型,这就是所谓的类型强迫。从近十年来学界的研究来看,汉语词汇层面的类型强迫主要包括名词强迫、动词强迫和形容词强迫。下文将对此分别进行阐述。

　　名词语义强迫现象通常发生在类派生词和名名复合词内部，其中一个名词性后缀或名词强迫利用另一个名词的一个物性角色发生类型转换，从而使整个词语结构的语义得到还原和充盈。例如，在类派生词"X 热"中，类词缀"– 热"与上文中的动词 begin 类似，也能触发事件强迫。假设前面的成分 X 是名词性短语，那么这个名词性短语就会被强迫解释为一个与之相关的事件类型，其施成角色或功用角色可以使这个事件具体化，如"围棋热"中的名词"围棋"就会在释义和理解中重建一个"下围棋"事件，所以"围棋热"是指"下围棋的热潮"，"雅思热"是指"考雅思的热潮"，"黄金热"是指"购买黄金的热潮"（宋作艳，2010）。能触发事件强迫的类词缀一般都是后置词缀，这些后置词缀根据语义可以分为指人、指物和指情状三类。类词缀都与事件活动相关，往往在释义中隐含动词，如"程序员"指"开发程序的人"，"篮球场"指"打篮球的场地"，"音乐风"则指"创作音乐的风气"。名名复合词内部的语义强迫主要指名词 1 与名词 2 相关的事件性语义解读，如"书店"是指"卖书的商店"，"酒吧"是指"喝酒的地方"，"办公室"是指"办公的地方"。

　　动词语义强迫现象通常发生在动名组合中，其中名词受到动词影响而被强迫拥有和动词类似的特征。以汉语动词"赶"为例，"赶"的语义中包含时间性特征，它会强迫与之组合的名词必须具有时间性特征，而时间性往往是动作性的体现。例如，"赶演出"表示"需要在较短的时间内到达演出的地方，参加演出"，所以"演出"实则是指"参加演出"的动作，是通过凸显名词"演出"的施成角色而实现的。宋作艳（2015）曾非常系统地考察过相关研究，并指出动词强迫现象在汉语中极为普遍，能够产生强迫作用的动词主要有"学习"类、"推迟"类、"喜欢"类等，而根据宾语名词和隐含动词的语义特点，动词强迫现象可包括活动隐含、事件隐含、句法补位、词化、事件实体和轻动词补位等。

　　形容词语义强迫现象主要发生在形名组合中，在形容词和名词的语义类型出现不匹配的情况下，有时形容词会强迫构建一个与名词所指称事物相关的事件。例如"快车"是指"开得快的车子"，因为车子本身无所谓快或慢，所以"快"与"车"出现语义类型不匹配，形容词强迫构建"车子开得快"这一事件；"忧伤的歌"是指"唱起来觉得忧伤或听着觉得忧伤的歌"，其中"唱歌""听歌"是形容词强迫构建的相关事件。有时，形容词不强迫构建事件，而是强迫整个结构在解读过程中创生一个新的名词（李强，2014），如"憔悴的母亲"一般会解读为"面容憔悴的母亲"，其中"面容"就是一个新创生的名词，与形容词"憔悴"达成语义匹配；"疲惫的母亲"是指"身体疲惫的母亲"，因为"身体"可以与"疲惫"达成语义匹配；"焦虑的母亲"是指"心情焦虑的母亲"，创生的新名词"心情"与"焦虑"达成语义匹配。

语义强迫是自然语言中一种非常普遍的现象，主要是针对语义类型不匹配、不完整或限定不足现象进行的一种调节机制。汉语中不仅名词、动词和形容词具有语义强迫现象，而且副词、量词和方位词等都具有语义强迫现象。针对语言中强迫现象的研究有助于推动意义生成性问题的探讨，也可以促进人们了解大脑处理组合性意义的运作过程（李强，2018）。

4.2.3　汉语语言信息处理

生成词库理论的创始人 Pustejovsky 主要从事自然语言处理理论与计算的相关研究，可以说该理论就是为试图解决机器理解自然语言语义这一难题而创立的。就汉语而言，近些年来学界一直在尝试把生成词库理论应用到汉语语言信息处理方面的研究。

生成词库理论提出的形式化的语义描写框架以及与之相匹配的可计算的语义表达式，对于面向内容计算的语义资源建设工程方面的应用特别有利（袁毓林，2008，2014）。面对如何建设合适的汉语语义知识库，从而为文本语义的计算机自动分析提供可靠的基础这一问题，袁毓林（2014）认为名词的物性结构知识是对动词、形容词等谓词的论元结构知识的一种有力补充，把这两种知识结合起来就可以基本说明句子中词语之间最根本性的组合方式及其语义解释。他明确了以生成词库理论和论元结构理论为指导的，以刻画名词、动词和形容词的相关语义结构为基础的一种揭示词语之间搭配连接和选择限制关系的语言计算路子（李强，2018）。汉语中的名名复合词经常出现在各类文体中，衍生能力很强，组成方式简单，但内里的语义关系却十分复杂且歧义性高。因为这种组合中常常隐含了动词，如"总统专机"实则是"总统坐的专机"，"爱情故事"实则是"讲述或描写爱情的故事"，而"水果价格"实则是"卖或买水果的价格"。可见，动词一旦出现，名名之间的语义关系也就可以确定了。因此，名名组合自动释义研究的主要目的就是自动获取名词和名词之间隐含的动词，让其中的语义关系显性化（魏雪、袁毓林，2013a，2013b，2014）。

魏雪和袁毓林（2014）收集了 850 个定中式名名组合，利用切分软件将所有的名名组合都拆分为"N_1+N_2"的形式，如"当代文学"切分为"当代" + "文学"，"小学生日记"切分为"小学生" + "日记"，再查找所有的 N_1 和 N_2 在《现代汉语语义词典》中的语义类，并由人工补充出相应的释义模板，同时标明模板里动词相对于 N_1 和 N_2 的物性角色，于是所有的名名组合都对应一个 N_1 和 N_2 的语义类组合模式以及含有动词的释义模板，共得到了 356 个语义类组合模式和相应的释义模板。当 N_1 的语义类是"机构"，N_2 的语义类是"处所"时，释义模板是"N_1 + 建立 + 的 + N_2"，"建立"可以看作 N_2 的施成角色，如"网易养猪场"的释义短语是"网易建立的养猪场"。又如，有关时间的语义模式中有一类是"食物／事件 + 时间"，如"早餐时间""下午茶时间""灾害季节"的释义中隐含了食物或事件名的施成角色——"吃早餐的时间""享受下午茶的时间""发生灾害的时间"；有关空间类的语义模式中有一类是"机构 + 职业"，如"幼儿园教师"的释义中隐含了机构名的功用角色——"任职于幼儿园的教师"；在"处所 + 抽象事物"类别中，如"窗口行业"的释义中也隐含了抽象名的功用角色——"通过窗口提供服务的行业"；等等。通过对名名组合语义类的归纳得到了名名组合的释义模板库，而在模板库中可以规定其中隐含动词是名词的施成角色还是功用角色。这样，当释义系统遇到任意一个名名组合时，通过分析名词的语义类就可以选择相应的释义模板对其进行释义，再利用名词的物性角色就可以最终实现对名名组合进行自动地且准确的释义（李强，2018）。

由此可以预测，这种自动释义程序对于信息检索、问答系统和机器翻译等诸多自然语言处理任务都非常有用。例如，在信息检索系统中，用户输入查询"感冒药"，系统可以提供"防止感冒的药""治疗感冒的药"等不同的语义解释来帮助用户改进查询。在问答系统中，若用户的问题是"贫血的原因"，如果已知"缺铁性贫血"的语义解释是"缺少铁元素而导致的贫血"，系统就可以给出正确的回答。在机器翻译中，若用户输入汉语"碑文"，如果机器可以提供解释性语义"刻在碑上的文字"，那么机器就能将"碑文"翻译成 an inscription on a tablet；如果是"墓志铭"，那么机器就会根据其解释性语义"刻在坟墓石碑上的文字"而翻译成 an inscription on the gravestone。同时，这种自动释义系统可以反过来帮助收集和发现名词的物性角色，而名词的物性角色又可以与动词、形容词的论元结构等语义知识关联起来，从而形成比较全面的名词 – 动词 – 形容词互相关联的语义知识资源。这种基于语言学规则和结构化的百科知识的自然语言处理方法，在一定程度上响应了近年来国际自然语言处理学界的一项呼吁：让语言学重新回到计算语言学中，并且成为自然语言处理的支撑学科（Wintner，2009；转引自魏雪、袁毓林，2014）。

4.3　语用构式理论

1989 年，日常语言哲学家 Grice 在其专著《词法研究》（*Studies in the Way of Words*）中对词汇进行了语义与语用两个维度的区分，其中具备合适条件的动词可以"行事"（do things），这是语言哲学对词汇进行的最初的语用阐释。到 20 世纪 90 年代后期，形式语言学（如 Blutner，1998a；Lascarides & Copestake，1998）、心理语言学（如 Barsalou，1987，1993；Glucksberg，1997）和语用学（如 Sperber &

Wilson，1995；Recanati，1995；Carston，1996，2002）的相关研究极大推动了"词汇语用学"的发展（冉永平，2012）。"词汇语用学"（lexical pragmatics）这一术语首次出现在德国洪堡特大学 Blutner（1998a）的论文中，后续他又展开了一系列个案研究（Blutner，1998b，2002，2004）。词汇语用学是词汇学与语用学联姻的产物，主要目标是对语境中词汇语义标示的不足问题进行语用处理，力图利用语用学的理论背景对其做出系统的、解释性的说明（Blutner，1998a；陈新仁，2005；冉永平，2005）。换言之，词汇语用学是以词汇层面为基点，结合语用机制、语境知识和百科知识，对话语中未完全表述的意义以及词义在使用中的演变和变化过程、运作机制、变化规律进行描写和理论阐释（曾衍桃，2006）。总体来说，关于词汇语义理解，词汇语用学主要依赖两条理论途径：一是依据 Grice（1991）提出的会话含意理论（conversational implicature theory）；二是借鉴 Sperber & Wilson（1995）提出的关联理论（relevance theory）。基于会话含意机制的词汇语用学认为，词语的字面表征具有语义上的不确定性，表现为歧义性或模糊性，而要理解这些语义不明确的词汇，需要将语境和百科知识相结合进行必要的语用充实（pragmatic enrichment）；基于关联理论的词汇语用学认为，词汇在使用过程中涉及语义的收窄、近似、喻化等词汇理解均是基于最佳关联假定，通过调整语境，提取相关百科信息，从而获得预期的理解（陈新仁，2005）。

4.3.1　语用充实理论

语用充实是指将词语所在话语传递的"逻辑形式发展成为完整的命题形式的过程"（Wilson & Sperber，2012：12），形成一个"能够满足语用期盼的真值条件内容"（陈新仁，2005：10），从而为话语理解时的含意推断阶段提供明示（explicature）（Sperber & Wilson，1995）。长期以来，学界对于语境中词汇信息的含糊性、边界重叠性、歧义性和不确定性给予了长期的关注，如"10 多天"可以理解为"11 天"或"12

天"，也可理解为"18 天"或"19 天"，所以语义具有含糊性；"额头"究竟属于"额"的一部分，还是属于"脸"的一部分，所以语义具有边界重叠性；"抽屉没有锁"中的"锁"可以理解为名词，指"抽屉缺一把锁"，也可以理解为动词，指"抽屉没有上锁"，所以语义具有歧义性；"他喜欢看书"中的"书"可以指"哲学书""自然科学书""科幻小说""散文""人物传记""漫画""卡通"等各类书籍，所以语义具有不确定性。可见，日常言语交际中信息传递与理解存在大量的模糊性和不确定用法，词汇语用学称之为"松散用法"（loose talk），与"刻意用法（literal use）相对。也就是说，言语交际中语言信息的传递与理解能够获取精确的语义，尤其侧重追求字面上的语义组合或语义真值，这是刻意用法；但在实际言语交际中，人们很容易发现很多词汇表达根本无法传递等量的字面信息，很多不是"是"或"非"、"正确"或"错误"的二元对立问题，听话人或读者在理解这些词汇时，也不能刻意追求它们的解码信息或等量的组合语义，而是根据语境需要推导出接近或超出语义原型的范围、等级或程度所指，这就是交际中词汇信息存在的"刻意"与"松散"之分。又如，"小张数学考了一百分"是一种刻意用法；而"小王数学没考好"是一种松散信息，关于小王究竟考了多少分，人们不得而知。词汇语用松散信息的出现是话语理解中语用充实这一信息加工过程存在的重要理据，而语用充实就是确定其松散信息的具体过程（冉永平，2008）。

"语用松散"（pragmatic looseness）是指某一词语的出现可能给所在话语的信息解读带来程度、范围、数量等的松弛与伸缩，或出现所指信息的多个近似选项，此类现象可以统称为信息理解的语用松散（冉永平，2008）。语用松散可大致分为两种情况。一是某一词语本身是笼统或模糊的，从而出现程度、等级或范围的可伸缩性，给所在话语的信息理解带来不确定性，对此听话人或读者需要付出更多的理解努力。例如，"今天晚上我们吃点面食吧"，其中"面食"存在多种可能选项（面条、馒头、花卷、饺子、包子、馄饨等），究竟吃哪一种或几种，显然具有模糊性，这种模糊性词汇的使用可能是说话人有意为之，因为他想把最终的选择权留给听话人，也可能是说话人无意而为之，因为他自己无法确定究竟想吃哪一种面食，此时听话人就需要付出更多的努力去理解，并确定最后吃哪一种或几种面食。二是具有语义精确的词语出现信息理解的偏离，即偏离语义原型或语义编码，如"我家距离单位有 40 公里"可理解为 40.1 公里或 40.9 公里，类似的可能选项构成一个语用集合；或出现接近语义原型或语义编码的选项，上述可理解为 39.1 公里或 39.9 公里，它们也构成一个语用集合。不难发现，在以上两种情况下，词汇传递的信息都不是其字面意义，也不是所指称的精确信息，而是与其相关或近似于语义等值的交际信息，因而听话人或读者在理解该类词汇时，需要尤其关注语境的变量（冉永平，2008）。

语用充实是指根据语境因素和认知语境假设，听话人或读者对词语的语义信息和其在使用中的语境信息之间的信息差进行语用搭桥，促使该词汇的确切意义能够得到明示的过程。冉永平（2008）认为，这是一个以寻找特定语境信息为终极目的的具体化过程，包括指称对象的认定、指称范围的缩小、歧义的排除、照应关系的识别、显性意义或命题意义的补全、含意的推导等，直到获取所期待的交际信息，即语境信息。国内在词汇语用充实研究方面成果比较突出的学者是冉永平（2005，2008），他认为语用充实主要涉及两个语用加工过程：一是语用收缩；二是语用扩充。而对于话语中的某一词语而言，实际意义的充实通常涉及以上两个过程之一。

词义的语用收缩是指交际中某一词语编码的意义在特定语境中的特定所指，是意义所指范围在语境中的缩小（王文斌、邬菊艳，2020）。例 25 中的七个句子在特定语境条件下均进行了语用收缩：例 25（a）通过充实"在墙上打开"的百科知识信息，"窗子"的语义收缩为"窗子大小的一个洞"；例 25（b）通过充实"油漆"这一行为的百科知识，"窗子"的语义收缩为"窗框"；例 25（c）通过充实"打破了"的行为动作，"窗子"的语义收缩为"玻璃"；例 25（d）通过充实"建材商"的百科知识，"窗子"的语义收缩为"完整的一个窗，包括窗框和玻璃"；例 25（e）通过充实"打开"和"通风透气"的百科知识，"窗子"的语义收缩为窗子"可活动的部分"；例 25（f）通过充实"爬出去"的行为动作，"窗子"的语义收缩为窗子"空的部分"；例 25（g）通过充实"坐"的行为动作，"窗子"的语义收缩为"窗台部分"。

例 25（a）他打算在那面墙上开个窗子。（窗子大小的洞）

（b）他正在油漆窗子。（窗框）

（c）他不小心把窗子打破了。（玻璃）

（d）建材商下午将窗子送过来了。（窗框和玻璃）

（e）他把窗子打开，通风透气。（活动部分）

（f）他从窗子爬了出去。（空的部分）

（g）他坐在窗子上，看着很危险。（窗台）

又如，"长"通常被释义为"两点之间的距离大"（《现代汉语词典（第六版）》），且有程度之分，既可表空间距离，又可指时间跨度。但在实际的语言理解过程中，面对不同的语境条件，听话人对整个话语进行语用加工以及对该词语进行语义收缩的条件是不一样的。例如：

例 26（a）他长长地叹了口气。

（b）作者写这篇论文花了很长时间。

（c）这篇论文写得太长了。

例 26 各句中的"长"，显然传递的信息不尽相同。通过充实不同的语用信息，大致可以知道：例 26（a）中的"长"表示"持续几秒钟的时间"；例 26（b）中的"长"表示"持续几个月，甚至几年的时间"；例 26（c）中的"长"表示"字数过多，也许超过了 1 万，达到 2 或 3 万等"。可见，听话人根据"长"出现的语境条件决定语用收缩的方向与参照点，对其意义进行积极选择与理解，最后得到适合语境的意义解读。

词义的语用扩充是指原型意义或常规意义的语用弱化、延伸，包括近似用法、喻式用法等（王文斌、邬菊艳，2020）。例如，"经济改革进入深水区"中的"深水区"在特定语境条件下需要进行语用扩充，显然此处并不是指真正的河或海里"较深的水域或危险性较大的水域"，而是充实了"在河里或大海里游泳的经历"这一背景信息：一开始下水，水浅且清，前行很顺利，但随着水越来越深，到了河中央或海里深不见底的地方，就会感觉越来越困难，还可能遭遇暗礁、冰山甚至鲨鱼等危险物，涉水者需要更加谨慎，努力度过这一段艰难但重要的时期，才能最终安全抵达彼岸。因此，此处"深水区"的语义可以扩充为"更加艰难且关键的时期"。但是，如果外国人没有这一认知背景，他们将很难理解"深水区"的真正含义，而有可能误解为"中国经济改革已经穷途末路了"，或者"改革失败了"。因此，词义的语用扩充在某种程度上是某一词语的原型意义在特定的文化或语境中被弱化、具象化或精准化的过程。又如：

例 27 The bottle is *empty*.

例 28 To buy a new house in Shanghai, you need *money*.

例 29 在西方人看来，中国人好像怕民主、怕选举，其实不然。

例 30 一些分裂分子企图把新疆从中国领土分裂出去。

关于例 27 和例 28 中的 empty 和 money，听话人或读者一般不会直接解读为它们的字面本义，因为例 27 显然不表示严格意义上"空无一物"，通过充实日常生活知识可以将其理解为"仍有喝剩的一点牛奶或果汁"，或者"也许是一个洗干净的瓶子"，但严格意义上说"瓶子里有空气"，empty 的语义在特定语境中被弱化了；例 28 也不是指在上海买新房需要"一些钱"，而是隐含需要"大量的钱"，money 的语义通过充实基本的百科知识信息后被具象化了。所以听话人或读者如果直接解读它们的原型意义，必定会引起误解。关于例 29 中的"西方人"，通过充实相关背景知识可知，此处显然不表示严格意义上所有的"西方人"，实则是指"一些西方人"（some Westerners）；而例 30 中的"一些分裂分子"，通过充实相关事实背景知识可知，实则包括"所有企图分裂西藏的人"，因此"一些分裂分子"英译时可直接译为 separatists，而不是 some separatists，否则会引起误解，让听话人或读者以为"有些分裂分子并没有这种企图"。

4.3.2 语用关联理论

关联理论由 Sperber & Wilson 于 1986 年在其合著的《关联性：交际与认知》（*Relevance: Communication and Cognition*）中首次提出。该理论认为，语言交际是一个认知 – 推理的相互明示过程，而编码 – 解码则包含在这个过程之中，说话人通过话语行为表达自己的意图，听话人或读者根据话语行为推导出交际意图。换言之，在交际过程中，话语者首先通过假设情境来产生话语，话语接受者通过已知知识和现场情境经过推理努力获取关联，交际的成功源自话语与情境的"关联性"，或者话语能使听话人或读者"通过足够的努力获取最佳关联"。同时，关联理论认为交际的目的不是"再现思想"，而是"扩大相互之间的认知环境"（黄全灿，2015）。

词汇字面语义在具体语境的使用过程中需要经历语用充实过程，即语义进行收缩、扩充、近似、喻化等调整，所有这些调整过程本质上都是基于最佳关联假设的（Wilson，2004）。具体而言，语用收缩过程是在语境中寻找关联信息的过程，听话人或读者根据某一词语的编码意义或原型意义来选择，确定其所期待的、具有语境关联性的意义；当词语字面义不能满足与语境相关联的意义时，听话人或读者就有理由进行语用扩充，直至获得他期待的关联信息。詹全旺（2010）从类符概念（type concept）和形符概念（token concept）角度阐释了具体语用充实手段与语用关联理论的直接关系。人类的思维中存在着类符概念和形符概念，这两种概念通过关联理论可以相互转换。人们根据感知的事物和现象所具有的共同特征进行范畴化，并用一个词语来描述，这个词语所编码的就是大脑中的类符概念。例如，"卡车""电脑""鹦鹉"等物体都是经范畴化后被赋予的类符概念，并由这些词语进行编码。类符概念是以抽象形式存在的心理实体，它忽略事物存在的具体时间和具体处所，具有语境独立性；类符概念可以包括所有符合该组特征的事物，具有普遍性；类符概念一旦形成就会在很长时间内保持基本稳定。在语言交际中，类符概念为听话人或读者构建实体概念的推理过程提供出发点（詹全旺，2010）。形符概念是指词语在具体语境中使用，听话人或读者结合语境因素和关联期待对该词语编码的类符概念进行认知推理后得到的具体明示化的产物。例如，"红色资源"通过充实中国人已有的百科知识，可以构建出明示化的意义"党的历史和传统"；"疫情中应该要有更多的绿色生命通道"通过充实病人在医院看病的流程等百科知识，可知此处"绿色生命通道"是指"简化看病流程，增加多渠道看病方式，方便病人紧急就医的过程和途径"；某大学校门口竖着"社会车辆禁止入内"的牌子，通过充实日常生活知识，可知此处的"社会车辆"是指"非本校教职员工的车辆"；2022 年北京冬奥会期间，有些道路要分出一条道给冬奥会的车辆专用，北京市交通局规定"社会车辆可以在公交车道上行驶"，此处"社会车辆"则是指"除公交车和冬奥车以外的车辆"。形符概念依赖于语境，是在特定语境中临时构建的，因此具有当下性特征；形符概念是在关联期待的引导下，临时构建于从长时记忆中提取的类符概念，因此具有动态性，即使是相同的类符概念，结合不同的语境信息和关联期待，也会构建出不同的形符概念。概言之，基于语用关联理论，类符概念与形符概念相互联系、相互依存，在话语理解中，形符概念的构建以类符概念为出发点，而类符概念又是从多次形符概念中抽象出来。

4.3.3　词汇 – 构式语用学

从语言全息论（language holography）角度看，词汇里有构式，构式里有词汇，二者属于彼此互含的关系。侯国金（2015）认为，词汇和构式表面上是语言的小成分和大成分的区别，但究其实质是你中有我、我中有你的关系，甚至是你就是我、我就是你的关系，难分彼此。换言之，词汇本身就是构式，不论是单纯词、复合词、合成词，还是外来词，它们都是构式。侯国金（2015）详细阐述了词汇学和构式语法的语用性及其三个过渡：从词汇学过渡到词汇语用学，从构式语法过渡到构式语用学，以及从词汇语用学和构式语用学过渡到词汇 – 构式语用学。他

（侯国金，2015：248）指出："词汇－构式语用学打通了词汇级阶和构式级阶的关键'经脉'，足以涵盖当今词汇学的相关研究和构式语法研究的全部，是真正的音－形－义三位一体的研究。词汇－构式语用学寓词汇与构式于音系学、形态学和语义学之中，最后又寓词汇和构式的音系学、形态学和语义学于语用学之中。"

　　词汇－构式语用学旨在解决词汇和构式的形式、意义问题，在研究词汇的相关问题时应适量考察其构式问题，因为没有脱离构式的词汇问题；而在研究构式的相关问题时，又应适量地考察其词汇问题，因为没有脱离词汇的构式问题。侯国金（2015）提出了词汇－构式语用学的五大构想——（1）语用支配原则；（2）词汇和构式的"七属性"和相应的"七原则"；（3）语用制约／压制假说；（4）构式语法的互补观；（5）构式语法的网络观。侯国金基于这五大构想进行了词汇－构式语用学分析的个案研究。例如，"X 的＋人称代词"构式是一种半图式构式，共有七种不同的构式义效（构式义和构式效，即功效、语效）：标识身份、标明状态、交代事由、设定时空、抒发情感、衔接语篇、暗含比对（刘小红、侯国金，2019）。例如：

例 31　似乎多年的管理理论的修炼已使其具有胸中百万兵的气概与实力，<u>一介书生的我们</u>自然十分地佩服。

例 32　……扮演的姑娘——因为化了妆，我好长时间才认出她——<u>作为围观群众的我</u>，出于义愤，冲上去解救"赵雅芝"，结果是：被几个流氓地痞痛打了……

（刘小红、侯国金，2019：37）

　　例 31 和例 32 中"X 的＋人称代词"构式标示的都是身份："一介书生的我们"和"作为围观群众的我"。在社会学领域，身份用以标识个人或群体的社会属性，一般情况下，个体在社会中同时兼具多个身份属性，只是具体语境会凸显其中之一，说话人往往会选择有利于自己的身份，以达到特定的语用效果。例 31 中，"一介书生"表达了"我们"的身份，与例句后文的"出任总经理的同事"身份形成鲜明的对比，也为后文中"十分地佩服"埋下伏笔。例 32 中，构式有意凸显"我"作为"围观群众"的身份，充分展现"我"的勇敢和正义、路见不平拔刀相助的英雄气概；相反，如若我认出是"她"，以"她的熟人"的身份去解救，如此一来英雄气概便荡然无存。

利用词汇 – 构式语用学理论，传统修辞学的双关语可以得到重新释解。双关实则就是"双关构式"，双关语词就是"双关构式"的触发器，而后对引入双关触发器前后的言语以及非言语要素进行超语词、超短语、超句法的词汇 – 构式语用学审视。例如：

例 33　The dinner was furious when his steak arrived too rare. "Waiter", he barked, "Didn't hear me say *'well done'*"? "I cannot thank you enough, sir," replied the waiter. "I hardly ever have a compliment."（刘小红、侯国金，2022：154）

此处 well done 是一个双关语，有两层完全不同的意义："（牛排等）熟透，煮透"和"工作干得好"。在词汇 – 构式语用学框架下，well done 是双关触发器，所在构式 {X + well done + X} 属于 {X + 同音同形异义异效词 + X} 双关构式：第一关是表达感激之情的言语行为，意为"赞扬餐馆的服务员工作干得好"；第二关是阐述事实的言语行为，具有可验证性，表达"牛肉没有按照顾客要求烤成全熟"。虽然该句中双关构式的幽默由 well done 激活，但仍需要依赖百科知识"X (job) be well done""Y (food) be well done"的预设信息，促使听话人联系"工作"和"食物"来获取双关语效。显然，这个话语中"服务员"的语用能力不够高，他将"顾客"的抱怨理解为对其工作的赞扬，构成了幽默讽刺的效果。同时，这证明了双关构式的语义 – 语用的模糊性，而若要正确解读话语的真正意图，可以运用前文提到的"语用支配原则"，即语句的生成总是先始于语用，直到语用的达成而结束。该例中的"顾客"为何要选择双关构式而不是正常的非修辞构式，必然有其特定的语用意图，显然他的意图是想要谴责"服务员"没有做好工作，因为他想要的是"全熟的"牛排，却得到了"半熟的"（rare）牛排，他很不满意，但又不想采用直接批评的方式而失去礼貌原则，丢了服务员的面子，因此故意选择了双关构式，委婉地进行批评和讽刺。若听话人能从语用优先原则去考虑，而不是仅着眼于词语的语义层面，那么就能正确解读双关语的真正意图了。

4.4　词汇类型学理论

语言类型学（typology）是系统性的跨语言结构规律或模式的研究。20 世纪 50 年代,关于语言分类方法主要有区域（area）和基因（genetic）两类，但在基因类型学蓬勃发展的同时，基于区域的语言类型研究却被冠名"模糊性"（arbitrariness），处于不确定和边缘的研究地位。因此，语言类型学的创始人 Greenberg（1957）率先提出，对于特定语言潜在的和现存的特征进行普遍逻辑的类型划分是十分必要的，这样的研究可以调查语言的种类，评价类型分析的可能用法；同时提出了可能的六个研究领域，包括语音、形态、句法、固定形式（包括词类、语音语素结构）、语义和符号。语音、形态和句法的类型学研究一直发展得很好。关于词类，Greenberg（1957）提出不同的语言可以分为某特定词类的有无之分，如有的语言没有明确的名词和动词词类的区分，这些语言就可被区分为一个特定的类；关于语义，可以考虑某个意义范畴，如数字系统、亲属系统、家具系统等特定意义范畴在不同语言中如何使用不同的方法表达出来。但是，Koch（2001）对于词汇语义类型学是否存在表示质疑，他认为词义存在语际的多样性和异质性，似乎很难展开系统的跨语言研究。正因如此，传统的类型学研究主要集中于语音和语法层面，对词汇的跨语言表现的关注则较为少见。François（2008）也曾提出，人们普遍认为语法是有序的、规则的，而词汇往往是开放的、蓬勃发展的、异质的，基于这样的认识，注定不太可能有一种理想的跨语言项目能够满足普遍性的研究。此外，词汇数据的精确描写经常需要考虑真实世界指称的许多功能性特征，更何况还会陷入特定文化词汇的旋涡。正是以上多种原因导致词汇跨语言比较项目成为一种艰难的挑战。

确实，词汇与语法标记不同，词不仅复现的频率较低，而且分布规则也难以得到直接的观察。然而，近年来大型语料库的诞生，很大程度上促进了词汇类型学的快速发展，研究者可以通过语料库快速获取大量数据，并且可以直接观察词在语境中的用法特征。诚然，词汇类型学研究对数据库类型提出了更高的要求，比如体量上的要求，二三十万字的语料库也许足以研究具有普遍意义的语法标记，但若要研究某个词，一亿字的语料库也许都不一定够用，尤其是遇到一些特殊词汇，有时需要万亿字的大型语料库（Rakhilina & Knolkina，2019）。但无论如何，在大数据时代背景下，词汇类型学研究已经取得显著进步，成为语言类型学中相对年轻的分支领域，已成为语言类型学研究新的视野和方向。

词汇类型学是指词汇学的跨语言和类型学研究模式（Koptjevskaja-Tamm，2008），其具体概念首先由 Lehrer（1992）提出。他（Lehrer，1992：249）认为，词汇类型学就是"关注不同语言如何将语义材料转化为词语的独特方式"，其目的是希望通过比较各语言对特定类别概念的语义材料切分、组织和分类方式的异同，归纳词义演变的范围及所受的制约，以制约的普遍性来揭示看似杂乱无章的词义表象背后的系统性特征。其基本假设是，尽管不同语言的词汇表面上看似杂乱无章、没有规律的，但通过系统的比较可以发现，词汇的多样性在一定程度上是可以解释和预测的。词汇类型学需要回答的主要问题是：不同语言的词汇系统之间具有差异性，而这些差异性具体表现在什么地方？这些差异是随机的还是受某种规律制约的？跨语言之间的词汇的差异表现是否具有可预测性（李亮，2019）？

4.4.1　莫斯科词汇类型学

莫斯科词汇类型学小组（Moscow Lexical Typology Group，MLexT）成立于 2005 年，是基于莫斯科语义学派而形成的。这个研究小组的基本研究思路是将莫斯科语义学派分析近义词的方法与研究类型学的方法相结合，系统研究不同语言中近义词之间的细微差别，并找出词汇层面跨语言的规律（Rakhilina & Kholkina，2019）。莫斯科语义学派的经典研究方法是通过分析词的具体语境结构和搭配来发现近义词之间的区别，通过比较近义词的手段来发现某个概念域的语义特征。这种研究方法的目标侧重对单个词进行尽可能详细的描写，本身不涉及类型学研究，但是若将其他语言的词汇系统一起纳入考察范围，就会涉及词汇类型学问题。比如双语词典中的对译词之间存在近义关系，那么搭配研究法就可以对这些译词展开跨语言的词汇对比，需要研究者从收集到的数据中提取具有类型学意义的语义特征（Rakhilina & Kholkina，2019），如此就能将词汇研究和类型学研究有效地结合起来。具体的研究过程包括以下四个方面：选取语言样本、收集数据、确认参数（parameter）以及选取框架和词化策略。

第一，关于语言样本的选取。MLexT 一般先从母语出发，收集所要考察的概念域中包含哪些词，再扩展到其他语言的相应概念域。语言样本的数量相对有限，大概从十几到五十种不等。截至目前，该小组的研究项目中样本数量最多的是水中运动动词，覆盖近 50 种语言，疼痛动词覆盖 22 种语言，旋转动词覆盖 17 种语言，物理属性词"利"和"钝"覆盖 17 种语言（Rakhilina & Kholkina，2019）。此外，词汇类型学研究发现，语言样本在发生学上可以是相关或亲属语言，甚至是关系较远的方言等都会发生具有类型学意义的词义引申，可以成为词汇类型学的语言研究样本。

第二，关于收集数据的方法。词汇类型学研究利用的资源主要有三种：各种类型的词典、大型语料库和对母语者的调查（包括问卷填写与补充、核对例子的有效性等）。首先，从研究者的母语中确定特定概念域的大致轮廓。MLexT 开始从双语词典中收集平行的翻译，找到相对应的不同语言中的概念域，如俄语 tolstyj 对应汉语中的三个形容词"厚""粗""胖"（Rakhilina & Kholkina，2019）。其次，查找大型语料库也是收集数据比较便捷的方法。如果考察的是常用词，语料库体量足够大，词语的典型搭配和其近义词之间的用法差异便可以清楚地显现出来。最后，对于语料库中的部分数据如若不太规范或难以确认其正确性这一问题，可以通过调查问卷和核对等方法让母语者进行确认（Rakhilina & Kholkin，2019）。

第三，关于参数的确认。参数即变量，是一个数学概念。MLexT所谓的参数，是指可以用来区分特定语义场中不同成员的语义特征。例如，在水中运动语义场中，俄语有两个动词属于该语义场：plyt'和plavat，前者表示定向的位移（如游到对岸），后者表示不定向的位移（如游来游去），那么"定向／不定向"是"水中运动"语义场中的一个参数，这个参数可以将俄语中的 plyt' 和 plavat 区别开来，并且很可能在其他语言中同样发生作用（李亮，2019）。Rakhilina & Reznikova（2016）指出，词汇层面的参数可以分为两种类型：一是"＋／－"类的对立，即是否具有相关的特征；二是"＋／0"类的对立，即该特征在大多数情况下不起作用，只区别一小类词语。参数的价值主要体现在两个方面：一方面是规避漏洞，力图穷尽地发掘语义场内所有参数及其可能的共现情况；另一方面通过参数的共现情况，可以发现语义场内各个语义特征之间存在的关联性，以及语义场内存在的典型情景（李亮，2019）。

第四，关于框架和词化策略的选取。框架是指一个由参数的典型组合形成的情景，在不同语言中往往用不同的词表示（Rakhilina & Reznikova，2016）。框架的作用是在诸多对应概念域中，集合诸多语言中普遍存在的语义概念。一旦框架确定，该框架可以用来研究特定语言在合成意义时所使用的策略，即词化策略。以水中运动项目为例，MLexT 通过对近 50 种语言的调查，发现这个概念域具有四个基本框架：（1）主动游泳（swimming）；（2）依靠水流被动漂移（drifting）；（3）静止漂浮在液体表面（floating）；（4）交通工具（和上边的人）的水上位移（sailing）（Rakhilina & Kholkina，2019）。在 MLexT 考察的样本中，词化策略大致分两类：一类是主导系统（dominant system），即用一个词表示概念域中的所有框架，如保加利亚语 pluvam 就能覆盖以上四个框架；芬兰语 uida 可以覆盖 swimming、drifting 和 floating 三个框架。另一类是分类系统（classifying system），即存在两个或两个以上的词分别表示其中一个或多个框架，从而形成对概念空间不同的分割方式，如泰米尔语 Tamil 有两个水中动词，一个可以覆盖 swimming，另一个可以覆盖 drifting 和 floating 两个框架；格鲁吉亚语的 curva 也有两个动词，一个可以覆盖 swmming、drifting 和 sailing 三个框架，而 t'ivt'ivi 则覆盖 floating 的框架（Rakhilina & Kholkina，2019；李亮，2019）。最后，MLexT 借助语义地图展示这种词化策略的普遍性和可预测性。下文将继续详细介绍语义地图。

4.4.2　语义地图模型

语义地图模型（semantic map model）最早由 Anderson（1982）提出，经由 Haspelmath（1997a，1997b，2003）和 Croft（2001，2003）建立并发展起来，并用于跨语言不定代词等的研究。从此，语义地图模型成为语言类型学研究中最为重要的研究方法之一，是探索人类语言共性和个性的分析工具。通过对人类语言进行比较，它试图回答人类语言的结构是如何在具有共性的基础上又体现出个性。换言之，这种工具探索了语言变异的限制，并相信这种限制并不体现在语言的形式上，而是体现在形式和意义或功能的搭配关系上。语义地图模型体现了经验科学的精神，强调任何一张地图都是根据目前已知的、有限的共时语言材料建构起来的。与其他同样关注多功能语法形式的理论相比，语义地图模型的最大特点在于它倾向于从"低端"入手，尽量将复杂问题首先化解为"可计算性"（calculability），而因为计算的结果一般只能有一种，所以可容证伪。当语义地图完成之后，它反过来进行"高端"的分析，对各种用法的源流、语法化路径和方向等，也会有一定的帮助。汉语学界在运用这套理论模型时，除以它为手段来加深人们对汉语的理解以外（张敏，2010，2011），还用汉语的材料来检验固有的概念空间（张敏，2008；范晓蕾，2011）、建构新的概念空间（翁珊珊、李小凡，

2010），更重要的是根据汉语的材料对语义地图模型的核心理论和方法做出讨论（郭锐，2010，2015；吴福祥，2014；张敏，2010）。潘秋平和张敏（2017）详细梳理和总结了近 30 年语义地图在汉语多功能语法形式研究方面的应用成果和应用前景，突出语义地图模型的核心理念和方法。

Haspelmath（2003）首次将语义地图模型用于跨语言的词汇语义研究，将德语、丹麦语、法语和西班牙语四种欧洲语言中表"树木"的词语的意义和用法区分为五种功能：树（tree）、木材（wood/stuff）、木柴（firewood）、小树林（small forest）和大森林（large forest），构建了一维的"树木"义概念空间。例如，德语中，Baum 表示"树"，Holz 覆盖了"木材"和"木柴"的概念空间，Wald 覆盖了"小树林"和"大森林"两个概念空间；丹麦语中的 trae 覆盖了"树""木材"和"木柴"三个概念空间，而 skov 则覆盖了"小树林"和"大森林"两个概念空间；法语中有三个词，arbre 覆盖了"树"的概念空间，bois 则覆盖了"木材""木柴"和"小树林"三个概念空间，forêt 则覆盖了"大森林"的概念空间；而西班牙语中有五个词，分别是 árbol、madera、leña、bosque 和 selva，依次对应上面的五个概念空间。目前，国内将语义地图模型用于实词研究主要集中在动词（张定，2016，2017；吴瑞东，2020；等等）和形容词（李亮，2019）。

以动词"躺卧"的语义地图为例。汉语中，表"躺卧"义的词如"寝""卧"等始终与"睡觉"概念有难以断割的联系，往往由表示睡觉的词兼职表示躺卧，直到元明时期"躺"的出现，"躺卧"概念才有了独立的专职表达方式。其他语言中也大量存在"躺卧"和"睡觉"两个意思共用一个形式来编码的现象，那么这两个概念在人类认知系统中有怎样的联系？吴瑞东（2020）调查了 22 种语言或方言，主要为汉藏语和印欧语，包括古代汉语、英语、法语、俄语、日语、现代吴方言、闽方言和粤方言等，提取了 64 个"躺卧"义动词的多义特征，确定 22 个不同而有关联的语义原子，以作为概念空间上的节点，如下所示（吴瑞东，2020：98–99）：

（1）躺卧：人或动物身体横倒，既包含躺卧的动作，也包含横倒的状态；

（2）闲着：空闲，不进行任何活动的状态；

（3）倒卧：人或物体因受外力由原来站立姿态变为横卧状态，包括倒伏、倾倒、摔倒以及建筑物等倒下，如"倒塌""坍塌""垮塌"；也指抽象事物崩溃瓦解，如"垮台"；

（4）隐藏：隐蔽起来不让发现，潜伏；

（5）放置：搁置、搁放、安放、摆放，特指平放或横放；

（6）承担：担负担当某种工作任务或义务责任；

（7）位于：处于某个地理位置上，如"坐落"；也指在比赛中处于某个位置或名次；还表示处于某种状态；

（8）存在：事物持续占据时间和空间，有，未消失；

（9）倾斜：偏斜，偏离与参照物垂直的位置；也表示倾向，即事情发展的趋势或方向；

（10）倚靠：靠凭，将身体靠在其他物体之上；

（11）展开：物体在平面内延展开来，如"铺开"或"张开"，包括身体舒展、伸展，如"伸懒腰"；

（12）覆盖：遮盖，遮蔽物体表面；

（13）分散：散在各处，不集中，如"散布""分布""遍布"等；也包括液体、气体的蔓延扩散或气息的笼罩；

（14）下落：物体因失去支持而向下运动，一般用于具体的事物，如"落下""下降""降落""坠下""坠落"等；

（15）减弱：程度、数量等抽象概念的降低、减少或变弱；

（16）死亡：失去生命，包括使某个生命体失去生命，杀害；亦指假死、装死；

（17）支持：在经济物质、立场或精神上给予支撑，赞同；也包括培养，培植，栽培；

（18）睡觉：任何与睡眠相关的概念（无论是否睡着），包括坐着打瞌睡（如上古汉语"睡"表示的概念）；

（19）休息：停止目前活动以消除疲劳、恢复体力或脑力，如"歇息""安歇"；亦指一些动物的生理状态，在一段时间内不食不动，如"冬眠"；

（20）停止：止息，停息，不再进行任何动作行为；

（21）埋葬：掩埋尸体或骨灰，如"长眠"；

（22）产生：由已有事物中生出新的事物，出现，包括生产和动物产卵。

基于以上的 22 个语义原子，吴瑞东（2020）勾勒出基于 22 种语言或方言的"躺卧"义的动词概念空间，见图 4-4。

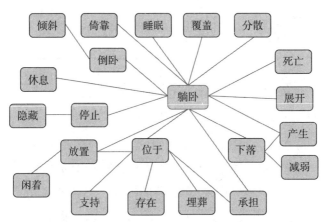

图 4-4　基于 22 种语言或方言的"躺卧"义动词的概念空间（吴瑞东，2020：99）

若要绘制特定语言的"躺卧"义语义地图，则需要充分考虑邻接性（adjacency）要求和连续性（continuity）假设。所谓邻接性要求，是指在一张语义地图内所有相关的语言编码的若干功能必须占据概念空间内的一个邻接区域（Haspelmath，2003；吴福祥、张定，2011）；所谓连续性假设，是指任何与特定语言和（或）构式相关的范畴必须映射到概念空间内的相邻区域（Croft，2003）。在运用语义地图研究某个概念域实词的语义时，要保证任意一个词的意义在语义地图中占据的区域是一个连续体。在绘制语义地图时应充分考虑邻接性原则，根据每个意思之间的关系调整节点的位置（吴瑞东，2020）。例如，古代汉语中表示"躺卧"义的动词有六个："偃""卧""睡""眠""寝"和"躺"，根据这六个动词的语义原子就可以勾画出语义地图，如图4-5所示：

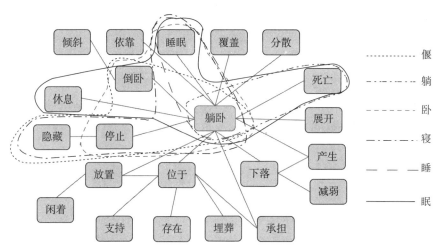

图4-5　古代汉语"躺卧"义动词语义地图（吴瑞东，2020：100）

不同语言在编码"躺卧"概念的词语数量上存在较大差异，古代汉语、意大利语、西班牙语、葡萄牙语、俄罗斯语等语言的"躺卧"动词相当丰富，其他语言一般只有两至三个动词可表示"躺卧"。这些动词的功能在分布上也呈现出纷杂的特征，有些义域较宽，如葡萄牙语的jazer、丹麦语的legge、西班牙语的apoyar、意大利语的posare等印欧语中的动词除表示"躺卧"以外，还可表示"倚靠"义，而汉语、日语等语言则没有类似功能的词语，这反映出不同语言使用者"躺卧"概念的范畴化存在差异（吴瑞东，2020）。

根据吴瑞东（2020）关于"躺卧"义词的语义地图发现，这22个义项大概可以分成两类：一类与躺卧的目的有关，包括睡眠、休息、停止、隐藏等，与躺卧的关联性最强；另一类则与躺卧有一定的象似性，包括倒卧、倾斜、倚靠、覆盖等，与躺卧的关联性较弱，往往通过其他义项与躺卧建立间接联系。汉语"躺卧"义词的发展呈现出典型的动作——

目的／结果特征,印欧语更倾向于基于动作象似性的语义引申,很多"躺卧"义动词兼有睡眠、休息、停止、隐藏等诸多语义中的一种或两种语义,属于非原型成员。

4.4.3　词化模式

根据 Talmy(2000)的宏事件理论,运动事件、体相事件、行动关联事件、状态变化事件和实现事件是语言和认知中最普遍的语义范畴,而不同语言表达同一事件时,概念结构映射到句法结构的模式具有跨语言差异。Talmy(2000)将词化模式引入宏事件表征的类型学研究,根据框架事件核心图式的编码位置,将世界上的语言分为两种类型:如果核心图式编码在动词词根中,则该语言为动词框架语言(Verb-framed language,简称 V– 语言),如西班牙语、法语等罗曼语族语言;如果核心图式编码在附加语素(satellite)[1]中,则该语言为附加语框架语言(Satellite-framed language,简称 S– 语言),如英语、德语等日耳曼语族语言。同时,Talmy(2000)提出汉语和英语一样,同属于 S– 语言,而且是强势 S– 语言。Slobin(2004)对 Talmy 的词化类型二分法做了修正,认为汉语等连动语言(如泰语、缅甸语)的路径和方式成分都是动词,难分主次,因而属于均等框架语言(Equipollent-framed language,简称 E- 语言)。Beavers et al.(2010)认为汉语融合了 S– 语言、V– 语言和 E– 语言三种编码方式,或融合了任意两种语言类型的特征,不应将汉语归入任一特定类型。这些观点已引起国内学者的广泛关注,学者们从不同事件的词化模式的类型学研究视角来考察汉语的类型归属问题。

首先介绍基于汉语隐喻运动事件的词化类型探究。邓宇等(2015)

1　附加语在早期引入时也被翻译为卫星语素,与核心动词相对,通常伴随核心动词出现,两者合成一个动词复合体,如英语中的小品词、德语动词前缀、汉语动词结果补语等。

整合语料库和实验证据，对汉语隐喻运动事件的词化模式进行定量和定性分析。他们主要选取了与人类涉身体验密切相关的五官感知和心理状态作为隐喻运动事件的目标域，采用自下而上的方法，深入探讨在语料库数据和实验数据中，符合 S- 语言、V- 语言和 E- 语言的词化模式分布及其差异情况，两者得出的统计趋势和结论是否具有一致性问题。汉语运动事件的词化过程中的附加语大部分是由路径动词演化而来的，在与表示方式或原因的主动词搭配表征路径时，处于后面位置，结果是路径动词通常语法化为表示路径的附加语。例如：

例 34（a）很快她的思想滑开了。

（b）歌声、笑声驱散了海岛多年的冷寂。

（c）当代中国人的道德良心处在夹缝之中。

（d）他脸上闪耀着喜悦的光辉。

（邓宇等，2015：75）

例 34 均涉及隐喻运动的表达，例 34（a）中的"滑"是编码 [方式] 的主动词，"开"是表征 [路径] 的附加语；例 34（b）中的"驱"是编码 [原因] 的主动词，"散"是表征 [路径] 的附加语；例 34（c）中的隐喻表达是一种静态位置的表征，主动词"处"编码 [方式]，与"在"引导的介词短语搭配，路径语义在介词短语"在……中"，换言之，介词短语是表征 [路径] 的附加语；例 34（d）可视为表体相的隐喻运动事件，主动词"闪耀"编码 [方式]，"着"则编码核心图式——时体，表示事件正在进行，这里的体相核心图式相当于客观运动事件中的路径语义要素，即时间隐喻化为抽象的空间路径。因此，以上这些词化模式都显示出汉语是一种 S- 型语言。

但同时，汉语中还有相当一部分路径动词并没有语法化为路径附加语，仍可作主动词。例如：

例 35（a）我的心陡地往下一沉，那不可避免的可怕的日子终于到来了。

（b）兴奋与好奇倒升得相当高。

（c）最后，他们不再等了，从此陷入了绝望的忧伤之中。

（邓宇等，2015：75–76）

例 35 中的隐喻运动表达"沉"和"升"是单音节路径动词，而"到来"和"陷入"是双音节路径动词，它们均在句子中单独使用做主动词，表征隐喻运动事件的 [运动] 和 [路径] 成分。这类词化模式是 V- 型语言的典型特征。

最后，汉语中还具有一类隐喻运动事件的词化呈现"V_1–V_2–plus"模式。例 36 中的隐喻运动表达"涌出来"和"浮起来"属于动趋式，"出来"和"起来"在单用时的意义功能与它们做趋向补语时的意义功能相同，因而符合 E– 型语言的特征。根据邓宇等（2015）的语料和实验数据结果显示，现代汉语隐喻运动事件的词化模式以 S– 语言为主，但兼有 V–语言和 E– 语言的特征，整体趋势均为 S– 型 > V– 型 > E– 型。

例 36（a）一股难以抑遏的兴奋自体内涌出来，全身的每一个细胞像要灼烧起来似的雀跃着。

（b）翠翠梦中灵魂为一种美妙歌声浮起来，仿佛轻轻地各处飘着。

（邓宇等，2015：76）

接下来介绍关于实现事件词汇模式的类型学考察。李家春（2018，2020）分别基于文本调查和口语诱导实验的证据，对现代汉语实现事件词化模式的类型学归属进行了深入考察。实现事件是运动事件的隐喻扩展。Talmy（2000：271）认为，"实现事件正如空间域中从某地到一个具体地点的运动，是一种状态域从不存在到具有某种特征的存在，是一种从潜在阶段到实现阶段的过渡，或是从某种假设的程度到确定成为现实的程度"（转引自李家春，2018：35）。实现事件一般是几种不同类型的完成（fulfillment）和确认（confirmation）的组合（李家春，2018）。例如：

例 37 My mother *washes* the clothes clean for me every day.

例 37 中 wash 的语义是 to make sth./sb. clean using water and usually soap，已经隐含了 clean 这个完成义，因此即使不添加特别说明 clean，wash 也已经具有洗干净的会话含义，而附加语 clean 仅是对该动作意图"洗干净"已经成为现实的一种确认。类似这种将动作的意图和对该意图成为现实的确认用动词和附加语共同表征的词化模式，就是 S– 语言的典型特征。根据李家春（2018，2020）的研究发现，汉语在实现事件编码过程中，所使用的实现动词和动补结构中的主动词 V_1 均具有多样性，而动补结构中的补语与日耳曼语系的附加语相比，也具有更强的句法独立性。首先，实现动词的多样性特征：很多动词可以直接或添加体标记表达实现意义，如"杀""吃""打"等做主动词时，后面的附加语可有可无；动补结构中的主动词 V_1 可以由运动动词如"蹦""跳"，方式动词如"洗""抓""夹"，中性动词如"整""弄"充当，V_1 后的补语经常可以省略，但仍能完整地表达实现意义，一般后面添加体标记"了"，如"猫吃掉了老鼠"和"猫吃了老鼠"表达的意义几乎相同。其次，动补结构中的补语在语义功能上与附加语类似，但是具有不同的句法特征：汉语动补结构的补语中，一般的动词补语如"死"（杀死）、"走"（抓走）和形容词补语"短"（剪短）、"破"（擦破）都属于开放性成分，而不是 Talmy（2000）所说的封闭类；现代汉语中动补结构中的有些 V_2 可以单独使用，充当主动词，表达实现意义，如"窗户打破了"成立，"窗户破了"也可以成立，究竟 V_1"打"还是 V_2"破"是句法核心，难以确定。若无法确定核心图式，也就无法判定语言类型的归属问题。综合以上的分析，李家春（2018，2020）得出结论，现代汉语编码实现事件的词化模式具有 S– 语言的特征，但并不具有 Talmy 所说的强势 S– 语言的特征。从口语诱导实验中进一步发现，中国南北方地区人群具有表达习惯上的差异，如北方受试会使用"把污渍整掉了""把鸡弄死了"等表达，而南方受试则少用类似表达，其背后必然受到话语生成的认知心理机制和社会文化的影响，这是词化模式的类型学研究后期需要关注的问题。

4.5　英汉时空性强弱对比理论

世界诸事物均具时间性和空间性，两者如影随形、密不可分。时间是事物运动的基本属性，虽然无形，但可以在事物的运动和消长过程中得以具体化，即人类往往可以从事物的行为、动作或变化中把握其特征。若没有事物运动的相对性，人们就无法感知时间。空间是事物运动的表现形式，是表明事物运动延展程度的物理量，是具体事物具有的一般规定。简言之，空间就是事物，时间就是事物运动的过程（王文斌，2019）。王文斌（2013，2019）提出英语具有强时间性特质，而汉语具有强空间性特质的假说。所谓"英语具有强时间性特质"，是指英语的表征现实往往具体表现出"勾连性"和"延续性"，展现出线性结构，显示出具有一维性的时间特质（Comrie，1985）；所谓"汉语具有强空间性特质"，是指汉语的表征现实往往具体表现出"块状性"和"离散性"，展现为立体结构，显示出具有三维性的空间特质。对以上进行总结如下：

英语的强时间性特质：具有线序结构，具体表现为勾连性和延续性；
汉语的强空间性特质：具有立体结构，具体表现为块状性和离散性。

自从 2013 年提出这一假说以来，王文斌及其合作者从英汉语言的各个层面、不同视角对这一假说进行论证。本节主要从词汇视角阐述这一假说，具体包括英汉词/字的特点对比、构词/字词源对比和构词/字方式对比三个方面，王文斌和柳鑫淼（2020）、刘庚和王文斌（2021）、王文斌和于善志（2016）曾分别发表论文《汉语会意字构造与意合表征方式的相承关系》《从构词词源看英汉时空性差异》《汉英词构中的空间性和时间性特质》，对这三个方面进行了详细的对比论述，本书下文将主要基于他们的观点进行介绍。

4.5.1　英汉词/字的特点对比

就文字发生学角度看，文字主要分两大类：自源文字和借源文字或称他源文字。自源文字是指自文字产生之始就沿着自身独立发展的轨迹而形成的文字，不论是其形状抑或是其体系，均未受外来文字的影响而独具一格，其历史通常较为悠久，如汉字、苏美尔楔形文字等均属自源文字。借源文字是指套用或仿照其他文字形体或系统而建立的文字，如德文、英文、法文、意大利文等印欧语文字都借源于希腊字母或拉丁字母，而希腊字母的源头是经腓尼基字母演变而来的古埃及文字。先来看看英语文字的具体借用路径。英语是属于印欧语系日耳曼语族的一种语言，其文字由 26 个字母组成。如上所言，英语文字属于借源文字，借源于拉丁字母，而拉丁字母又借源于希腊字母，希腊字母则借源于腓尼基字母，而腓尼基字母的主要依据是古埃及的图画文字。可见，从古埃及的图画文字演变为表音的拉丁字母的路径可谓遥远。古腓尼基人是历史上的一个古老民族，生活在地中海东岸，曾建立过一个高度发达的文明古国。约公元前 1200 年，他们从古埃及人遗留下来的图画文字，即象形文字中得到启发，将其改变为简单且便于书写的 22 个拼音字母，由此开创了世界字母表音文字的先河，但当时这些字母仅表辅音，不表元音。公元前约 600 年至 500 年，古希腊人参鉴腓尼基字母构建了希腊表音字母。约公元前 100 年，古罗马帝国国力渐强，逐步控制了欧洲，这不仅促进了欧洲语言文字形式的趋同，而且为了满足欧洲各民族的语言需要，在腓尼基 22 个表音字母的基础上增加了一个字母 L，这样便共有 23 个字母，其中辅音字母 18 个（B、C、D、F、G、Z、H、K、L、M、N、P、Q、R、S、T、X、Y）、元音字母四个（A、E、I、O）以及一个音值不定的半元音字母 V，但当时尚无 J、U、W。公元约 11 世纪，从 I 中分化出 J，又从 V 分化出 U 和 W，由此形成了今日的 26 个拉丁字母。后世的印欧文字，包括英语字母在内，都是由其演变而来的。英语 26 个字母真正形成的时间约在 1066 年诺曼征服之后。需强调的是，英语字母与西方其他语言的字母一样，均为表音文字。作为借源文字，尽管英语字母源头的古埃及文字是图画文字，但一步步进入西方之后其表意功能早已丧失殆尽，字母仅用来记录语言中的语音，基本上能做到识字母就能知其音。而字母是表音的，其组合而成的语素和词其实也是表音的。换言之，英语中不论是语素还是单词，基本上都是表音的，如 multi-、mis-、-less、-ness、pen、lamp、wind、awaken、announcement 等。这些语素或单词仅表音，与词义基本上不存在关联。在印欧语的不同语言中，同一个词义可借用不同的字母组合来表达，如英语中的 moon 和 sun，不分阴性和阳性；法语中分别是 lune 和 soleil，前者是阴性，后者是阳性；西班牙语中分别是 luna 和 sol，前者是阴性，后者是阳性；德语中分别是 Mond 和 Sonne，前者是阳性，后者却是阴性。尽管同属一个语系，其发音在某些方面虽有相近之处，但其拼写毕竟不完全一样，而且阴阳性的区分也并非一致。拼音文字属于线形文字，具有时间性特质，正如 Saussure（1959: 70）所言："声音能指仅仅支配时间，其要素相继出现，形成一个链条。人们以文字来表征这些要素时，这一特点就会马上表现出来，……这种能指因具有与听觉有关的性质，所以仅在时间中展开并具有源于时间的两个特征：一是它表征时间跨度；二是这种跨度可用单一的维度来丈量，这一维度就是一条线。"本书赞同 Saussure 的这一观点，而且认为这种线性文字必然会影响其语言表征方式，如 sheep、family、window、mountain 等均具有线性的时间特征，而与其相应的汉字却具有强空间性，如"羊""家""窗""山"等。在英语的句构中，其线性时间特征就更为明显。例如：

例 38（a）The doctor's immediate arrival and careful examination of the patient brought about his speedy recovery.（连淑能，1993: 105）

　?（b）大夫的马上到来以及给病人的仔细检查带来了病人的很快康复。

　（c）大夫马上就到了，仔细检查了病人，所以病人康复很快。

例 39（a）In the doorway lay at least twelve umbrellas of all sizes and colours.（连淑能，1993：序）

　?（b）门口至少放着十二把大小不一和颜色各异的雨伞。

（c）门口放着一堆雨伞，至少也有十二把，大小不一，颜色各异。

例 38（a）是一个英语长句，一气呵成，秉持其以谓语动词为核心的句构表征方式，并赋予其动词以形态变化：brought about 用来表达时间概念，句中表示其他行为动作的动词均被名词化，如 arrival、examination 和 recovery，但其动性语义并未因其名词化而改变，全句线性时间特征明显。若照此结构译成汉语，如例 38（b），那就不是正常的汉语表达，而像例 38（c）这样的译文——一个场景接着一个场景地分述——才比较符合汉语的表达习惯。同理，例 39（a）也是一个英语长句，其间也只有一个表示一般过去时的谓语动词 lay，句内各成分的连接十分紧密，线性时间特征显然。但若按此结构译成汉语，见例 39（b），尽管可以理解，但不符合汉语的表达习惯；若译成例 39（c），尽管显得块状和离散，可汉语味十足。这就充分反映了汉语的强空间性特征（王文斌，2019）。

现来看看作为表意文字的汉字，其发展历史与英语文字大相径庭。甲骨文是目前可考证的中国最古老的文字，如甲骨文中的"𩡬"（马）字，其字形近乎于图画，几乎是一笔一画地画出了一匹马的形象；再如"𦍌"（羊）字，其字形也近乎于图画，画出了羊头的主要特征。可以说甲骨文是汉字的雏形，属于图画式象形文字。根据《易传·系辞传下》"古者包羲氏之王天下也，仰则观象于天，俯则观法于地，观鸟兽之文与地之宜，近取诸身，远取诸物，于是始作八卦，以通神明之德，以类万物之情"。可知，八卦的制作是依照事物的形象而状形象。又据《史记》记载，"太昊（伏羲）德合上下，天应以鸟兽文（纹）章，地应以龙马负图（河图），于是仰观象于天，俯观法于地，中观万物之宜，始画八卦，卦有三爻，因而重之，为六十有四，以通神明之德，作书契以代结绳之政"。可见，汉字的创制均与伏羲有关，而伏羲是根据天下万物的形状刻画八卦，继而以同样方式创作书契。历史上的这些记载在《说文解字·序》里也有说明："古者包羲氏之王天下也，仰则观象于天，俯则观法于地，观鸟兽之文与地之宜，近取诸身，远取诸物，于是始作《易》八卦，以垂宪象。"同时,《说文解字·序》还提到:"黄帝之史官仓颉,见鸟兽蹄远之迹,知分理之可相别异也,初造书契。……仓颉之初作书,盖依类象形,故谓之文。其后形声相益,即谓之字。文者,物象之本;字者,言孳乳而浸多也。著于竹帛谓之书。书者,如也。"由此可见,不论是伏羲还是仓颉,他们造字的根本方法就是仿照事物的形貌,使人能望字生义,而义一旦生成,思想通常就能得到表达。如上所述,依类象形是汉字立字的基础,也是根本。除个别例外,都是一个汉字一个音节,而且基本上都是表意文字。这些表意文字在骨子里就是取象立意,或立象尽意,而象的根本就是"拟诸形容,象其物宜",具有强空间性特质,因为"形"与"容"本身就是空间性。这一特质浸透于汉字,也浸透于汉语的表征方式。

　　"六书"是汉字构字的基本原理。许慎在《说文解字》中详细陈述了汉字"六书"的基本概念及构造原理:象形、指事、会意、形声、转注、假借。应注意的是,这"六书"并非可以彼此等量齐观,其实存在造字法、组字法和用字法之分。象形和指事属于造字法,会意和形声属于组字法,而转注和假借属于用字法。而不论哪个法,象形构字是始发性和基础性的,是诸多汉字的雏形,指事构字是对象形构字的发挥,而会意构字和形声构字都是建基于象形构字的组字法。鉴于此,限于篇幅,在此对转注和假借这两个用字法暂不做表述,仅谈谈象形和指事造字法以及会意和形声组字法,借以窥探汉字构造方式的全貌。象形构字是将物体的外在特征以绘画的形式表现出来,有形可象,有象可视,即"画成其物,随体诘诎",如"⚇"(虫)、"⚇"(鼻)、"⚇"(龟)、"⚇"(鱼)等。指事构字较象形构字更抽象,常在象形字上加上符号来表示,使人视而可识,察而见意,即"各指其事以为之",如"甘"字是在"口"内加一点,表示口中含有甘美的食物;"旦"字是在"日"下加一横,表示太阳正从地面升起;"末"字是在"木"上加一点,指明树木末梢所在处;"刃"在"刀"口上加一点,表示锋利。由此可见,象形构字和指事构字都属于造字法,前者是后者的基础,后者是前者的发展。

　　会意构字是借用两个或两个以上的独体汉字,根据各自的含义将其组合为一个字。会意构字往往是为弥补象形和指事构字的不足而存在的造字法，如"𦬅"（莫）字是上和下都是草，中间是太阳，是"艸"和"日"两个象形字的会意字，隶变之后简化为"莫"，表示太阳已降落于草丛，即天色已暮；"从"（比）是表示两人接近并立；"焚"（焚）字上为火、下为林，其本义是表示用火烧林木或草。由此可见，会意字构造的基础还是象形字，一旦组合，就如同语言一样能直接表达思想。形声构字是由两个文或字复合而成，其中的一个文或字表示事物的类别，另一个则表示事物的读音。形声字往往建基于象形字、指事字和会意字，由表意义范畴的意符和表声音类别的声符组合而成。在"六书"中，形声造字最为能产。意符通常由象形字或指事字充当，声符则常由象形字、指事字或会意字充当。例如，从"日"的形声字有"晞""昕""昭""晴""晦""昧""晚""暗"等，前四个字均含明亮之意，而后四者则含昏暗之意，因为太阳是光明之源，有日则明，无日则暗，世界上的明暗皆系于日。由此可见，形声字的基础也是象形字，其声符通常是依据约定俗成而业已语音化的象形字，依然保持着其象的特征，其空间性依旧留存。

如上所述，象形构字是汉字构字的基础，不论是指事字还是会意字抑或是形声字，从中都可以找到象形字的影子。象形字是汉字的本色，指事字是象形字的延伸，影响着汉字的方方面面，而不论是象还是形，两者都具有强空间性。物象思维就是强空间性思维，因为空间是物象的规定性特征（王文斌、崔靓，2019）。我国自古就有"书画同源"之说，这是因为汉字的滥觞就是图画，书与画本是同根生，具有许多内在联系。汉字发轫于原始图画，是原始人在生活中借用"图画"表达自己思想的方式，是逐渐从原始图画演变而来的一种表意符号。任何绘画都具有空间性，上文表述的关于汉字的各种构造，其空间性不言自明。在此需要追问的是，不论汉字是思维的符号抑或是语言的符号，难道这种空间性对语言表征就毫无影响？或者说这种符号就与汉语本身的特性毫无瓜葛？本书认为，汉字作为自源文字，植根于几千年的中国传统文化；作为符号，其产生、延续和传承都有特定的土壤，一定与其语言本身的内在特性相关。如同"中国结"能成为中华民族的精神符号一样，汉字可以说是中华民族共同约定用来指称一定对象的标志物，它既是意义的载体，也是精神的外化。德里达（2005：115）说："汉字是聋子创造的。"此话有失极端，但从一个反面恰恰能说明汉字不是以语音为基础的，而是以具象为根基的。

4.5.2　英汉构词 / 字词源对比

英语的词和汉语的字均有内部结构，具有可分析性。英语词法中，将词分析到最小的、有意义的单位就是语素（morpheme）。语素又可分为自由语素和非自由语素：自由语素是可独立成词的语素，如 student、root、light 等；而非自由语素是不能独立成词的语素，包括词根、词缀和词尾等。词根如 -ceive、-rupt、-mort- 等决定语词的基本意义，是语词的核心；词缀和词尾如 per-、-ion、-s 等是黏附在词根上的附加成分，可以改变词义或表达特定语法功能。而汉字继续分析下去，可得到的最小的、有意义的单位是部件（character component）。根据教育部国家语言文字工作委员会（以下简称"国家语委"）1997 年和 2009 年分别发布的《信息处理用 GB13000.1 字符集汉字部件规范》和《现代常用字部件及部件名称规范》可知，汉字部件是由笔画组成的具有组配汉字功能的构字单位，简称"部件"，如"木""心""口""也""氵""亻""刂""礻"等。部件又分为成字部件和非成字部件，成字部件可独立成字，如"另""吉""唱"中的"口"；非成字部件不能独立成字，如"疾""病""疼"中的"疒"。根据国家语委 2009 年发布的《GB13000.1 字符集汉字部首归部规范》，部首（indexing component）是可以成批构字的一部分部件，如"木"是"松""柏""杨""杏""林"等字的部首。《说文解字》将 9,353 个字归入 540 个部首，《康熙字典》将 47,035 个汉字归入 214 个部首，《汉语大字典》则以 200 个部首对约 56,000 个字进行分类。由此可见，部首是汉字的字根。

关于英语构词词源和汉字构字词源的可对比基础问题，本书主要借鉴王文斌和于善志（2016）的观点，将"构词"界定为用"笔画/字母、部首/语素等语言构件按照特定的规则组合成字/词"，也就是说英语的语素大致相应于汉字的部件，其中自由语素大致相应于汉字的成字部件，非自由语素大致相应于汉字的非成字部件。同时，英语中的一个语素可实现为不同的语音或书写形式，即语素变体（allomorph），如表示复数意义的语素有多种语音实现形式（seat-/s/、shade-/z/、hedg-/ɪz/、ox-/n/、fish-/Ø/ 等）（Aronoff & Fudeman，2011）。同样，汉字中表示同一意义的部件可有不同的书写形式，如表示"手"这一意义的部件有多种实现形式（"扌""手""又""寸""爪""⺤""廾"[双手]等）；表示"人"这一意义的部件有"人""亻""卩"（⺈，像跪跽之人）、"欠"（⺂，张口吐气之人）等；表示"足"这一意义的部件有"足""止""辶"等。

下面看以下八个英汉例证：

例 40 grasp，动词，源于原始印欧语动性词根 ghrebh-，意为"to seize, reach"。

例 41 think，动词，源于原始印欧语动性词根 tong-，意为"to think, feel"。

例 42 eye，名词，源于原始印欧语动性词根 okw-，意为 to see。

例 43 moon，名词，源于原始印欧语动性词根 me-，意为 to measure。

例 44 抓，动词，本义是抓取，其部件"扌"（手）和"爪"均为名性。

例 45 思，动词，本义是思考，源于小篆"🧠"，其部件"囟"（脑）和"心"均为名性。

例 46 目，名词，源于甲骨文"🔲"，字形本身就是对"眼睛"轮廓的描摹。

例 47 月，名词，源于甲骨文"🌙"，字形本身就是对"月亮"形状的描摹。

从以上例证可以看出，英语和汉语在构词词源方面呈现出显著的差异。英语中不但是动词源于动性词根，如例 40 和例 41，即便是普通名词，也可溯源至原始印欧语的动性词根，如例 42 和例 43；汉语中不但是名词源于名性部件，如例 46 和例 47，而且连动词也是源于名性部件，如例 44 和例 45。换言之，英语构词词源以动性词根为根基，而汉语构字词源以名性部件为基础。

英语中大部分词是以动性词根为根基，以动词为中心来构词构形的，动词是词语形成和词汇系统扩大的基础（王文斌，2019）。Sarup（1920）指出所有的词都可以缩减至其最原始要素，即词根（root），并强调每个词都可以追溯到它原来的语源。印欧语同根同宗，如英语、梵语均起源于原始印欧语，同属印欧语系。一般而言，印欧语构词必须取其特别动作来说出该词得名取义的所由，例如，梵语 vrksa（树）源于动性词根 vras'c（砍）（转引自周流溪，2015）。古印度词源学家 Yāska 认为，梵语最重要的原则是由动词推求名词在语源上的含义，如 damsa（牛虻）取自 dams'（咬）（转引自饶宗颐，1993）。梵语将全部语词归于不到两千个词根，且大部分词根是动词（金克木，1996）。Watkins（2011）把 13,000 个英语语词归于 1,350 个原始印欧语词根，而这些原始印欧语词根一半以上是动词性的，可以表达行为动作和变化过程。王文斌和刘庚（2020）选取了《通用英语词表》中的 1,892 个词项为调查样本，经统计发现，1,892 个词项中包含 1,212 个名词，其中 915 个具有原始印欧语词根记录。在这些有原始印欧语词根记录的名词中，源于原始印欧语动性词根的名词有 711 个，占比为 77.7%。也就是说，英语中不仅动词源于原始印欧语动性词根（见表 4–1），而且其普通名词也源于原始印欧语动性词根（见表 4–2）。

表 4–1 源于原始印欧语动性词根的英语动词列举

英语动词	原始印欧语词根	词根本义
generate	gene-	to give birth
receive	kap-	to grasp

续表

英语动词	原始印欧语词根	词根本义
concede	ked-	to go, yield
occur	kers-	to run
relegate	leg-	to collect, gather
extend	ten-	to stretch
weigh	wegh-	to go, transport in a vehicle
provide	weid-	to see
wrest	wer-	to turn, bend
conjugate	yeug-	to join

表 4-2 源于原始印欧语动性词根的英语名词列举

英语名词	原始印欧语词根	词根本义
engine	gene-	to give birth
cable	kap-	to grasp
access	ked-	to go, yield
car	kers-	to run
college	leg-	to collect, gather
tenant	ten-	to stretch
vector	wegh-	to go, transport in a vehicle
idea	weid-	to see
wrist	wer-	to turn, bend
joint	yeug-	to join

从表 4-1 和表 4-2 中不难看出，英语中的这些动词和名词都衍生于特定的行为动作，不论是名词 car，还是动词 occur，均源于原始印欧语动性词根 kers-，而该词根表示 to run 这一行为动作。根据刘庚和王文斌（2021）的研究，印欧古人认为行为动作是宇宙万事万物的根本，一切事物得名都肇始于行为动作，依据行为动作便可为万事万物分类命名。简言之，一物之所以称为一物，是在其显现过程中显示出来的。事

物总是与运动相联系，静是表象，运动才是事物的本质属性。王文斌和刘庚（2020）借助认知语法的侧显化认知机制（cognitive mechanism of profiling），深入探讨了原始印欧语动性词根及相关英语名词的语义关系，认为其名词语义的产生是与行为、运动相关的不同事件要素得到侧显化的结果。这些事件要素包括行为动作的发出者、行为动作的对象、行为动作的工具等。关于其语义关系的详细分类等可参见王文斌和刘庚（2020）。

汉语构字以名性部件为基石，遵循"动源于名"（简圣宇，2019）的派生路径，表现出"以空间凝聚时间"的构造原理，即"把一种时间延展的概念浓缩为空间展示"（胡敕瑞，1999：55）。汉语构字以象形为基础，而举凡万物都有各自不同于他物的象，因此中国古人通过描摹"物象"，即描摹物件的空间特征，便可给"物"命名造字，如"日"（☉）。两个或多个物象组合也可以表达一个物件（见表 4-3）。不仅如此，无形可象的行为动作的汉字也可以通过两个或以上物象之间的组合关系来表达一个命题，借以描摹一个事理（见表 4-4）。

表 4-3　汉字中源于名性部件的名词列举

名性汉字	汉字本义	字根	字根本义
旦	早晨	日 + 一	一：土地
妇	已嫁的女子	女 + 彐	彐：扫帚
酒	酒水	氵 + 酉	氵：水
牢	养牛、羊、马等牲畜的圈栏	宀 + 牛	宀：房屋
林	连接成片的树木	木 + 木	/
苗	初生的植物，如秧苗	艹 + 田	艹：草
男	男人	田 + 力	/
寝	寝室、卧室	宀 + 手 + 帚	宀：房屋
社	土地之神	礻 + 土	礻：示，神主
宗	宗庙，放置祖先、神主的房屋	宀 + 示	宀：房屋；示：神主

表 4-4　汉字中源于名性部件的动词列举

动性汉字	汉字本义	字根	字根本义
俘	俘获	爫 + 子	爫：手；子：小孩
监	以水为镜照自己	人 + 目 + 皿	/
临	从上往下俯视	人 + 目 + 一堆物品	/
侵	进犯	又 + 彐 + 牛（或人）	又：手；彐：扫帚
食	进食，吃	口 + 皀	皀：食器
宿	夜晚睡觉	宀 + 人 + 囧	宀：房屋；囧：席子
羨	垂涎	欠 + 水 + 羊	欠：张口之人；水：口液
役	击打人去做事	人 + 殳	殳：持器械之手
饮	饮酒或其他流食	欠 + 酉	欠：张口之人；酉：酒樽
拯	拯救	双手 + 人 + 凵	凵：坎穴

从表 4-3 和表 4-4 中不难发现，构成汉字的部件均源于象形，是对物象的描摹。而汉字中的物象不外乎两类，即自身物象和身外物象，这一区分取决于"人"这一主体的认知。自身物象是指人自己身上的物象，如人、手、足、目、鼻、口、心等；身外物象是指外在于人自身的物象，如山、水、月、鸟、刀、戈、皿、车等，即"近取诸身，远取诸物"。无论是自身物象，还是身外物象，汉字中的这两类物象均不超出人们感知和认识所及的范围，其中身外物象又包括自然性物象和社会性物象。自然性物象是指自然环境中的物象，如上文所举的山、水、月、鸟等；社会性物象是指人类社会活动中的物象，如上文所举的刀、戈、皿、车等。需注意的是，汉字中的物象不同于客观世界中具体的个别的物象，而是经过作为认知主体的人的主观加工和抽象形成的一类心象，即意象。意象由特定的物象引导，而这些物象都指向约定俗成的意义（简圣宇，2019）。例如，手、足等自身物象通常与人的活动这一特定意义相关联，刀、戈等社会性物象则通常与人类活动使用的工具这一特定意义相关联。

4.5.3　英汉构词 / 字方式对比

上文已经阐述，汉字的生成中既有非成字部件与成字部件之间的合成，如"打"是由非成字部件"扌"和成字部件"丁"合成；也有成字部件之间的合成，如"淼"是由三个成字部件"水"合成。英语构词法主要包括词缀构词法（affixation）（又称"派生构词法"）和合成构词法。如 readable 是由一个后缀 -able 和一个自由语素组成，属于派生构词法；weekend 是由两个自由语素 week 和 end 组成，属于合成构词法。若把汉字中非成字部件和英语中的黏着语素看作对应的构词部件，我们就可以把英语构词中的派生法和合成法构词分别对应于汉语构词中的成字部件构词和非成字部件构词。换言之，同汉语构字一样，英语构词既可在黏着语素（即词缀和黏着词根，相应于汉语中的非成字部件）之间组合，也可在两个自由语素（即单词，相当于汉语中的成字部件）之间组合。例如，exit 由前缀 ex- 和词根 -it 这两个黏着语素（非成字部件）合并而成，与汉字中非成字部件与成字部件之间的关系类似。英语中每个黏着语素一般都有与其对应的自由语素，如上述 exit 这个单词的语义信息可以通过其对应的自由语素来表述，即 ex- = out, -it = go，那么该单词的字面义为 go out。与此相比，handbook 这个词则由两个自由语素合成。

汉英构词虽有相似之处，但也有明显差异。第一，汉字的构字部件之间允许多样化的空间方位关系，部首之间允许相交。一个汉字可能涉及上、下、左、右等不同二维空间的位置关系，如"井""隶""水""围"等。而英语单词内各语素之间的排序是严格的线序关系，字母之间既不相交，也不能倒置或上下替换。第二，汉字的一些笔画和部件本身虽有义值，但没有音值，如非成字部件"氵"和"艹"等，可见汉字属于表意文字。而英语正好相反，字母本身就有音值，但却基本没有义值，只有语素才有义值，所以属于表音文字。例如，英语单词 panasonic 中的每个字母都有各自的音值，即 pan-（全部）、-son-（声音）和 -ic（形容词后缀）；每个语素的语音也是各字母音值的合成，三个黏着语素虽不能独立使用，但均有各自的义值。即使汉字的笔画和部件没有音值，人们也往往能根据其自身的义值推导出汉字的意思，也能按照其空间形状来称呼它们，这种称呼本身就是对其义值或空间关系的描述，如"一点""一横""一竖"等。有些情况下，汉字结构中各部件之间的上下、左右、包围与被包围等方位关系本身就暗含指称义，如汉字谜语中把"众"理解为"从心"、"泵"理解为"水落石出"等。第三，汉字中的笔画和偏旁之间在构词时既有左右替代，也有上下替代或相互交叉，两者之间具有明显的二维空间特征，这与汉民族上下方向的心理时间相吻合，如上午、下午、上周、下周等。而英语单词内部成分之间从左向右的一维线序方向，这与英语民族的心理时间运行方向一致（Quirk et al.，1985）。由此可见，表意文字和表音文字与人的不同思维习惯有关（江新，2003）。

在英语的几个主要层级结构中，时制短语（tense phrase，TP）和标句词短语（complementizer phrase，CP）通过显性时制标注体现话语时间、事件时间和参照时间之间的不同时间关系，彼此具有高度制约的线序关系。动词短语（verb phrase，VP）被时制次范畴框架所包含，语义上并不受时制或时间关系的制约。但是从语言本体看，语言各层面之间必然具有相似的基因结构，表述时间信息时各层面之间相互蕴含。换言之，显性的时制短语是 VP 扩展投射的结果（Radford，2000）；VP 同样蕴含着 TP 或 CP 的基本结构制约关系。这是因为同质是语法投射的基本属性，也是形态和句法共有的属性特征（Di Sciullo，2005）。例如，walked 这一动词形式从句法上看是由时制 T 和动词两个节点合并而成的（林立红、于善志，2008）；从形态看，该词由 walk 和 -ed 合成，其中 walk 是实词类自由语素，-ed 属于功能性后缀，二者的语音式线序与逻辑式上的词缀域不同，可见如下表述：

walk > -ed（词根＞词缀）
-ed > walk（词缀＞词根）

英语中词缀和词根之间具有严格的非对称形态关系。这种不对称关系既存在于句法也存在于词法（Di Sciullo，2005），被视为语言能力的核心关系要素。在句法层面，它体现为句法节点之间的成分统领关系（Adger，2003）；在词汇层面，它则通过形态对接、特征连接和形态翻转等词法操作对英语单词的语音和形态结构进行线序制约（Di Sciullo，2005；于善志，2014）。例如，walked 便是时制 T 和动词合并后的一个线序形式，当听到 walked 时，因为词缀 -ed 的语音结构和时制 T 具有同标索引关系，所以该词能通过其"语音 – 句法 – 概念"接口把这个索引加入到当前构建的概念结构表征上，形成一个活跃的过去时制的概念表征（Sharwood & Truscott，2014）。词法操作中词缀和词根之间的这种不对称关系在英语形态结构中具有普遍性。如下所示：

read > -able > -ity（词根＞词缀 1 ＞词缀 2）
-ity > -able > read（词缀 2 ＞词缀 1 ＞词根）（于善志，2014）

上方第一行是单词 readability 的语音式线性排序，最右的词缀 -ity 是单词的中心成分，域涵盖了其左边的其他词缀；第二行是该词项的逻辑式词缀域排序。形态结构中，英语词缀属于功能性基元成分，对应句法中的功能性语类，如时制；词根则是词汇性基元成分，对应句法中的词汇性语类，词缀和词根之间在结构上具有严格的层级制约关系。词项推导完成之后，语音式中的后缀决定了单词的词类，也是词项的中心语语素。这至少能给我们两点启示：第一，词法和句法操作虽不尽相同，但英语词汇生成和句法生成中的制约关系是相同的；第二，词法结构中的后缀是词项结构中的功能性中心成分，域包含了词项内部的其他各成分。所以，若形容词后附加一个动词性后缀的语音式，该词项就具有动词词性，如 wide–widen。这表明，后缀在词项合并中具有词类中心语语素的功能，并与其他语素形成不对称的结构关系；这种关系和时制中心语与动词之间的不对称关系相互对应。

传统词汇学研究通常把合成词构词法和派生词构词法区分开来。合成词是指两个自由语素的合成，派生词则是在词干上附加词缀。本质上讲，二者都是通过组合而成的，其不同之处在于：派生词项是词缀和词根（词干）的合并，而合成词则是两个自由语素的合并。在合成词的两个成分中，前者是限定成分，后者是中心语，如 morning train、moon walk 等。不难发现，合成词内部的线序关系跟派生词内部成分一样也受不对称线序关系的制约。词项的中心语语素若是个词缀，那么该词项就是派生词；如果是个自由语素，就可与另一自由语素合成一个"N_1N_2"结构形式的名词性合成词。与派生词中的后缀决定单词词类一样，合成词结构中的中心语也位于复合名词结构的后部。从线序看，限定成分在英语名词结构中是一个前位语素，中心语语素是一个后位语素，二者的线序不能倒置。如下所示：

$[X[Y[Z]]]$—baby cat fish

$*[[[Z]Y]*X]$—* fish cat baby

若名词性合成词仅包含两个词项，那么其表现形式就是：$[N_1 N_2] N$。其中，N_2 是中心语成分或下位词，决定合成词的语类性质以及合成词中上位词的语义。英语合成词 cat fish 作为一个词项还可以与其他名词组合而继续扩展，构成更为复杂的合成词，如 baby cat fish。从理论上讲，合成词可无限递归。我们可以把该合成词与另一合成词 deep sea 继续合并，生成出更复杂的合成词——deep sea baby cat fish。跟句法一样，英语合成词结构必须受右分叉结构关系的制约（Haider，2013）。而上文第二行的表述属于中心语在前的左分叉结构，因此不符合英语构词的词法规则。若限定成分位于中心语名词之后，这就意味着排除了继续递归的可能性，不允许其他限定成分进入或生成新的合成词。这种递归限制不仅解释了英语中为何不允许中心语在前的合成词继续递归的原因，而且也间接说明，英语单词内部成分之间为何不具备离散性和可逆性特征。英语词汇生成具有线序递归特性，属于（X 轴上的）单维线性递归。词汇形态始于两个原子元素（atomic element），该派生形态既是词汇输出，也可作为下次合成词构词操作的材料输入。从语义来看，早期合成词的中心语仍是整个合成词的语义中心，但由于词化结构，有些合成词只能被看作一个单词，或无法再用递归结构进行规则解释，即其最初的复杂词汇结构仅是一个词源属性（etymological property）。从线序来看，有些合成词虽看似由三个词项组成，但仍是按二分叉原则分别由两个词项合并而成，只是这些合成词本身含一个或多个业已词化的合成词。如下所示：

old-age part-time pension [N[[N N] N]]

　　old-age part-time pension 是一个复合合成词的递归结构，是通过把一个名词性成分附加到一个名词性词基上形成的。而被附加的这个名词限定成分本身就是一个合成词（如 part-time）。事实上，该合成词还有很多其他组合可能，可以把任何两个相邻名词组合成一个合成词，如 [[N N][N [N]]]；但合成词递归结构必须保证中心语在后。时制是英语句子结构的一个强制性特征，完善的句法结构必然含有一个 TP，它是 VP 的延伸结构（Radford，2000）。TP 中的时间是一种显性的并已得以体现的时间关系；而英语词层的时间特质表现为一维线序制约关系，是时间关系的一种隐性结构。从词法和句法的映射关系看，英语单词具有时间性特质的形态结构理据；从书写标准看，英语单词中的字母是 X 轴方向上的一维排序，与英语民族从左至右的线序时间思维一致。

　　从上文 4.5.1 和 4.5.2 的讨论可以看出，汉语的构词材料和构词方式与英语存在差异。首先，从构词材料看，如上文所强调的，汉字属于表意文字，其构字部件具有空间象形特征，如从方位关系看，"天在上，地在下，"所以古人称天为"一"，地为"二"，这便是对空间关系的描摹。其他事物位于天地之间，相加则为"三"，表示天、地、人 / 物的整体义或复数义，"四"则象形为"周全"之意。汉字中的笔画或部件大多具有典型的空间或图形特征，如"一"具有水平方向特征；"丨"则具有垂直方位特征。其次，从书写方式和构词方式看，英语单词的构成只有从左至右的单向排序，而汉字的部件之间则具有多种方位关系，如汉语数字"一""二""三"是通过同一笔画在垂直方向的叠加来传递信息的，笔画变化或笔画与其他笔画之间的方位关系都具有表意功能。这种功能源自汉字对其所指的象形描述，如把"日""月"这两个明亮的物体并在一起，就获得了"明"字的象形指称义。对笔画、构词部件较多的汉字来说，其部件之间的方位关系更复杂，如"龍"既可作为独立的汉字，也可作为一个部首。作为一个字，古同"龖"，它由多个构词部件组成，涉及上下左右等不同的方位关系；作为部首，它又可构成一个叠加字"龘"（dá），表示龙腾飞。很多汉字的形意关系是对现实世界中空间位置关系的描摹，如叠加字描摹的是圆锥体这一常规空间结构，如"众""森"等。这类汉字中的三个同形部件之间具有块状性、离散性和可逆性特征。相比之下，英语中没有这种表示上下空间关系的派生单词，字母之间也不具备块状性、离散性和可逆性等空间特征。汉字结构中的这种空间性特征对应汉语的名词堆砌句式，如汉语的叠加字可通过句子形式加以复述："晶"可重述为"一日一日又一日"等。这类改述句实际上是对叠加字结构的复述，三个名词或部件之间不仅具有块状性和离散性的空间特征，而且还具有可逆性特征：三个部件的空间位置可互换。这一特点很大程度上源自物体本身在空间中的块状性和离散性。这类句式在汉语诗词中常称为"一字句"，如"一帆一江一孤舟，一个渔翁一钓钩"等。若撇开韵律，名词之间的顺序在一字句中可相互置换（可逆性）；而名词并置排序的改变意味着讲话人对其所指物体的审视视角及其相对空间位置的变化。由此看来，叠加字的空间位置关系与一字句表示的位置关系相互对应。空间关系必然涉及人们的视角位置，而视角位置又必然与话题、焦点信息等密切相关。所以，汉语中的离散性特征也可以通过话题句中不同成分的自由重组得到体现，而且无须任何形态标记，如"酒好喝、好喝酒、喝好酒、喝酒好"等。空间关系是基于人们对空间中物体位置关系的观察，看到的是一个个事件、实体或动作。同样，在话语理解时，名词并列会激活人们大脑中物体之间的常规位置关系，并把这种空间关系转化为句法结构关系、话题与述题关系、句法焦点或语用焦点等各种语序形式。汉语被看作话题语言（蔡金亭，1998；徐烈炯、刘丹青，1998），某种程度上与其空间性特质有关。在空间关系中，几乎任何人、物、事件都有充当话题的条件，所以汉语句子中的话题几乎可以由任何语类成分充当。叠加字、一字句及汉语的话题化特征都不同程度地体现了汉语的块状性、离散性和可逆性，具有明显的强空间思维特性。

　　汉语的构字部件之间具有二维关系。汉字中各部件之间具有相离、相交、相切等不同的空间方位关系。这种关系可以通过横向和纵向两个坐标维度来表示，分别表述为 X 轴和 Y 轴：X 表示水平线上的横轴；Y 表示垂直线上的纵轴。文字生成若仅受制于 X 轴上的一维制约，该文字可被看作一维合成文字，如英语。文字合成若涉及 X、Y 两个方向轴，那么该文字就具备二维结构特性。因此，英文单词只有 X 轴方向上的一维制约，而汉字牵涉 X、Y 两个轴上的排列组合，属于二维空间制约文字。这种二维特性也可从汉字的书写顺序体现出来，汉字笔画之间可以从左到右，如"川"；可以从上到下，如"三"；也可以上下左右混合，如"开"（先从上到下写两横，再从左到右写撇和竖）；还可以从中间开始，如"水"等。与英语单词相比，汉字明显受二维空间关系的制约。象形、指事、会意、形声等造字法都不同程度地保留着空间图形性质。如前文所提及的，《说文解字·序》中有"象形者，画成其物，随体诘诎，日月是也"这样的表述，象形构词中把字形摹写成实物或其典型特征的形状，如"马""鱼"等。对中国古人来说，若象形造字难以区分事物之间的特征，便可以借助其他方式造出新字：通过点、画等象征性符号表示特定的意义（即指事造字法），如上文所举的例子，"本"是在"木"字下方加一短画，表示树木的下端；或者把两个构字部件按一定的空间关系合并起来（会意造字法），表示一个新字义，如把"人"和"戈"合并生成了"戍"，表示"守边"；用"刀"把"牛"和"角"进行左右横向相离合成，并把子部件进行上下垂直合成，就造出了"解"字，表示"分开"。此外，人们还借助部件中的声符和义符造字（形声），如把形符（义符）"鱼"（象形字，表示鱼类）和声符结合起来造字来区分"鲤""鲮"等不同鱼类。汉语中有许多形声字，其部件组合方式涉及上下、左右、里外等不同方位关系，如"江""河"属于左形右声字；"锦""刊"属于左声右形字；"草""房"属于上形下声字；"想""袈"属于上声下形字；"街""衷"属于外形内声字；"闻""衡"属于外声内形字等。

此外，转注字和假借字虽属于"用字法"范畴，但其结构本身也如前四类构造字或部件具有空间特征意义，如"考"与"老"（表示"长者"）、"颠"与"顶"（表示"头顶"）等彼此有相同的构字部件，而且该部件与其他部件之间的位置关系相同。转注字"形"与"义"密合无间，人们视其形即知其义。假借字中有形借和义借之分，如借"汤"为"荡"。由于汉字本身的空间结构特性，假借字中各部件之间自然有各种不同的方位关系。可见，无论何种类型的汉字或部件，均具有二维合成的共性特征。部件之间不仅可有"上下""左右"之间的相离、相切、相交等位置关系，也有包含与被包含的二维空间关系。从汉字的空间结构和部首义出发，往往可推出其字面义，如"返"字由"辶"和"反"合成，"反"既和部件"辶"（"辵"）会意，也兼具声旁特点。所以，许多汉字均具有见其形而知其义的特点，而这一特点诚然源自汉字表意象形的空间关系特征。有了这一特征，人们便可以利用部件之间的结构关系对汉字结构进行扩展解读，或进行汉字的谜面编码；这类编码大多根据汉字各部件的结构位置和其义值联想而来。例如，"腾"字的主要部件属于象形造字，我们可以把该字编码为一个场景或故事，如"头戴两朵花，二人（夫妇）回娘家，住了一月整，骑马回老家"。其中，两个人为"夫"，"马"是个象形字，头上（顶端）撇捺表示两朵花。

Ajami（2015）曾将语言比喻成由各种基因组成的生物体。他认为，如同存在各种不同的生物基因，语言基因也各有不同。举凡语言，均取决于其基因，最终形成一集集的遗传信息。英语和汉语在文字特点、构词词源和构词方式均存在显著差异，英语是借源的表音文字，词源主要源于原始印欧语的动性词根，构词方式表现为语素之间的一维线序制约关系；汉语是自源的表意文字，汉字内部主要以名性部件为基础，各部件之间具有相离、相交、相切等二维空间关系。从语言基因视角透视，英汉语文字的不同必然会影响各自的语言表征方式的差异，英语具有强时间性特质和汉语具有强空间性特质可见一斑。

第 5 章
词汇学新发展研究方法

5.1 定性与定量的研究方法

定性方法（qualitative method）和定量方法（quantitative method）是语言研究中常用的研究方法。定性研究关注语言结构和形式，通过发现问题、分析问题和解决问题的研究思路，力图探究语言运行的本质和规律，而定量研究关注某个特定语言现象或特征的数量，通过获取真实数据的形式来判断特定语言可能存在的特征。例如，利用隐喻和转喻等认知机制探讨动词"吃"的多义性问题，就是一种定性的研究方法；而通过特定语料库穷尽性地收集英语进入汉语词汇的数量，再按照年份对其数量进行统计分析，从而得出英语对汉语词汇系统影响越来越大的结论，这是一种定量的研究方法。定性方法和定量方法还存在一个根本差异，那就是定性研究的本质是归纳式的（inductive），理论源自研究结果，是一个从数据到理论的过程；与之相反，定量研究是演绎式的（deductive），根据已知的理论提出假设，之后通过实证调查来证明或推翻该假设（邵斌，2019）。

5.1.1 定性研究

关于词汇学的定性研究，王文斌和邬菊艳（2020：308）曾提出："纵观词汇语义学的理论演进洪流，大致可以概括为三组关键词：第一组是语义、概念和意义；第二组是成分分析论和语境论；第三组是静态表征和动态构建。这三组关键词之间又以相互重合、相互交叉的方式螺旋式发展前进。"具体而言，结构主义语义学时期的词汇语义研究固囿于语言语义范畴，采用语义成分分析和静态表征的描写方法；现代认知语义学的词汇语义研究更侧重概念和意义范畴，坚持语境化的词汇语义动态构建观；而生成语义学的词汇语义研究方法居于两者之间，一方面强调词汇语义和概念的结合以及语境对词汇语义的重要性，但同时无法完全摆脱结构主义时期的语义成分分析论以及静态描写方法的禁锢。本书重点探讨近十年间词汇学的研究状况，与词汇语义学研究发展路径有相同之处，也有所不同。其相同之处在于，近十年词汇学研究发展的重点为词汇的语义研究，即词汇语义学的研究，因此笼统地讲，词汇学研究的侧重点在于利用认知语义机制考察实际语境使用中词汇意义的动态构建过程。其不同之处在于，认知语言学的研究方法在秉持原初的"认知"基础上，逐渐向"社会"和"定量"的多元化和实证研究的方法论趋势转变，与之相随的词汇学研究方向也向社会文化和实证研究方法发展。因此，词汇学研究在近十年的发展主要沿着两条路径。一是词汇语义的研究更加注重基于语言使用的研究路径。在突破了结构主义语言学关于语言是一个自治的封闭系统这一观点之后，词汇义的研究不再执泥于语言内部的语义关系和语义分析，而是结合语境因素，尤其注重语境因素中的认知思维、语境文化和语用因素。结合认知思维因素，发展出认知隐转喻机制、图形与背景机制、语言与情境模拟的心理机制等多义发展和意义构建模式；结合语境文化因素，从自然语义元语言理论和认知文化语言学视角探讨词义问题的研究日益得到重视；结合语用因素，发展出词汇语用学和词汇构式语用学的词义释解方式。二是词汇学更加注重类型学的研究路径。词汇类型学是语言类型学和词汇学相结合的一个较新的研究领域，其研究的主要目的是揭示人类不同语言词汇系统之间的差异，以及差异所受的严格制约及背后的系统性问题。

尤其值得关注的是，近年来随着英汉对比语言学理论的快速发展和研究方法的日益更新，英汉词汇对比的研究也迎来了全新的发展时期。例如，张维友（2010）以前所未有的宽广视野对英汉词汇多个层面进行有机统一的研究，包括英汉语"词汇结构系统特征对比""形态结构对比""词汇意义对比""习语对比"四个部分。首先，该专著体例完备、内容覆盖面广，英汉词汇对比的方方面面在其中都有所涉及；其次，该专著系统性强、分类清晰，各个章节各司其职、条分缕析（邵斌，2019）。如果说该专著仍主要以结构主义语言学为理论主导，较少涉及其他语言学理论对词汇的解释，那么邵斌（2019）就更关注现代语言学理论对英汉词汇学的影响。该专著在第六章"语言学理论视角下的英汉词汇对比"中专述三节"结构语言学视角下的英汉词汇对比""生成语言学视角下的英汉词汇对比""认知语言学视角下的英汉词汇对比"，其中"认知语言学视角"侧重阐述范畴化和原型范畴理论，以及基于使用的模型和图式化理论视角。王文斌（2019）在第四章"英语的词构与汉语的词构"中，也专述了英汉语在文字特点、构词材料、构词方式以及构词词源方面具有强时间性与强空间性的差异特征。国内的语言学界向来有汉语语言学和外国语言学之分，即所谓"两张皮"现象，相关学者早就指出此种分野不仅毫无必要，而且有损学科发展。而近十年来随着词汇类型学和英汉词汇对比研究的发展，"两张皮"的情况得到了较为有效的改善。

5.1.2　定量研究

在大数据时代，每天都在产生各种数据，其中词汇是相对容易计算的语言层面，故定量方法在词汇研究中使用得越来越频繁。定量演绎过程往往始于一个假设或理论，该假设或理论通常根据前人研究结果，其研究目的是证实或证伪。根据假设或理论来设计研究方法，并利用定量方法获取并分析数据，从而得出结论，因此，定量方法是一套通过衡量现实情况而得出结论的工具。

首先介绍语料库研究方法中的定量研究。例如，在词汇语义研究中，同义词的区分常常是一个难点，而语料库语言学利用 Firth（1957）提出的"由词之结伴可知其义",即通过词语使用语境中的意义来把握词语语义的思路,通过计算这些词与其周围的词之间的搭配强度可以很好地解决这一难题。如英语中的 rather、quite、fairly 和 pretty 是同义副词,通常与形容词搭配使用,是形容词前的程度修饰语,学习者很难分辨其语义。但是,Desagulier(2014)通过计算这四个词在语料库中与其后形容词之间的搭配强度,即搭配构式强度(collostruction strength)的不同(见表 5-1),清晰地辨别了它们的语义和用法。

表 5-1　COCA 语料库中 rather、quite、fairly 和 pretty 的形容词搭配强度前十排序(Desagulier,2014：159)

rather		quite		fairly		pretty	
adjective	collostruction strength	adjective	collostruction strength	adjective	collostruction strength	adjective	collostruction strength
large	1025.19	different	15082.43	easy	2686.55	good	61820.34
different	709.26	sure	8231.32	common	2078.88	sure	8148.39
unusual	705.49	clear	4923.96	simple	1883.49	clear	4764.46
small	521.34	possible	2216.18	large	1751.18	bad	4734.36
difficult	480.6	similar	1614.27	good	1523.3	tough	3635.13
odd	436.5	good	1482.02	straight-forward	1433.43	cool	3628.34
remarkable	415.88	ready	1480.81	certain	1326.03	amazing	2848.64
limited	413.37	simple	1357.46	typical	1315.09	big	2604.22
vague	400.68	remarkable	1297.76	high	1250.31	close	2531.19
strange	384.69	common	1259.48	consistent	1112.44	strong	2139.59

　　根据表 5-1 中显著搭配的统计数据,我们可以对这组同义词的语义差异进行辨析。不难发现,rather 的搭配词有以下含义:容积(large、small、limited)、非典型性(unusual、odd、vague、strange、remarkable)、差异性(different)、难度(difficult);quite 的搭配词有以下含义:异同性(different、similar)、可能情态(sure、possible)、动态情态(ready)、正面评价(good、clear)、典型性或非典型性(common、

remarkable）、简单性（simple）；fairly 的搭配词有以下含义：简单性
（easy、simple、straightforward）、典型性（common、typical、consistent）、
空间性（large、high）、正面评价（good）、可能情态（certain）；pretty
的搭配词有以下含义：正面或负面评价（good、bad、cool、amazing、
clear、strong）、难度（tough）、容积（big）、空间距离（close）、可能
情态（sure）（王文斌、邵斌，2018）。可见，这四个副词在很多含义上
具有共通性，这也是它们成为同义词的语义基础，但同时呈现出特质性，
如 rather 与非典型性特质形容词搭配构成 rather strange，quite 与正面
评价特质形容词搭配构成 quite good，fairly 与典型性特质形容词搭配构
成 fairly typical，pretty 则与负面评价特质形容词搭配构成 pretty bad。
再举一例，2008 年国际奥委会主席罗格曾用 truly exceptional 来评价北
京奥运会的顺利举办，官方汉语翻译为"无与伦比的"，这一译法引发
不同意见。陈新仁（2012）借助语料库搜索 unique 和 exceptional 修饰
的名词情况，考察了它们作为前置定语修饰的前四十个常用搭配名词情
况（不包含重复使用），并对 unique 和 exceptional 修饰名词的语义韵
进行分析，发现两者都表达了"独特的""独一无二的"的语义。但是，
unique 与表示积极概念的名词搭配的情况占比是 10%，与表示中性概
念的名词搭配的占比是 85%；而 exceptional 与表示积极概念的名词搭
配的情况占比是 40%，与表示中性概念的名词搭配的占比是 57.5%。可
见，虽然 unique 和 exceptional 都经常修饰中性词，均带有中性语义
韵，但是 exceptional 相对更加频繁地带有积极的语义韵，更多地传达
了"卓越的""优质的"等含义。进一步检索 BNC 语料库的数据还显示，
exceptional 比 unique 更经常出现在广告、宣传用语中，从所在语句中
可以发现说话人（如广告商、店主）常常利用 exceptional 传达某种特
别出色的品质，因此，该词在语义强度上大大超过 unique，相当于"异
常卓越的"。同时，truly exceptional 中的 truly 也带有积极语义韵，其
作用是强化正面评价，因此 truly exceptional 和汉语"无与伦比的"在
语义韵方面较为契合，两者可视为较为对等的词语，该译法从总体上
看是合适的。又如 Begagić（2013）从 COCA 语料库的"报纸语类"和

"学术语类"中分别任意选取 50 例 make sense 的用例，结果得到的语义韵及语义偏好对比数据如表 5-2 所示。表格数据显示，make sense 在报纸语类中用在否定环境中最多，其次是难度环境；而 make sense 在学术语类中用在中性环境最多，其次才是难度环境和否定环境。可见，通过定量研究方法可以清晰判定语义韵和语域是息息相关的。

表 5-2　COCA 语料库中 make sense 的语义韵及语义偏好对比
（Begagić，2013：409）

语料类型	make sense 表示以下语义韵的用例数量（个）				
	Negative	Difficult	Positive	Possible	Neutral
Newspaper	20	14	4	6	6
Academic	10	13	5	4	18
总计	30	27	9	10	24

接下来介绍词汇类型学领域中的定量研究。语法类型学的语言样本通常覆盖 200 至 400 种，并且要求语言的亲属关系和地域性之间达到一个平衡（Bybee et al.，1994），即在发生学上关系密切的语言不能都作为考察样本，以免它们之间的相似性影响研究结果的准确性。而词汇类型学的样本范围则相对要少得多，这是因为：一方面研究者不可能同时掌握如此多的语言，所依赖的各种语言词典又往往不充足，所以主要依靠田野调查，但调查周期相对较长，因此要覆盖上百种语言并不现实；另一方面，词汇本身不像语法那么有规律，数量相对更多，复杂程度相对更高，因此一般词汇类型学的语言样本在十几种到几十种之间，而由十几种语言组成的样本已足以展现特定词汇范畴的总体面貌（Haspelmath，2003）。词汇类型学研究的主要研究方法是让母语者观看视频，对他们进行感官刺激，并收集他们的语言反应，最后对收集到的真实语料进行分类考察。德国马普研究院（Max-Plank Institute）的语言与认知小组使用了包括许多非洲土著语言在内的语言样本，展开词汇概念域的跨语言研究，如"切割和破坏事件"（Majid et al.，2007；Majid et al.，2008）、"放与取类动词"（Kopecka & Narasimhan，2012）

等。例如，Majid et al.（2008）考察的"切割和破坏事件"的项目中，为 28 种语言的母语者呈现了 60 多部短视频作为视觉刺激，视频内容包括用双手撕抹布、以小腿为支撑点用手折断一根木棍、用小刀把胡萝卜切成数块、用剪刀把一条绳子剪成数段等。观看视频的母语者根据直觉反应，选用自己母语中一个适当的动词或动词短语来表达视频中特定情景的特定动作，研究者则对这些实验结果采用多变量数据分析方法，试图发现何样的动作可以用同一个动词或动词短语指称，以及何样的动作需要选择不同的动词或动词短语指称。研究结果发现，破坏"分裂点的可预测性"（the predictability of the location of separation）是区分切割和破坏动词的首要，同时也是最重要的语义特征。这些分裂点的可预测性分为三个不同等级：一是高预测性，如用小刀切胡萝卜，由于胡萝卜比较嫩脆，刀使力的地方基本就是分裂点；二是中等预测性，如用斧子砍树枝，对斧子的控制能力会决定接触到树枝的点，其分裂点相对具有一定难度的预测性；三是低预测性，如盘子摔碎在地板上，此时分裂点基本不可预测。若将分裂点从高到低的可预测性程度看成是一个连续统，那么位于该连续统两端的情形不能用一个动词来表示，而离得比较近的有可能用一个动词来表示（Majid et al.，2008）。该类研究相比于早期的词汇类型学研究，在概念域的选取范围、语言样本的多样化以及数据收集与处理的方法上都有显著发展。然而，这类研究并非完美无瑕，其反映出的普遍问题在于：重概念而轻语言，即重点考察了概念的普遍性，而往往忽略了词在语言中的各种用法特点（Rakhilina & Kholkina，2018）。

5.1.3　定性与定量相结合

定量研究可以为研究项目提供具体实证数据的支持，而定性研究则深入探究数据背后的缘由和来龙去脉，两者相互补充和印证，因此在实际的语言词汇研究中，定性和定量的方法常常结合使用。例如，王文斌和刘庚（2020）为了考察英语名词的印欧语词源特征及其成因，将定量和定性两种方法结合起来使用，即首先对调查样本《通用英语词表》中的英语名词进行词源统计，发现大多数英语名词源自原始印欧语动性词根，然后借助认知语法讨论的侧显化认知机制，检视英语名词与对应的原始印欧语动性词根之间的语义关系及其认知基础。具体而言，他们选取了《通用英语词表》中的 1,892 个词项作为调查样本，对这些词进行词性标注，筛选出 1,212 个具有名词词性的词项，之后依据"在线英语词源词典"，进一步筛选出具有原始印欧语词根记录的名词 915 个，而在这 915 个名词中源于印欧语动性词根的有 711 个，占比为 77.7%。从这些数据显然可以得出结论：英语中大多数名词，即便是普通高频使用的名词，其原始印欧语的词根也是动性的，如 arm 的原始印欧语词根的本义是 to fit together，而 gold 的原始印欧语词根的本义为 to shine。简言之，英语中"名源于动"的说法得到了切实数据的定量研究方法的论证。若要进一步追问，这些英语名词和与其对应的原始印欧语动性词根之间存在何种语义关系？这种语义关系存在何种认知基础？英语中"名源于动"的现象反映了英语民族怎样的概念化和思维方式？通过定性的理论思辨论证发现，英语名词的语义结构以原始印欧语动性词根义表示的行为动作及其激活的事件框架作为概念基体，不同名词语义的产生是事件框架中不同事件要素得到侧显化的结果。同时，英语把动词词根作为名词构词的根基，反映了英语民族对世界的经验和观察倚重于行为动作过程，注重行为动作便是注重时间性，因此人们可从英语名词的词源角度进一步证明英语具有强时间性特质（王文斌，2013，2019；王文斌、刘庚，2020）。

5.2　语料库研究方法

随着计算机科学的发展，语料库的兴建带动了基于语料库的语言研究，语料库语言学已成为语言学领域一个新的研究热点。传统的词汇学研究主要依靠语言学家的"直觉"和"内省"，基于脱离语境的语言材料和语言数据，注重从理论到理论的严密推导和论证，其弊端显而易见：一来有些推导和论证在语言实际使用中并不一定站得住脚；二来即使暂时貌似符合当前的语言实际使用，但若放置于更广泛的语言使用范围内，就可能会产生悖论。同时，词汇学研究，尤其在词汇语义学研究中，存在诸多内省法难于解决的难题。例如，动词语义与所在构式之间的互动性问题，多义词、同义词和反义词之间的语义关联性问题，一直是词汇语义学界难解的困惑。随着认知语言学在研究方法上的"实证转向"（empirical turn）（Geeraerts，2006：44），"语料库研究方法逐渐成为词汇学研究领域使用最为频繁的方法之一"（Gries，2010：323）。

5.2.1　基于语料库的研究方法

一般认为，不同于其他基于语言某个层面的特定研究，语料库语言学是一种语言学研究的方法论，聚焦语言研究的一系列过程和方法，即"基于语料库的"（corpus-based）研究。这种研究方法通常是自上而下演绎式的，以语言研究的当前文献中已提出的理论或假设为起点，运用数据对某个理论或假设加以数据的说明、反驳或重新定义。这种方法的结果往往受制于既有理论或假设的范围，研究者发现的往往是他们试图发现的。此类研究容易忽视语料库中的其他情况，因此有时很难获得突破性的结论。

但是，不同的语料库语言学家之间也有分歧。Tognin-Bonelli（2001：65，85）提出"语料库驱动的"（corpus-driven）研究范式，认为该范式以语料库数据为起点，自下而上归纳式地依凭具体数据对语言中的各类现象进行全新的界定和描述。语言学家认为语料库本身就是语言本质的知识源泉，通过处理语料库数据，有些单凭内省法无法获得的结论就会得以呈现。但是，这种方法有其自身缺陷：一是这种自下而上的研究法并没有突破数据观察和现象描写的层面，可能仅仅满足于定量分析，较难上升到解释层面；二是要从数据中总结出理论解释并非易事，面对数据海洋，分析者容易见树不见林（邵斌，2015）。这种研究方法也被称为新弗斯学派（Neo-Firthian）将语料库作为理论（corpus-as-theory）的研究。

由以上可知，"基于语料库的"和"语料库驱动的"研究方法都有其优势和不足。前者虽能展现宽广的理论视野，但未能合理处理大量的数据，故其理论的解释力度会大打折扣；后者虽能满足数据的完整性，但多局限于定量的观察，而常缺乏理论深度。但是，"自上而下的语法学家往下探索语言，而自下而上的实证研究者往上探索语言，他们最终会在路途交汇"（Gilquin，2010：10），因此 McEnery & Hardie（2012）认为，将语料库本身看成是一种理论的观点是不合适的，也就没有理由将语料库语言学研究进行两分法，就这一意义而言，几乎所有的语料库语言学研究都是"基于语料库的"。可见，"基于语料库的"研究方法强调语料库验证和理论假设之间的平衡和互动关系。上文在定量研究中更多地介绍了利用语料库的数据对理论假设的验证方法，下文将集中探讨自下而上归纳式的语料库驱动的研究方法。目前，在词汇学研究领域有两种比较常见的语料库驱动的研究方法：构式搭配分析法（collostructional analysis）和行为特征分析法（behavioral profile analysis）。

5.2.2 构式搭配分析法

为了实证检验动词与构式之间的语义互动关系，Stefanowitsch & Gries（2003）在认知语言学构式语法的框架下，对语料库语言学的搭配分析法进行了革新，提出了一种新的概率统计方法——构式搭配分析法。其中，collostructional 的名词词基 collostruction 是由 collocation（搭配）和 construction（构式）两个词混合而成的。搭配是指语料库语境中线性层面的词与词之间的优先组合；构式是指构式语法意义上的形式和意义的基本配对；构式搭配则是指将词汇共现的量化分析与语法－语义结构相结合，探究词与构式之间的互动关系。更具体地说，构式搭配法将语料库中某词位的频率、构式频率以及它们的共现频率输入列联表，通过构式搭配分析软件在 R 语言环境下进行运算，然后通过费舍尔精确检验（Fisher exact test）获得构式搭配强度（collostructioanl strength）或关联程度（degree of association）。若强度值大于 3，则 P 值小于 0.001，即词与构式之间为显著搭配。动词与构式的搭配强度越强，该动词的原型性则越强，多构式表征的原型语义贡献就越大（邵斌等，2017）。田臻（2012）采用构式搭配分析法，对汉语存在构式与各类动词之间的关联强度进行计算。通过统计和分析发现，对静态场景的描写是存在构式的主要功能，而各类动词与汉语存在构式的语义关联存在差异，即除原型动词以外，置放动词、构型动词、成事动词等与该构式具有较强的关联，相对而言动态动词的关联度较低。存在构式的原型语义为"事物以特定方式静止分布于某地"，而不同动词与存在构式搭配强度的差异往往受到动词事件语义中外力、处所和客体角色认知显著度的影响。田臻等（2015）同样采用构式搭配分析法，计算出英语 there 构式与汉语"V 着"构式与动词之间的关联度，考察两者在动词语义分布、构式中心语义及描述事件的特征等方面是否存在差异。汉语"V 着"构式能产性高，但语义相对集中，描述的事件范围较窄；两构式与动词关联度的排序反映了两者的中心语义差异及事件表达规律；英语 there 构式对描述的事件既可采用"近景化识解"，也可采用"远景化识解"，而汉语"V 着"构式的识解方式仅限于前者；动词与构式的语义相容程度可在"状态—事件""客观—主观"和"整体—部分"三个维度上进行分析。

　　构式搭配分析法自 2003 年提出以后，针对不同的研究目的进一步拓展为共现词素分析法（collexeme analysis）（Stefanowitsch & Gries，2003）、多项显著共现词素分析法（multiple distinctive collexeme analysis）（Gries & Stefanowitsch，2004a）和共变共现词素分析法（covarying collexeme analysis）（Gries & Stefanowitsch，2004b），后两种均由第一种方法发展而来。Stefanowitsch & Gries（2003）在研究中发现，传统的主题词搭配研究法无法满足对构式义的深度挖掘，存在的问题主要有二：第一，在搭配词列表的频数中很可能包括不满足要求的索引行，从而影响统计结果的准确性；第二，利用观察频数来进行显著性计算可能过于粗略。如果两个不同搭配词的观察频数一致，则无从考察哪一个搭配词与该构式的关联强度更大。因此，Stefanowitsch & Gries（2003）提出，首先运用自动检索与人工剔除相结合的方法提取出语料库中所有符合要求的目标构式，并归纳列出空槽位出现的所有共现词素（collexeme），之后利用费舍尔精确检验的交叉表计算出每一个共现词素与该构式的显著性 P 值。费舍尔精确检验对数据分布的正态性与样本量的大小没有限制，因此按照这种方法计算得出的显著性 P 值的准确度要高于 z-score、t-score、Chi-score 等方法得出的值（胡健、张佳易，2012）。以构式 [N waiting to happen] 中 N 槽位的共现词素 accident 为例。首先从 BNC 语料库中可以直接统计出四个频数：accident 在该构式中的出现频率 a、accident 在所有构式中出现的总频数 X、该构式出现的总频数 M，以及所有构式出现的总频数 W；之后把这四个频数输入 R 软件的交叉表中进行费舍尔精确检验，即可得出共现词素 accident 与 [N waiting to happen] 构式的构式搭配强度，即 P 值，具体见表 5–3。

表 5–3　共现词素 accident 与 [N waiting to happen] 构式的交叉表
（胡健、张佳易，2012：63）

	accident	非 accident	每行总频数
[N waiting to happen]	a	c	a + c = M
非 [N waiting to happen]	b	d	b + d = N
每列总频数	a+b=X	c+d=Y	W=X+Y=M+N

对于每一个出现在该构式的名词共现词素，均计算出它们与构式的搭配强度，并按强度高低进行排列，可得到表 5–4。从表 5–4 中可以清楚看到，[N waiting to happen] 构式吸引的主要是带有消极语义韵的共现词素，如 accident、disaster、earthquake、invasion 等，由此可得出该构式具有"会发生一些不好的事情"的含义。

表 5-4　[N waiting to happen] 构式的共现词素表
（Stefanowitsch & Gries，2003：219）

共现词素（频数）	构式搭配强度
accident（14）	2.12E–34
disaster（12）	1.36E–33
welkom（1）	4.46E–05
earthquake（1）	2.46E–03
invasion（1）	7.10E–03
recovery（1）	1.32E–02
revolution（1）	1.68E–02

　　Gries & Stefanowitsch（2004a）在进一步的研究中发现，构式搭配分析法可以为英语中的语法转换（grammatical alternation）现象的研究开辟新视角。多项显著共现词素分析法与共现词素分析法的统计原理相同，依然利用费舍尔精确检验的交叉表来计算显著性 P 值，但是共现词素分析法侧重研究某一构式中某一槽位的搭配构式，用于检测特定构式中某个词素与某个槽位之间的吸引 / 排斥程度，而多项显著共现词素分析法主要通过测量某个词素与两个或多个构式之间的搭配强度，考察两个或多个看似同义的"可替换对"的构式意义差别，即通过分析两个或两个以上意义相似构式的某一谓词槽位与这两个或多个构式的构式搭配强度，发现相似构式间构式意义的微妙区别。而互为变化的共现词素分析法实质上是比较互为关联的两个槽位中词素之间的搭配构式强度，即必须确定相对于出现在槽位之一的每个单词，在另一槽位中到底有哪些单词与前者共现的概率显著高于预期值。简言之，互为变化的共现词素分析法是通过比较某个构式中两个或多个槽位的共现词素互为变化的语义倾向，探究构式的意义（胡健、张佳易，2012）。邵斌等（2017）以英语中的"强化词 + 形容词"这一构式入手，在 COCA 中收集到六个近义构式强化词（absolutely、completely、entirely、perfectly、totally 和 utterly），通过共现词素分析法对形容词与"强化词 + adj."构式的

关联强度进行计算，并经聚类分析对强化词进行重新归类，又借助"多项特异共现词位分析"找出它们的特异共现形容词，再经对应分析，归纳并呈现出六个极强词的差异性。

5.2.3　行为特征分析法

"行为特征"这个概念最早由 Hanks（1996）提出，他在研究动词 urge、incite、bother、abandon 时主张用这一概念来描述这些动词的分布型式（distributional pattern），而这种主张始源于 Firth（1957：11）的著名论断："由词之结伴而知其义。"Harris（1970：758）也曾提出："如果词素 A 和 B 的语义差别比 A 和 C 之间的大，那么 A 和 B 的分布频率的差别也会比 A 和 C 的大一些。换言之，词汇意义的区别跟分布特征紧密关联"（转引自吴淑琼、刘迪麟，2020）。此后，Sinclair（1987，2004）提倡使用语料库实证方法来建立词汇意义与其使用模式之间的紧密关系，众多语料库驱动的词汇研究也表明词汇意义在很大程度上取决于词汇的搭配和其他的分布型式（Hoey，2005；Sinclair，2004；Stubbs，2001）。Gries（1999，2003，2010）则将多元统计方法运用到词汇行为特征分析，并对词汇特征方法做了较为详细的描述和归纳。简言之，行为特征分析法就是通过对真实语料中使用样例的形态、句法、语义、语用等各个层面的特征进行标注，之后借助统计方法，通过量化的手段考察词的语义结构和使用模式。行为特征分析法包含四个步骤：第一步，从语料库里检索出一个词条的所有用例；第二步，对检索到的语言用例进行人工分析，标注词目索引里的词的每一类特征，这些词的特征叫作标识码（ID tag），包括形态、句法、语义、语用以及语言之外的社会文化和社会语境等多方面因素，而具体特征的选择主要取决于研究问题或研究的理论和假设；第三步，将第二步中的特征信息转化成一个共现频率表，每一个标识码内各个层级频率的总和应该相同，同时对不同频率进行对比分析，绝对频率需要转换为相对频率；第四步，运用统计方法进行多因素分析，即运用聚类分析、回归分析、多维尺度分析等多元统计方法对共现频率进行量化统计，并借助可视化技术将数据结构中的差异直观形象地展示出来，用以揭示变量之间的细微差异。可见，前三步是对数据进行加工，第四步则是对数据进行评价（吴淑琼、刘迪麟，2020）。

　　行为特征分析法能够揭示词语的内部语义结构和使用模式，辨析词语之间的用法差异，因此该方法被广泛运用于词义关系的研究，展现出较强的解释力。例如，Berez & Gries（2009）运用行为特征分析法探讨了英语动词 get 的 26 个语义，并运用层次聚类分析展现了其各个语义的相似性和差异性；又如，Liu（2010，2013）和 Liu & Espino（2012）对同义形容词、同义副词和同义名词的语义和用法差异的研究，吴淑琼等（2021）对汉语"确认"类同义副词辨析的量化研究，以及吴淑琼、刘迪麟、冉苒（2021）对心理动词"想"的多义性的研究，均采用了行为特征分析的研究方法。下文以吴淑琼、刘迪麟、刘青（2021）对"确认"类同义副词"的确""确实""实在""着实"的用法模式的研究为例，展示该分析方法的具体操作程序。

　　"的确""确实""实在""着实"表示对前述情况或事实做出肯定或确认的答复，被称作"确认类评注副词"（姚双云、姚小鹏，2011：55），这四个词作为副词时语义非常相似，属于同义副词。目前大部分词典和工具书都没有清晰地呈现出四者的语义差异，学习者难以厘清其内部结构的细微差异，在使用过程中难免出现误用。吴淑琼等（2021）利用北京大学现代汉语语料库，在语料库中以索引的形式检索目标词"的确""确实""实在""着实"，下载所有的语例，从中随机抽取四个目标词各 3,000 条语料，经人工筛选，最后确定每词各 1,000 条语例成为目标词，并对它们的句法功能、形态特征、与动词和形容词等的搭配功能、句法位置等属性和特征进行人工标注和分析。运用 Gries 的行为特征分析法在 R 语言软件中，首先将标注好的数据统计汇总转换成一个共现表，表中呈现了每个变量特征与每一个目标词共现的相对频率，之后采用层次聚类分析（hierarchical agglomerative cluster）和对应分析

（correspondence analysis）对这些副词的行为特征矢量进行量化分析。层次聚类分析可以揭示组员之间的总体相似性和差异性，但无法呈现导致这种异同的具体特征（Glynn，2014）；对应分析可以显示变量之间的关联性，即变量的哪些特征可以共现，旨在帮助理解语言使用和语言结构不同层面之间的互动关联（Glynn，2014）。进行该研究时，吴淑琼等（2021）先采用聚类分析探讨四个副词之间的相似性以及类与类之间的差异性，再运用对应分析考察各个标识码层级与这四个副词之间的相互关系或趋近度，这种两者相结合的研究方法可以细化这组同义词在使用特征和用法模式上的差异。研究结果显示，"的确"与"确认"在多数情况下可以互换使用，两者语义相似性最大；"实在"与"的确""确实"之间的相似性比"着实"小；而"着实"与组内其他三者的语义相似性最小。具体而言，这四个词均可对客观事实或主观情况的真实性表示确认及肯定，但"的确""确实"更加强调对前述命题的再度肯定之意，其后常跟客观类动词短语，也常用于句首强调说话人的个人的立场态度；"实在"更加强调说话人的主观情感以及深思熟虑后的最终确认，位置比较固定，所在小句主语多为人称代词或指示代词；"着实"后常跟双音节形容词或动词短语，既强调事实真实性，也具有明显的程度高之意（吴淑琼等，2021）。

5.3 实验研究方法

5.3.1 ERP 实验法

正常情况下，大脑工作时神经细胞中的离子运动会产生电流，因此生物体内部的神经信息传递是以神经的突触后放电形式运作的，这通过在头皮上放置电极就可以测得，即脑电（electroencephalography，EEG）。当人受到某种刺激时，就会在原有脑电的基础上产生新的脑电，这种脑电电位的变化是与相关事件的发生或撤销同步，称为"事件相关电位"（event-related potential，ERP）。ERP 技术的最显著特点是时间分辨率极高，可以达到毫秒级的精度，能展现大脑在刺激产生后数毫秒单位内神经活动的细微生理变化，既可以测量大脑对某一事件的快速加工，又可以观察不同时段的脑电加工情况。此外，ERP 成分的表现维度相当丰富，可以从极性（表示电位正负）、潜伏期（反映大脑神经活动和加工过程的速度与时间评价）、波幅／峰值（反映神经活动兴奋度）、头皮位置分布（认知加工区域定位与溯源）等多方面对心理活动进行整体描述（范琪，2014）。而语言的本质是一种持续的信息流，对于语言的理解，个体要在几乎瞬间且无意识的状态下将这种持续的信息流分解为相对独立但有序、有意义的语音、语义和语法等语言结构成分，随即这些复杂成分又会立刻被整合成为一种单一的、意义确定的解释。ERP的毫秒级时间分辨率优势以及多维度的成分分析特点，在综合考虑时空分辨率因素以及记录指标维度的基础上（范琪，2014），ERP 因其综合性优势广泛用于语言加工的研究。

陈士法和刘晴晴等（2015）、陈士法和刘佳等（2015）、陈士法和杨连瑞等（2015）、陈士法等（2020）利用 ERP 技术研究英汉心理词典中英语单词再认模式、英语派生词和屈折词的表征模式、英汉双语词汇的词形表征和词义表征模式等，均是词汇研究领域内定量研究方法的典型。在《英汉心理词典中英语单词再认模式的 ERP 研究》一文中，陈士法和刘晴晴等（2015）通过分析受试在词汇判断中做出的准确率和反应时的行为数据，利用 SPSS 13.0 的配对样本 T 检验，对比受试对高、低熟悉度单词判断的准确率，发现两组数据之间存在显著差异，表明受试在对英语高、低熟悉度单词判断的准确率和反应时均存在显著差异。进一步使用 Neuroscan 4.3 软件的离线分析系统，对受试的脑电数据进行深入分析发现，中国英语学习者对高熟悉度英语单词的再认在300~500ms 内产生了顶区的基于熟悉度的顶区事件记忆效应；而在对低熟悉度单词再认时，受试在 300~500ms 内主要使用顶区进行基于熟悉度的再认，随后在 500~700ms 内又开始了额区的基于回想的再认。以上的实验数据结果分析说明，英语学习者在对两类熟悉程度不同的英语单词再认时都激活了它们的拼写形式：对于高熟悉度的单词，学习者主要通过单词的拼写形式进行再认；对于低熟悉度的单词，若仅看拼写形式还难以确定，也许还需要通过激活与单词相关的概念来帮助回想再认。在《中国英语学习者英语屈折词表征方式的 ERP 研究》一文中，陈士法等（2015）通过对受试的行为数据和脑电数据分析发现，英语名词复数 -s 形式与其词基的表征一致，呈整词表征；动词 -ed 和 -ing 形式与其词基的表征形式不一致，呈词素分解表征，词基频率对表征方式的影响不显著。由此可见，英语屈折词在英汉心理词典中为混合表征模型，不存在词基频率效应。用类似的定量研究方法，陈士法等（2015）对比分析了中级水平的中国英语学习者在加工英语名词、动词、形容词词基及其前缀派生名词、派生动词和派生形容词时脑电之间的关系，发现词基与前缀派生词之间不存在显著差异，因此不存在词基频率效应。由此可知，对于中级水平的中国英语学习者而言，三类派生词的表征方式与它们对应的词基的表征方式一致，都是整词表征，词基频率没有影响派生词的表征方式。而陈士法等（2020）的基于翻译启动实验的英汉双语心理词汇表征 ERP 实验发现，在汉英词汇正向翻译中，翻译对等词比非对等词诱发了波幅较小的 P200 和较大的 P400；在英汉词汇反向翻译中，翻译对等词比非对等词诱发了波幅较小的 P200 和 N300；汉英词汇翻译比英汉词汇翻译诱发了一个波幅较大且潜伏期较长的 P400。据此可以得出结论，在英汉心理词汇表证中存在汉英、英汉翻译启动效应及其非对称性，从汉语到英语存在较弱的词形联结（P200）和较强的语义联结（P400），而从英语到汉语则存在较弱的词形联结（P200）和词汇—语义界面联结（N300），可见英汉两种词汇的心理表征存在质的差异。

5.3.2　与语料库相结合的实验法

作为实证研究方法之一的心理实验法虽然在词汇学研究的成果不多，但是具有较为客观、可靠和可验证等优点（钟守满、吴安萍，

2015），可为语言描写提供最接近自然语言处理的数据，因此早在 20世纪后期就有学者，如 Deese（1965）、Gross et al.（1989）、Sandra & Rice（1995）等，运用心理实验法开展词汇语义学方面的研究。近年来，不少学者借助心理实验法和神经实验法的手段和思路来考察反义词的典型性和规约性，以此论证心理词库中词语的建构模式（吴淑琼，2019）。例如，Paradis et al.（2009）运用判断实验、启发实验、联想测试等方法考察了英语中反义词规约化的程度；van de Weijer et al.（2012）运用可视化词汇判断实验对反义词共现频率和反义词的规约性进行了研究；Pastena & Lenci（2016）运用启发实验分析了意大利语中反义形容词的规约化程度。不过，实验研究受到实验规模和受试数量等多方面客观因素的影响，存在一定的缺陷。而通过语料库研究方法研究词汇的结构特征，其优点在于研究结果是基于大量真实的、代表性强的语言证据，缺点是语料库研究方法仅能间接推测人类大脑的在线认知加工工程，正如Gries（2015）指出的那样，基于语料库的词汇研究，无法提供关于因果关系和在线语言加工的证据。因此，将实验研究与语料库研究相结合的方法日益受到学界的重视，越来越多的学者开始将语料库中的语言使用数据与实验数据相整合，以便为语言研究提供汇流的证据（如 Gilquin & Gries，2009；Gries，2010）。Liu（2017）运用基于语料库的行为特征分析法和强迫选择问卷评量（forced-choice questionnaire）对两组同义名词（authority、power、right 和 duty、obligation、responsibility）进行了研究，发现行为特征分析法可以简单准确地识别一组同义词的内部语义结构，强迫选择问卷评量法可以揭示说话人选择不同同义词背后的动因，这两种方法互为补充。张懂（2020）基于语料库标注数据，首先使用逻辑回归分析（logistic regression analysis）来探讨制约英语与格构式变体选择的显著因素及其影响效应；其次使用条件推断决策树（conditional inference tree）和随机森林（random forest）来考察英语与格交替影响因素之间的多重交互效应及其相对重要性；最后采取强制选择任务实验（forced choice task experiment），对语料库概率模型的心理现实性进行交叉验证，以期结合汇流证据，深入考察英语与格交替现象。该研究结果发现：语篇可及性、长度差异、代词性、有定性、有生性、具体性等因素均对英语与格交替具有显著影响；语篇可及性与长度差异、代词性、有定性之间存在多重交互。总之，结合语料库量化方法和实验法，通过汇流证据，可以有效提高语言研究结论的可信度。但是，目前将语料库研究方法与实验方法相结合的研究尚处于起步阶段，Arppe et al.（2010：3）曾指出："为了寻求对语言和大脑的全面了解，我们需要整合不同的研究方法，对语言行为和语言知识的各个方面进行分析。"

第6章
词汇学新发展研究实践

　　传统语法认为语法是语言的基本框架，词汇仅是其中的填充物，而语言的意义则来自由语法先搭好的架构，再按语法规则填入符合一定语法词性的词汇。然而，Sinclair（2004）认为这种槽填空（slot-and-filler）模式未能充分揭示出语言的本质。词汇和语法同等重要，构建语言模式要优先以词汇作为出发点，而构建语言模式的最基本单位是词项，Sinclair（2004）由此进一步提出了词项多层意义关系的描述框架。Lewis（1993）认为语言是由语法化的词汇而不是由词化的语法构成的，倡导以输入大量真实语块作为语言学习的基本单位。近十年来词汇教学越来越受到重视，相关的教学研究方法也得到了较好的发展。

6.1　词汇教学研究

　　语言学习过程中，词汇量大小直接决定着学习者的语言运用能力。研究表明，中国英语学习者在词频广度、词汇多样性、词汇的语体特征等方面存在不足，具体表现为学生词汇量不足、词汇使用质量不高、词汇结构不合理等（文秋芳，2006）。可以说，词汇教学始终是语言教学的重点和难点之一。

6.1.1 外语词汇教学

近年来，基于认知语言学理论的词汇教学研究已引起学界的热切关注。形式主义语言学家认为，语言是由语法和词汇两部分组成的，词汇附属于语法、服务于语法。假设语言是一座高楼，语法是高楼的框架，而词语是构筑高楼的一块块砖头。因此，第二语言（下简称"二语"）教学主要以语法教学为中心，词汇知识主要由学习者在课外通过机械背记词汇表或在阅读、听力过程中附带获得，学习者对目标词往往知其然，而不知其所以然。随着认知语言学的深入研究，认知语言学家认为语法和词汇不是相互独立的，两者是不可分割的连续统一体；语言的基础是构式，是形义结合体，构式可大可小，小到一个语素或词，大到一个句子。认知语言学框架下的二语教学提倡以"构式"为核心的教学法，解析词语构成及词义的规律性和可预见性（王改燕，2012）。

例如，汪立荣（2011）探讨了框架语义学对二语词汇教学的启示。Fillmore & Atkins（1992）提出，形成框架的基础是经验、信仰或惯例，而一个词的意义只有参照经验、信仰或惯例的结构背景才能被理解，这个结构背景就构成了理解意义的概念先决条件。没有结构背景或框架的参与，词义就不可能被理解，框架是"词义的依托和理据"（Lowe et al.，1997: 19）。根据词义理解对母语框架的依赖程度，汪立荣（2011）将二语词汇学习分为两个阶段：第一阶段，学习者对二语词义的理解完全依赖一语译词；第二阶段，学习者开始意识到这种依赖的不可靠，试图了解二语词语及其一语译词之间的意义差异。在第一阶段，学习者对二语词义的理解主要只能依赖一语译词导引的框架，但是这种一语和二语词汇的匹配实际上是"以二语之形行一语之实"，处于一种"形实分离"的状态。在第二阶段，学习者能够意识到"形实分离"现象的存在，开始留意二语词语与其一语译词之间的意义差别，并谋求突破对二语词义的理解完全依赖一语译词的局限性。由此可知，第一阶段教学的核心问题是充分利用一语译词导引的框架进行词义解释，而第二阶段通过揭示二语框架来进行词义解释，以帮助学习者建立二语框架。而建立二语框架具体指的是，在一语框架的基础上梳理、重构和新建二语框架。例如，中国的英语学习者有时会说 *Let's go to eat rice. 或 *My father is a worker.，这是因为词语导引的一语和二语框架不对应而导致的错误。eat rice 导引的框架小，rice 仅包括"米饭"一个框架元素，"吃饭"导引的框架大得多，包括"米饭""饺子""菜""饮料""酒"等多个框架元素，因此 eat rice 导引不了"吃饭"导引的框架，可以换成 have dinner 来扩大框架范围以对应"吃饭"。与此相反，worker 导引的框架元素众多，只要是"工作的人"都可以成为该框架的元素，远远超出汉语"工人"框架中的元素，因此需要缩小框架范围，采用更加具体的词语 factory worker 来对应"工人"。

又如，王芬和陈雄新（2010）通过对学生开展词汇学习策略的调查问卷和词汇教学实验发现，以原型范畴理论为指导的词汇教学能提高学生使用词汇策略进行词汇学习的能力，还有助于促进学生习得附带词汇。陈海燕和汪立荣（2013）以及陈朗（2017）探讨了隐喻意识和隐喻能力培养对词汇教学的积极作用，发现隐喻意识培养不仅有利于对词汇形式和词汇意义的短期记忆、长期记忆和自主学习，而且在一定程度上可以让学习者更加理性地认知语义的延展和生成，使看似随意的习语、短语动词和一词多义更容易理解和记忆；隐喻能力的培养可以帮助学习者对比语言间概念系统及具体隐喻表达的异同，促进概念系统的重组，使看似随意的词义更容易理解和记忆，从而激发学生的学习兴趣和热情。孙亚（2017）在由认知语言学驱动的语言教学观和产出导向法的基础上，根据商务英语学习的需求分析以及商务词汇的特点，形成基于认知介入和产出导向的商务英语词汇教学模式，包括三个方面：选择性认知介入、基于语料库的证据输入和基于目标的驱动输出。同时，该研究以《综合商务英语教程》中的商务词汇为例，考察如何深度加工商务英语词汇的义—义联系层面的理据，探索使用语料库方法识别与分类商务词汇、输入商务词汇搭配及隐喻的方式，所选示例基于商务词汇学习目标和交际目标设计输出任务，强调语言学习旨在探索如何使用语言在真实语境中实现交际目标，旨在回答商务英语词汇教学中有关"教什么""如何教"的问题。

随着计算语言学和语料库语言学的发展，语料库语言学的研究方法和技术手段被引入英语词汇教学的研究和实践中，为英语词汇教学提供了新的途径和研究视角。语料库以其庞大的数据库为词汇教学提供可靠、客观的语料，特有的语境共现界面可以提供大量检索项句中的实例，为激活归纳式学习策略提供前所未有的条件和支撑，有利于吸收学习者的注意力，强化学习者的记忆，帮助学习者利用语境获取语义和总结规律（王家义，2012）。根据 Francis & Kucera（1982）的统计，在一百多万词的 Brown 语料库中，频率居前 1,000 的单词可以覆盖普通文本的 72%；频率居前 2,000 的单词可以覆盖 79.7%；频率居前 3,000 的单词可以覆盖 84%；频率居前 4,000 的单词可以覆盖 86.8%；频率居前 5,000 的单词可以覆盖 88.7%；频率居前 6,000 的单词可以覆盖 89.9%；频率居前 15,851 的单词可以覆盖 97.8%。可见，利用语料库进行词频统计分析，可以帮助教师在教学过程中把有限的时间和精力投入到最常用的词汇上。此外，利用语料库可以客观地呈现结伴词项间的相互期待与相互吸引、搭配成分的类联接关系等属性，学习者可以直观地学习词语的典型搭配和用法，教师可以客观地分析学习者的用词搭配，如关于"get + N"结构的搭配用词经常出现不地道表达的情况，如 *get an answer、*get feelings、*get the entertainment 等，似乎凡是表达"得到""获取"义时，学习者会无意识地将 get 视作"万能动词"，这种情况说明学习者对 get 的搭配用法缺乏深入了解。通过语料库检索可以发现，get 的高频搭配为 get rid of、get into the cyber trap、get the best use of、get away from、get contact with、get on 等（王家义，2012）。利用语料库还可以进行语义韵和词语辨析等教学。例如，孔蕾和秦洪武（2013）运用语料库方法，以《现代大学英语·精读》教材为研究对象，重点探讨词汇运用微观层面的词汇难度及分布、重点词汇的识别与界定、词汇复现率的考察、目标词汇的确定与传授等问题。该研究使用 Range 对整册课文词表和教材生词表进行分级描述，确认该教材在词汇收录上有一定的科学性，基本上是合理的，但也有局限性，如生词表上没有标注词汇难度和词频等信息；

该研究利用 Wordsmith 提供的词表和词频信息进一步在 Excel 中加工，提取词汇的复现信息，对复现率不同的目标词进行不同的词汇教学设计。对于教材中重复出现多次的词汇，可以不要求学习者在其第一次出现时就掌握；相反，那些重要但出现频率低或只集中出现一次的词汇则要求教师设计额外的练习以强化学习者的记忆，并在一定时段内尽可能提供这些词的复现机会。

目前的语料库多为文本型语料库，在语境、语言的真实性和丰富性上受到限制，而多模态语料库的出现则为数据驱动词汇学习的发展带来了新的生机。多模态语料库是以言语活动为研究对象，以从原始数据中抽取信息和知识为手段，以语境模型为驱动的囊括整个言语活动的语言、声音、图像和动作，以音频、视频等多媒体素材为语料的语料库（张霄军，2007）。多模态语料库的建设始于 20 世纪末，国内的多模态语料库建设还处于起步阶段：大型多模态语料库以顾曰国建立的现场即席话语多模态语料库为代表，此外还有李文中教授的多媒体语料库开发系统以及刘芹和潘鸣威建立的多模态口语语料库。伴随着多模态语料库的构建，多模态语料库应用于外语教学的研究随之推进。在词汇教学方面，该类语料库能够在提供词汇的文本检索结果的同时，支持检索结果的音视频播放，从而使教学语境更加真实生动。例如，张振虹等（2014）结合大学英语词汇教学的本质和特点，探讨基于 Elan 技术路线的小型大学公共英语多模态语料库构建方法和步骤，并且深入探讨该语料库在大学英语词汇教学中的应用。他们认为，英语教师可以在课堂上运用多模态语料库的关键词检索结果，丰富和充实词汇教学的真实语境，增加词汇学习的趣味性和有效性；与此同时，多模态语料库的多窗口播放功能还可以帮助学生对不同语料中词汇的使用情况进行对比学习，提高他们的语域认知和语体意识，增进对词汇语义、搭配等的理解。除此之外，教师还可以在学生自主学习中引导其运用多模态语料库进行词汇知识的归纳总结，包括词汇在不同语境中的发音、屈折变化、搭配及词性变化等，培养学生由下至上的自主学习能力。

我们相信，随着语料库、语料检索工具的不断创建、开发和更新，语料库的研究方法和技术手段将会不断运用到词汇教学实践中，基于语料库的英语词汇教学研究也将得到不断的发展和深化。

移动技术辅助外语教学与多模态结合对词汇学习的有效性，也是最近学界探究的新领域。例如，李思萦和高原（2016）以四组非英语专业研究生为对象，通过对照计算机辅助外语教学（computer-assisted language learning，CALL）的单双模态组与移动技术辅助教学（mobile-assisted language learning，MALL）的单双模态组，并利用测试来考察学习者英语词汇习得的效果。CALL 组学生接受课堂 PPT 演示教学，教师在 PPT 上呈现目标词汇的拼写、音标和中英文释义，其中一组词汇搭配文本注释，另一组搭配图文双重注释；针对 MALL 组学生，教师要求其通过扫描二维码的方式添加微信公众订阅号"掌上英语"，教学内容通过微信平台推送，学生在移动设备上完成学习，所呈现的材料均与 CALL 组相同。研究结果显示，MALL 与多模态结合的教学效果更好。李思萦和高原（2016）认为，移动教学随时、随地、随需的泛在性学习方式能促使信息由一次性输入改为分批输入，减轻了学习者的记忆负担；学习者需要主动获取学习内容，增强了两者的交互性，而交互性提供了信息加工的前提；多模态呈现的词汇学习内容能丰富词汇的心理表征，有助于意义的构建。

6.1.2 汉外词汇教学

我国的对外汉语教学始于汉代，真正形成一门独立的学科则是新近的事。对外汉语教学模式主要是模仿西方第二语言教学模式，先后采用了以句型训练为主的直接法、以培养学生交际能力为目标的"结构—情景—功能"和"结构—功能—文化"等相结合的教学法。这些教学方法虽然注重学生交际能力的培养，但所谓的"结构"实则是指"句子结构"，即句法，而以句法为中心就是以语法为中心（李如龙、杨吉春，2004）。Saussure（2009）提出，一个语言系统往往在语法和词汇两个极端之间移动，词汇和语法同时像是两股相对的潮流，分别推动着语言的运动，语言系统一方面倾向于采用词汇的工具（即不可论证的符号），另一方面则偏重于采用语法的工具（即结构规则）。人类语言的不可论证性达到最高点就比较着重于词汇，降到最低点则比较着重于语法。Saussure（2009）又进一步指出，英语属于印欧语，印欧语和梵语是超等语法型语言的标本，汉语则是超等词汇型语言的典型。因此，基于语法型与词汇型语言的对立，以语法教学为中心的第二语言教学理论并不完全符合汉语教学的实际需要，词汇的重要性长期为人们所低估。这种状况随着学界对词汇重要性认识的不断加深，研究者和一线教师使用并创造了很多进行词汇教学的方法、策略和技巧，词汇教学在对外汉语教学中的重要性逐渐显现。李润生（2017）全面统计了 2004—2016 年发表在各类书刊上的论文，发现"汉语词汇教学研究"的论文最多，占总数的三分之一。

　　教学方法的探究是对外词汇教学研究的首要关注点。截至目前，对外词汇教学主要有三种方法：语素教学法、整词教学法和语块教学法。语素教学法是指在词汇教学中，除讲练目标词语的词义和用法以外，还要将词语中的语素（字）加以离析，再以一定的义项为单位与其他已学或未学的语素进行组合，从而巩固所学词语（包括目标词语和已学词语）和扩大新词的学习范围（肖贤彬，2002）。例如，教授"牛奶"一词时，教师可以首先解释其整体语义"牛产出的奶""从母牛身上挤出的奶"，再将其离析为"牛"和"奶"，并让学生说出已学关于"牛"和"奶"的其他组合词，如"母牛""公牛""牛头""牛鼻子""力大如牛""奶牛""奶奶""奶妈""喂奶""奶瓶"等，最后以义项为主线来拓展目标词语中的语素，从而巩固所学词语，并能掌握构词法、扩大词汇量。倡导语素教学法的学者认为，汉字实质是一种语素文字，字与语素基本重叠，因此语素教学法本质上就是一种"字本位教学"，即重视汉字本身的独立地位以及字与词之间关系的一种教学法，这是由汉语自身特点决定的。整词教学法则认为对外汉语教学的基本单位应该是词，即使字的教学，也应该立足于词，并为词的教学服务（李润生，2017）。赵金铭（2012）提出"整词—析字—系连扩展"词汇教学法，强调从整词入手进行初级汉语教学，到一定阶段后再将词中字析出，进行系连构词。其中，析字过程的最终目的是巩固和扩大词汇量。彭小川和马煜逵（2010）则提出词汇教学中应树立词、语素、字各当其用的意识，以词为单位进行词汇教学是基本原则，实际教学中则可以根据所教词语特点来灵活选择教学方法和切入点。例如，"服装""美丽""发展"等词只能整词教学；"质量""创造""扩展"等词先整词教学，再用语素教学法；"晚餐""周末""聚焦"等词可用语素教学法。可见，语素教学法和整词教学法并不相互对立和相互排斥，而是可以相互补充和各当其用。近年来，随着语块理论的兴起和我国外语界对语块教学研究的深入，对外汉语教学也引入了语块教学法。语块教学法以"语块"为基本教学单位，教学观念上打破了词汇教学与语法教学的分野，学者们对"语块"的分类和界定都进行了较为深入的探讨，如李惠（2013）将语块分为短语、固定语句和框架三类，然后又细分出 11 个次类；薛小芳和施春宏（2013）通过跟构式相比较阐发了语块的基本属性，认为语块是一种介于词和句法之间的中介物，具有构式性，和构式之间存在一种交叉关系，具有很高的预制性，可以整存整取。语块是个原型范畴，其内部成员之间往往体现出家族相似性特征，根据特定类型语块的原型性程度高低可大致勾勒出一个序列：成语 → 熟语式语块 → 习语式语块 → 定形式语块 → 组块式语块 → 整体式语块。其中，离成语路径越近的，语块的典型性越显著；反之，路径越长的，语块的典型性则越低。

从教学词汇组织形式与语境介入视角看，对外汉语词汇教学模式主要有两种：词表教学模式（words taught in list）和语境教学模式（words taught in contexts）。所谓词表教学模式，是指将所教词语按照音序或文中出现的先后次序等方式排列成词表，用学习者的母语进行翻译并解释汉语词汇，也会适当设置典型例句等语境，教学方式主要以词汇集中教学为主。所谓语境教学模式，是指设置听说读写译等技能训练，在一定文本语境和交际语境中教授词语，词语随上下文语境得到呈现，学习者可以根据词语所在语境学习其具体意义、情感色彩、语体风格、搭配和用法等知识。词表教学模式主要在 20 世纪末和 21 世纪初得到较多的探讨，如胡鸿和褚佩如（1999）提出"集合式词汇教学"，即将汉语交际词汇分为若干大的集合，如称呼集合、数字集合、饮食集合、服饰集合、家居集合等，张和生（2008，2010）根据汉语词汇"义类"研究的传统和汉字形符特征，提出词汇教学的"义类、形类综合法"。词表教学模式的最大优势在于能够在短期内扩大学习者的词汇量，拓展词汇知识的广度，但是弊端在于囫囵吞枣，学习者对于所学词语的搭配和用法等深度知识知之甚少，本质上仅通过词表教学模式学得的词汇很难真正内化于学习者原有的知识框架，反而容易遗忘且难以输出。鉴于词表教学模式存在的问题，语境教学模式的研究逐渐得到重视。例如，杨雪梅（2012）探讨了综合课中的词汇教学问题，提出初级汉语短文教学阶段直至中高级阶段，词汇教学不仅要扩大词汇的数量，而且要提高词汇学习的质量，如语境中词汇的具体意义、感情色彩意义、文化意义、语用的得体性等；洪炜和徐霄鹰（2016）探讨了阅读课中的词汇教学问题，通过实验证明阅读过程中的猜词技能训练、优化目标词的文本环境以及增加学习任务的认知投入量等手段，可以提高阅读课词汇学习的效率；苏丹洁（2010）探讨了听力课中的词汇教学问题，通过问卷调查发现，听力课需要教授词汇，以先讲生词再听习题为最佳，关于重要词汇，即使在其他课程上已经学过，听力课中仍要列为生词，平均一课时输入5~9 个生词为宜，教学方法上则是听觉输入和语音输出比视角通道更受欢迎。

除词汇教学方法和教学模式以外，诸多学者对于汉语作为第二语言词汇教学的基本原则也有颇多论述。孙新爱（2004）认为，我们必须依据汉语词汇的自身特点和对外教学的特点，确立以下四大词汇的教学原则：把握语素、字、词结合原则；把握在句子语境中教学原则；把握结合词的组合与聚合关系教学原则、把握词语释义的准确和适度原则；万艺玲（2010）提出"结合汉字特点、利用汉语词汇特点、注重结合具体语境、结合文化背景因素、区分书面语词汇和口语词汇、注重教学中词汇的科学重现"原则；刘座箐（2013）认为，词汇教学应遵循"词汇量控制、适度扩展、阶段性、课型差异性"四项原则；

毛悦（2015）和李先银等（2015）所倡导的原则相对比较接近，如前者倡导区分频度、分类教学、系统性、交际性和文化五项原则，后者则倡导交际性、区别性、针对性、层级性、生成性、全面性原则；等等。上述诸多原则本质上是基于不同的角度和层面提出的，有的属于教学项目的编排层面；有的属于教学内容的选择层面；有的属于教学进程和教学策略的处理层面；有的属于教学方法的使用层面；还有的则是从更为宏观的层面来考虑。而施春宏等（2017）借鉴当代语言学和语言教学的新理念，提出二语教学语法体系"三一语法"（trinitarian grammar）。三一语法所持的教学语法观是大语法观，即将语法和词汇视为一个连续统，或将两者不做严格的区分，而是将所有语言单位都看作形式和意义／功能配对体的构式。三一语法观中，词项本身也是构式，不仅包括形式和意义／功能方面的特征，还包括词语的用法特征。总而言之，三一语法观遵循了"大词库、小句法"的基本理念，认为词汇教学的根本目标是使学习者能够有效地组词造句构篇，并将之正确地用于具体的实际场景中，因此可以而且需要通过有效的词汇学习来带动语法学习、语篇学习，或者说词汇学习除词汇的语音、形式和意义需要学习以外，本质上还是在语法中学习，或者所学的是大语法观视野中的语法。具体原则包括：意义和用法相结合的原则、典型语境驱动的原则、词语辨析的最小差异原则和语际差异的对比参照原则。虽然学者们基于不同层面提出了诸多原则，教师在实际词汇教学中仍需要时时处处把学生放于心中，做到"胸中有乾坤"（原则）、"手中有方寸"（方法），从而才能取得理想的教学效果（施春宏等，2017）。

随着我国高等教育国际地位的不断提高，来华留学生的学历生数量在 2019 年达到了 54.5%，相比 2016 年提高了 7 个百分点（张博，2022），来华学历留学生的专业学习和科学研究显然离不开使用学术汉语。留学生不论是听专业课程和学术讲座、用汉语表达学术观点或与老师和同学进行学术交流，还是阅读汉语文献，抑或是撰写课程论文、学术报告等都需要学术汉语。而提告学术汉语能力首先应加强学术汉语词汇的学习和积累，因为学术词汇是最能体现学术语言风格特征的语言要素。Coxhead & Nation（2001）曾指出，学术词汇大约覆盖学术文本用词的 8.5%~10%，对于学术目的的学习者而言至关重要（转引自张博，2022）。近年来，学界对学术汉语词汇教学的关注在逐渐增加，如薛蕾（2017）探究了《汉语语言学学术词表》的特征，发现词表中词汇种类较少，主要有名词、动词、形容词、连词以及少数副词、数词，其中名词最多，占词表总词目的 53.8%，其次是动词，占比 25.6%，再次是形容词，占比 16% 左右。词表中未出现人称代词、惯用语、语气词以及虚词；还发现词表中含词缀词语居多，诸如语言学、词汇学、语法学、句法学、语义学、类型学、人类学等"××学"，又如交际性、区别性、针对性、层级性、生成性、全面性等"××性"等；还发现词表中的大部分词汇是双音节词和三音节词，而多音节词汇较少。张赪等（2020）通过自建学术汉语论文语料库，定量分析了医学、化学、地理、心理、法学、文学等六类学科中的学术语体的词汇使用特征。研究发现：学术语体词汇累积频率是小说语体的三倍多，甚至高于简明的法律语体，这表明学术语体在词汇选择方面保守程度较高；自然科学学术语体的词汇密度比人文社科类的更高，人文社科类论文更善于使用连词、介词等语言形式来表达复杂概念或逻辑思路，而自然科学类论文则更常使用公式或图表来表达逻辑推导过程。

不同学科的学术语体既有特性，又有共性，其中特性构成了专门学术界的汉语特征，共性构成了通用学术的汉语特征。张博（2022）在考量词语出现的语域分布广狭的基础上，参考使用频率或常用度，将学术语言中的词汇三分为通用词汇、学术词汇和专业词汇，发现通用词汇语域最广，可广泛运用于日常会话、新闻播报、小说杂文、影视戏剧、公文信函等各种语体，如"问题""严重""构建"等；专业词汇语域最狭小，具有学科属性，通常只出现于某一学科或少量相关学科的学术语言中，如"发绀"（医学术语）、"原始印欧语系"（语言学术语）、"基尼系数"（经济学术语）等；学术词汇语域广狭则居于两者之间，学术词汇是指在范围广泛的学术文本中常见，而在非学术文本中通常不那么常见的词汇（引自张博，2022），如"涉及""均值""引证"等。有些词汇在学术语言和非学术语言中均可使用，但若在学术语言中使用频率更高，则可归于学术词汇。例如，"耗散"偶见于非学术语言，如"众人不知其意，只当他受了这半日的折磨，精神耗散，才尽词穷了"（《红楼梦》第一七一八回），实际上"耗散"在学术语言中更为常见，如"故用五味子收敛津气，以防津气耗散太过"（中医学）、"体系本身振动能量有部分耗散在地基中，从而使体系自身的弹性变形减少"（力学）、"扁平的管理，避免中间层过多造成的信息丢失和精力耗散"（管理学）、"增加值是生产要素耗散的凝结"（经济学）等，因此"耗散"可以归为学术词汇。在学术词汇分类的基础上，张博（2022）进一步提出了学术汉语词汇教学的方法和策略，如要贯通词语意义、组合关系和典型语境，增强词汇语义的具体性；酌情使用"语素法"和"语块法"，对于强构词力语素参与构造的学术词语或专业词语，可以采用语素法教学，而对于习惯性使用的、搭配确定性较强的配备式学术语块和框架式学术语块，可以采用语块法教学；注重学术义与通用义的辨析，避免学习者可能出现的拘泥于用先前习得的常用义来理解学术词语的现象；在学术文本阅读和写作教学过程中，可以通过丰富的课堂活动和课后练习促进学术词语的理解和使用，加大训练力度；最后，对于学术写作中的词汇错误，应从严要求，强化纠正性反馈，使来华留学生养成贴切使用学术词语的习惯，为学术论文写作打下良好的语言基础。

总的看来，近十多年来，在对外汉语词汇教学在教学方法、教学模式、教学原则和教学内容等方面取得了很大进展。但是，将外语词汇教学和对外汉语词汇教学相对比可知，对外汉语词汇教学在语言学理论指导和实证研究方面相对薄弱。例如，基于认知语言学理论如隐喻理论、转喻理论、图形－背景理论、构式－图式理论等指导下的词汇教学方法和策略的研究相对较少，也正因如此，对外汉语词汇教学有些研究目前似乎更多是基于经验式的说教和总结，缺乏理论层面的理性剖析和考察。实证研究方面基于语料库和心理实验方面的研究也相对较少。邢红兵（2012，2013）运用语料库研究方法，探讨了基于语料库的汉语词语搭配知识提取和描写的规则和程序，希望今后学界可以在此基础上，对每个汉语词语及其义项的搭配和用法进行详细描写，对一个语义类内部的词语、多个相关语义类之间词语的搭配与用法的共同点和差异点进行详细的描写与比较，进而建立对外汉语词汇搭配和用法的数据库。关于心理实验方面，遗憾的是截至目前我们几乎未能搜索到诸如对外汉语词汇习得的 ERP 研究、语料库和心理实证相结合的研究以及多元统计方法等方面的研究成果。此外，虽然当前的教材建设已取得很大成绩，但是针对研究生、对外汉语教师培训的教材建设，仍需要不断吸收面向汉语词汇本体研究、教学研究和习得研究的最新成果，编写出更多对外汉语词汇教学理论教材、面向二语教学的汉语词汇知识教材等（李润生，2017）。以上问题期待引起学界的高度重视，并围绕对外汉语词汇教学展开更多、更具实效的研究。

6.2　词典编纂研究

一直以来，词典理论和编纂实践都受益于语言学（包括词汇学）的理论滋养。近现代以来，历史语言学、结构主义语言学、认知语言学、功能语言学、语料库语言学及语用学等许多语言学流派和分支在不同程度上对词典学产生了深远影响。目前，词典学创新意识明显，更是反映了语言学研究的最新成果。换言之，当代词典编纂创新离不开对主流语言观研究成果的借鉴，其中当然包括日益更新的词汇学理论和研究成果。

6.2.1　学习者词典编纂

1942 年，《牛津现代高阶学习者词典》（*Oxford Advanced Learner's Dictionary of Current English*）由牛津大学出版社正式出版，这是第一部真正意义上的学习者词典。随着越来越多的学习群体的涌现，学习者词典已逐渐成为学术界和辞书出版界关注的重点。一部学习者词典宜向学习者主要呈现四个方面的信息，即所收录词条的语音、词（字）形、语义和用法，这些信息都开放式地提供给学习者，学习者可在不同的学习任务中有选择性地使用：在阅读过程中，学习者一般会以目标词条的词形为起点，重点关注其语义；在写作过程中，学习者不但要确定词形和语义，还要掌握其用法；在说话过程中，学习者可能更关注其语音、语义和用法；在听力训练中，词的语音和语义相关的信息对学习者更为重要。此外，不同等级的学习者所需的词典信息也会有所不同，比如初级学习者查阅词典时通常是通过已知特定词语的语音和词形信息来确定词义，或者从需要表达的意义出发，确定应选词语的发音和词形，词典中以学习者的第二语言呈现的词语用法说明对初级学习者的意义相对较小（吴英成、杨延宁，2012）；中高级学习者具备了处理句子和语篇的能力，大多数情况下，他们使用词典的目的是确定词语的用法，诸如搭配关系、常用句式和使用场景，甚至会查找同义项和反义项，从而使用最切合表达意图的词语等。诚然，即使是拥有多年学习经验、外语水平很高的学习者，他们也需要查检词典以确定语音、词形和词义（吴英成、杨延宁，2012）。鉴于以上学习者的词典实际使用情况和使用目的，学习者词典编纂研究也宜主要围绕词条在这四个方面进行词典信息的组织和释义而展开。

认知词典学，其英语术语是 cognitve lexicography。这一英语术语首次出现于 Quine（1978）《意义中的使用及其位置》（Use and its place in meaning）一文中，但文中并未对其作具体阐释。赵彦春（2003）基于广泛意义上的认知理论，即乔姆斯基生成语言学，从微观和宏观两个层面构拟了认知词典学的理论框架，认为传统词典所收录的词条主要是已经证实的（attested）词汇而非潜在的词汇，也没有呈现出词汇得以构成或派生的结构规则；而认知学习词典则着眼于学习者的词汇能力，即乔姆斯基所说的语言能力在词汇层面的体现，在词典中引入词汇生成和演化的规则，这既能解释已证实的词汇，又能使学习者领悟或产出潜在的词（赵彦春，2000）。Ostermann（2015）则立足具身体验哲学，认为语言及其概念的形成来自人类对世界的感知体验和认知方式，语言意义受人的认知心理和社会文化因素的影响，也就是基于狭义的认知语言学理论。王仁强（2019）曾给"认知词典学"下过一个相对详细的定义：以体验哲学为其哲学基础，以认知语言学为其理论基础，以各类词典编纂的过程和结果及其相关因素为其研究对象，以词典微观结构中的释义、配例和标注为其研究重点，以基于语料库的使用模式调查为其方法特色，兼顾知识表征和用户接受视域的词典学研究新范式。认知语言学应用到词典编纂的原因主要有三个：一是反映真实的语义概念；二是解决词条释义线性排列问题；三是改变词典结构以符合词汇—意义的心理储存模式（Ostermann，2015）。基于传统词典的编纂惯例和架构，认知词典学试图根据认知语言学理论编写语言材料，以重塑词典样貌，形成新的词典特征（冯建明，2019）。赵彦春和黄建华（2000）的《隐喻—认知词典学的眼睛》一文较早地阐述了隐喻化过程在认知学习词典中明示义项之间联系的作用，如汉语的"病倒了"和英语的 fall ill（come down with disease）几乎有相同的投射域映射。这种隐喻化的重叠现象有助于学习者习得相关词汇和搭配，因为他们不必重新设定参数或增加特殊提示就能感知这种对应性。但同时，这些语言在十字路口相遇之后，又分道扬镳了（赵彦春、黄建华，2000）。例如，在汉语"倒"字的隐喻化系统中，有"倒车""倒影""倒胃口""倒流""倒霉""潦倒"等，而英语 fall 的隐喻化系统却是沿着不同方向发展的：a sudden silence fell（突然一片鸦雀无声）、I saw their faces fall when I told the truth.（我一说出实情，就看到他们脸上挂不住了）、The case falls outside my jurisdiction.（这个案件不属于我的管辖范围）、a rock fall（岩崩）、fall weather（秋天的天气）、Niagara Falls（尼亚加拉大瀑布）等。认知学习词典的目的和任务就是将外语或二语学习者引入目的语的隐喻系统，使之与本族语者具有相类似的心理表征，也就是让学习者经历像母语一样的隐喻化的心路历程。而近十年来，学界比较关注的是原型理论在词典释义和义项排列方面的运用，综合研究了该理论在词典词条结构中诸如词目义项的区分、释义方式以及义项的编排等方面内容（赵连振，2018）。Gao（2012）利用基本层次范畴和意象图式两个基本的认知经验理论，考察《朗文当代英语辞典》（第 4 版）》

（*Longman Dictionary of Contempory English*，4ed.）中的定义本身（definition proper），而所谓定义本身是指能够提供词、短语或术语语义的学习者词典的释义构成部分，主要包括词汇释义、义项分类、义项编排以及释义方式等，研究结果发现该词典总体上与认知语言学理论相一致，但也存在因无视认知经验而导致的缺陷。Halas（2016）基于原型范畴理论，力图构建具有系统性、一致性、简明性和可靠性的多义结构处理模式，该模式使因家族相似或派生构词而显得错综关联的多层级组织的多义结构特征更加明晰化，主要涵盖多义结构处理的三个方面：义项划分、释义以及义项组织，并以 drop 为例阐释了该模式在词典编纂中的实际应用。Jiang & Chen（2017）分析了英语学习词典中原型范畴理论的应用，指出典型性、非典型性、家族相似性和原型裂变原则可以指导语义转变中的义项区分，而典型性和非典型性与义项之间的关系明示可以指导义项顺序的编排，原型范畴理论在以上词典中均得到了无意识的和零散的运用。此外，构式语法与词典编纂研究的结合也是近些年的一个热点。邓琳（2014）探讨了中动结构在词典中应该以构式多维释义为主的多样化方式为学习者提供足够的中动结构信息输入，构建适合二语习得的自然语境，帮助学习者全面系统地掌握并正确地使用英语句式结构，促进二语习得。所谓构式多维释义模式是指以构式结构的方式反映被释义词的分布特征和语义角色，构式释义由两个部分构成：一部分以构式的形式表述被释义词的结构模式和共现成分；另一部分表述被释义词在这一构式中的意义。例1中，动词 write 的构式多维释义模式非常接近真实的话语，既呈现了中动词 write 的主语可以为 a pen 或者 a blackboard，修饰语可以为 well-smoothly 等选择限制，又为学习者提供了更具有直观性和趣味性的语言信息输入，营造了一个适合二语习得的自然语境。

例1　write (*v.*): a pen, a blackboard etc. writes well or smoothly etc., it works properly.（笔、黑板等）写起来（很流畅）

E.g., This new pen writes well.（这支新买的钢笔写起来很流畅。）

（邓琳，2014：47）

蒋华华和徐海（2014）基于意义驱动多维释义、意义假设和广 / 狭域规则提出了学习词典中英语方位构式的呈现模式，并阐释了该模式在转换、内容和容器三类动词的具体词条中的应用。如转换动词 load，可在学习词典中呈现如例 2 所示信息：

例 2　load: (a) sb. loads sth. onto/into a car, ship, person, etc., they put a large number of things into or onto it（物品）装在（车、船、人等的上面），装上

E.g., They loaded bags of apples onto the lorry.（他们把一袋袋苹果装上卡车。）

(b) sb. loads a car, ship, person, etc with sth. They fill it with a large number of things 装满

E.g., They loaded the lorry with bags of apples.（他们在卡车上装满了一袋袋苹果。）

（蒋华华、徐海，2014：48）

例 2 显示了 load 的两组语义结构，两者均以完整的自然语句来释义，将 load 的两大义项视为两种构式。另外，词条列出了潜在的搭配成分如 car、ship、person，例证也很好地说明了方位构式的用法，学习者通过对比这两个例证，可以较好地掌握方位构式。罗思明（2016）的专著《汉英形容词构式学习词典编纂体系构建》，是以构式语法理论为基本理论框架，从词典本体论的角度出发，分别基于词典和构式调查了汉英词典中形容词构式的处理现状；从词典用户的角度出发，研究了英语留学生使用汉语词典的特点等，提出汉英形容词构式学习词典的编纂原则、结构体系和构式体系。这是一部专门讨论汉英构式学习词典编纂的专著，是构式语法理论与学习者词典编纂应用相结合的典范，对学习词典的理论创新和编纂实践都具有重要的参考价值。正如 Halas（2016）所言，词典最终能否充分满足用户需求取决于当代语言学理论，尤其是认知语言学理论与词典编纂实践的成功结合。

《外语研究》2018 年第 5 期开辟了以 "中国英语学习者词汇能力发

展与英汉学习型词典创新"为主题的专栏，其中遴选的四篇论文均立足中国英语学习者词汇深度习得的相关研究，积极思考学习型词典编纂的理论创新与实践路径（魏向清，2018）。耿云冬（2018）探讨了事件语义学对英汉学习型词典动词条目译释优化实践的理论启示。动词在语言学研究中是语法研究的焦点，在应用语言学研究中是词汇习得的难点：一方面，许多动词需要区分多个义项；另一方面，动词与其宾语常常存在复杂的搭配关系。正因如此，动词是学习型词典编纂的重点。动词在现实世界中对应的是有实体参与的事件，因此事件语义视角对动词的研究切入点在于其语义的事件性，这一视角主要依托框架语义学、事件框架理论、词汇化理论和概念语义学等（耿云冬，2018）。事件语义理论认为，动词语义本质上是"语言共同体对一个完整 [……] 事件进行强压缩后形成的抽象语义复合体，不同概念范畴在该复合体中被内化、隐藏"（于屏方，2005：36）；动词的句法行为则是对现实事件的概念化表征结果。耿云冬（2018）从义项划分和义项对应词处理两个方面详细阐述了事件语义视角下优化动词条目译释的方法和原则。在义项划分方面，从动词语义的事件性出发，对动词本身语义特点的关注应特别注重析取典型参与角色和揭示多义的关联性；词义跨语言异同的关注应特别重视语义内涵的对应和不对应性等。以英语单词 crawl 为例，其核心义为"爬行"，经转喻而产生引申义："谄媚""爬满"和"恐惧"，还有特定学科内的专科义：[体育][技术][计算机]。核心义项可以明确按照主体角色差异来划分出次义项，包括主体角色 1——人：（人）爬、爬行，匍匐行进；主体角色 2——昆虫等小动物：（昆虫、蛇等）蠕动；主体角色 3——交通工具：（交通工具）缓行；主体角色 4——时间：（时间）过得慢。引申义也可以按照行为主体进行次义项划分，包括谄媚义：< 口 > 奉承，巴结；爬满义：爬满（虫子），挤满（人）；恐惧义：（皮肤）有虫爬的感觉，起鸡皮疙瘩。同理，专科义可以按照专业领域差异进行次义项划分，包括[体育]：[体] 爬泳，自由式游泳；[技术]：[技]（漆面等）皱缩；[计算机]：[计]（程序）爬搜（网络）（耿云冬，2018：20）。在义项对应处理方面，耿云冬（2018）根据动词语义框架的跨语映射关系分为等价映射、组合映射、附加映射和变价映射。前两种映射关系主要针对两种语言的特定词目语义认知上存在的普遍性而言，后两种映射关系则主要针对语义认知上存在的民族性而言。所谓等价映射是指两种语言动词语义在核心事件参与角色的数量和类型上基本一致，如英语动词 jump 的语义在英语中对应的场景为"行为主体通过腿部的移动离开所处位置"，核心参与角色有 [+ 行为主体][+ 工具][+ 方式][+ 移动][+ 结果状态]，汉语动词"跳"对应的场景以及参与的角色也类似，因此可以采用等级映射：jump [...] *verb* 跳 [...]。所谓组合映射是指义项对应词采用"核心动词 + 典型参与角色"的模式，通过这种具有整体性特征的表述方式来增强被释动词词目的可理解性，如英语动词 roar 在作为发声动词时，行为主体的类别繁多，译义时可以选择典型参与主体嵌入到义项对应词中：roar [...] *verb*（狮、虎等）吼叫；（海、风等）怒号，呼啸；（雷、炮、马达等）轰鸣 [...]。所谓附加映射是指源语动词对应的事件框架宽于目标语动词对应的事件框架，可以采取补充性译义策略来增强义项饱和度，附加映射的最显著体系是增加近义动词。仍以英语动词 jump 为例，jump [...] *verb* 跳，跃；跳跃 [...]，从所蕴含的核心参与角色来看，"跳"与"跃"基本相同，但两者在动作位移方面有细微差异，"跳"既可"去其所"，也可"不离其所"，"跃"则要跳一定的距离，必然有位移（章红梅，2005：65）。因此，这里通过附加"跃"这一义项对应词可以凸显jump 语义的位移性。所谓变价映射是指源语动词语义的认知域依然保留，但由于目标语的认知表述习惯不同，编者可以对源语动词事件框架中的参与角色加以调整、变换。以英语动词 cavil [...] *verb* 挑剔，吹毛求疵 [...] 为例，汉语中的"吹毛求疵"源出《韩非子·大体》，本义指"吹开皮上的毛寻疤痕"，后喻指"故意挑剔别人的缺点，细致到繁琐的地步"，而 cavil 对应的事件框架中显然没有"皮""毛""疤痕"等参与角色，但由于"吹毛求疵"这一事件框架对于汉语学习者而言更熟悉，通过变价映射会更有利于词典用户有效地认知该词语义。概言之，选择事件语义视角可以创新和优化动词语义的译释描写模式，符合语言认知的复杂性，也具备可操作性。乔丽婷（2018）则以生成词库理论为指导，探讨了英汉学习型词典名词条目深度描写的优化策略。她提出学习型词典微观结构中的名词深度描写模式，即在词汇类型结构中关联词目的"词例＋同义词辨析"；论元结构中使用例证；物性结构中语义使用"释义＋例证"的方式。该模式相对复杂，本书不作举例说明，感兴趣的读者可以参看乔丽婷（2018）。学习者通过阅读词典中对于特定条目的描述，几乎可以了解该词条所有的语义内容、使用范围、搭配和句法结构。秦曦（2018）则从译义语境化理念探讨了汉英学习型词典中形容词词条的编写问题。20世纪80年代以来，词典学界倡导的"用户中心转向"（对词典用户认知需求的关注）以及语料库等技术手段的更迭，推动着新时代学习型词典编纂模式的转变和编纂理念的创新。语境化编纂理念从词典用户的认知视野和认知目的出发，追求真实的语言描写。译义语境化是指词典编纂者将原生语境中的语词及其相关语义、语法、语用信息在词典文本中重构为跨语的复合认知语境的过程，具体包括去语境化和再语境化两个阶段：去语境化是指从源语言的原生语境中提取跨语对应词；再语境化是指根据词典用户需求，充实词汇认知所需的语境线索作为译义（魏向清，2011），经过再语境化处理的词典条目就是译义语境化描写的结果。形容词是对名词所指称事物的普遍或重要特征和属性的描写或限定，因此一般都具有多义特征，对特定形容词语义的消歧主要有赖于语境。王文斌（2001）曾提出，形容词的具体意义只能借助于语境中与名词的联立关系才能确认，形容词的语义一般取决于与其搭配、组合的词对它的制约。当一个形容词处于孤立状态时，其词义往往是游移不定的，具有这个词在使用中可能具有的一切词义。一旦这个词出现于具体的联立关系，其词义会立即受到相邻词语的制约而稳定化、明朗化。邬菊艳（2021）也曾提出，形容词语境意义的构建常常依赖于名词，尤其是诸如skillful（技术好的）、easy（容易的）、vivid（生动的）这类从属形容词，强调人对事物的性质和状态的主观评价，语义往往不清晰、不明确，因此其语境意义的构建主要围绕名词不断调整，呈现出显豁的围绕名词类公转的特征。基于以上分析可见，将译义语境化理念引入学习型词典形容词条目的编纂过程就显得尤为重要和切合。在具体编纂过程中，编者需要通过不同的译义手段来整合词典用户所需的语义、语法和语用信息，不仅需要提供源语和目标语形容词的异同信息，更要补足词典用户源语形容词编码知识系统的认知语境信息，同时需要依赖语料库辅助的编纂方式，因为语料库提供的语言使用数据能为词典编纂过程提供更有力的数据支撑，能在词典立目、译义、配例、义项选择与排序等各个环节与决策中发挥作用。

概言之，将语言学理论与学习型词典编纂实践有机融合，同时结合词典条目的实例分析或样条编写，三者互为补充，能为学习型词典的中国化创新研编提供方法论启示，这些研究可以为中国外语教学与词汇习得研究提供有益参考（魏向清，2018）。

6.2.2 双语词典编纂

随着词汇学理论、语料库语言学以及计算机信息技术在辞书研究和编纂中的应用，我国双语词典研究呈现出多视角、多层次、跨学科的态势，研究范围涉及词典学的各个领域，如词典史、词典理论、词典编纂实践和词典编纂与技术的融合等。早期的双语词典学家十分重视吸收国外词典学研究的理论方法，引进了宏观结构和微观结构、积极型词典和消极型词典、闭环性和循环释义等新概念（黄群英、章宜华，2012），而近些年来国内双语词典编纂主要表现出以下两方面的特点：一是汉外词典编纂和研究呈上升发展趋势；二是融媒体词典的编写与出版成为辞典学研究的热点。

首先来看汉外词典编纂的研究。随着来华留学生人数的不断增长、学历的不断提高，以及世界上汉语学习人数的增多，汉外词典需求呈现上升趋势，汉外词典编纂日趋重要，越来越引起双语词典研究者的关注。汉外词典的编纂无疑起源于明末时期西方传教士入华，从最早记载的 16 世纪下半叶奥古斯丁会的 Martin de Rada 编纂的第一部汉语词典至 19 世纪初，入华天主教传教士已有 200 余年的手稿汉语词典的编纂传统（杨慧玲，2010）。1823 年，Robert Morrison 的《汉英英汉词典》出版，彻底消除了手稿汉外词典的使用，开创了汉英双语词典编纂与出版的新局面。杨慧玲（2010，2011）对世界汉外双语词典史进行了较为深入的考察，指出 19 世纪流传最广的汉英双语词典，一方面大多是"业余者"的个人实践，词典在宏观结构和微观结构的设计以及内容取舍等方面，体现出"业余者"的个人风格和偏爱；另一方面都是双语词典，而非双解词典，虽然编者广泛借鉴了中国单语辞书，如《康熙字典》《说文解字》《佩文韵府》等，但是作为"业余者"的编者和词典使用者，同时是学习汉语的欧美人士，他们在中国生活数十年，精通两种语言和文化，通常能够站在英语母语者学习汉语的角度，以英语语言观念和语法观念为原点观照并分析汉语语言现象，本能地注重中西语言和文化的差异，这是当今汉外词典所缺乏的。此外，当时的词典与词典之间存在谱系关系。元青（2021）考察了晚清时期的清传教史、出版史、跨文化交流史上的一种独特社会文化现象。近代早期，为达到顺利传播基督教福音的目的，尽管面临清政府禁教政策以及汉语学习困难的双重困境，来华传教士仍通过延聘中国教师讲课、多渠道练习汉语、参与政治经济事务和社会调查、求购汉语书籍等多种方式积极学习汉语与中国文化知识，进而编纂并出版了大量汉英、英汉双语词典。对于早期汉外双语词典编纂史的研究将有助于我们的近代汉外词典编纂，对当下中国文化的对外传播研究也具有启示意义。

胡文飞和张俊（2022）系统描述了近二十年来汉英词典文化词研究的特征和发展趋势。文化词也叫文化负载词或者文化特色词，是指特定民族或语言中特有的词汇，这类词汇通常凝结着该民族或该语言独特的、丰富的文化内涵，对此外语学习者往往难以从字面语义中自然习得。因此，文化词是汉外词典编纂的重点和难点。研究发现，对汉英词典文化词译义本质的研究从单一离散走向多维系统，也就是从"对等译义""仿造译义"等单一的对等模式，向多维译义和系统译义等现代的多维系统观转向。对译义视角的研究则从单一的语义转换走向跨界融合，也就是从基于译义等值性和自足性的语义转换，向基于语义、认知与翻译的跨界融合的转向。汉英词典文化词的标注研究则从编者主体走向用户，关注用户的认知需求，如采用标注凸显来提高文化词语义表征结构的认知效度（胡文飞，2013）；汉英词典文化词的例证研究表明正从基于词典本体的言语等值向基于用户认知需求的文化交际的转向，如互文性理论已经应用到汉英词典文化词的例证翻译；同时，文化词例证的功能则从语码转换向社会折射转向，汉英词典文化词的例证一方面是时代的缩影，是社会的聚焦和再现，集中体现了时代的主题和热点；此外，汉英词典文化词的例证具有典型的民族性，是约定俗成的。文化词例证的配置机制也从语言基础向文化映射转向，如陈维红（2008）立足于用户双语心理词汇的混合型和共享分布式非对称型模型，倡导通过例证来映射文化词的语用信息。

　　现在来看看关于融媒体词典的编纂研究。"融媒体"（media convergence）这个概念由 Pool（1984）提出，是指文本、图像、音乐等多种信息在生产、组织和传播过程中融合了多种传播媒体或渠道，如纸质书、广播、电视、手机、网络等，使受众拥有多方位的信息获取方式、多角度的信息内容。融媒体词典是指词典运用媒体技术，以提高用户多元识读能力为目标，把多模态元素与词典的设计和编纂有机融合，使词典信息实现由单模态到多模态的转换，词典查阅实现由静态到动态的转换，为外语学习提供自主学习的有效资源（章宜华，2021）。章宜华（2021）探讨了融媒体双语词典的设计理念与编纂研究，发现在融媒体词典中，通过文字与意象或模态融合，可以更立体、更生动地阐释语义，并能进行人机交互，使词典从静态释义文本转化成动态语义情景。融媒体词典编纂的目的就是要打破用户被动接受的局限，而且要在单位时间内尽可能多地向用户提供"足够"的动态词汇信息，让这些信息能轻松地为用户所解读，进入其大脑并转化成摄入，最后成为用户知识体系的一部分。融媒体词典释义可以包含视觉、听觉和触觉等模态元素。其中视觉模态如文字、符号、动／静态图像、颜色、表情、姿势、动作等；听觉模态如语言、口语符号、声音符号、静／动态声音等；触觉模态如静／动态触觉、视触觉，包括形态、温度和质感等。总之，融媒体与汉外词典编纂相结合，对对外汉语行业来说，能够迅速拉近世界各地热爱汉语的人士，将汉语知识以最便捷的方式传播出去；对汉语学习者来说，融媒体汉外词典涵盖的内容不仅是词语，而是全部对外汉语的学习资源，他们可以足不出户完成汉语学习，这必将推动世界汉语学习和中国文化的对外传播（许舒宁，2021）。

6.3 翻译实践研究

21 世纪以来，中国国际影响力迅速提升，在百年未有之大变局之际，中国更是站在世界的聚光灯下，治国理政经验、外交政策、社会制度文化等，受到国外高度关注。此时，若我国译者对国家行为背后的思想和文化理念认识不足，译文就会存在歧义，造成误解。例如，我国领导人讲话善用军事术语，如"真刀真枪"推进改革、打造"一带一路""桥头堡"、打赢脱贫"攻坚战"等，如果译者没有探究这些军事术语背后的真正文化内涵而直接将"刀枪"译为 sword and spear，"桥头堡"译为 bridgehead，"战"译为 war 等，则会给世界留下中国"好战""爱挑衅""具有侵略性"等不好的国际形象。如何准确认识和传播"中国仍是发展中国家"的属性和地位？如何让世界了解真实的中国？如何减少外部世界对我国快速发展的疑虑并化解矛盾，为我国发展争取有利的国际环境？正是基于这样的国际和国内背景，中国特色词汇的翻译问题引起了学界的热切关注。

张慧（2010）探讨了公共外交视野下汉语词汇如何英译的问题，认为若要适应公共外交需要、提高对外交流的针对性和有效性，就要符合公共外交视野下对汉语词汇英译的要求，在汉英翻译中遵循"听得懂、易理解"的原则。具体而言，一是坚持信息等价性，要准确把汉语的意思和内涵忠实地译出，使译文信息与原文信息相等或相当；二是坚持源语取向性，要充分彰显汉语源语中具有的文化和风格特征；三是坚持信息传递的简洁明了，要本着"得意忘形"的原则，把汉语意思提炼出来，用英语思维按照外国受众的习惯和接受方式来表达意思。例如，通常所说的"鸡蛋词"，包括饺子（jiao zi）、炒面（chow mein）、麻将（manhjong）、道家（Taoism）、磕头（kowtow）等，形式上是英语构词，但语音和语义上实则是中文词。这些"白皮黄心"的剥壳"鸡蛋词"代表了中国气质，反映了中国特有的文化和生活习俗（张慧，2010）。但同时，涉及中国内外政策的关键词要依据权威解释，正确理解、准确翻译。例如，"和平崛起"一词，起初英译为 peaceful rise，这一译法引起了强烈的国际舆论，这是因为在世界近代史上，rise 这个单词对于某些国家的发展进程而言具有特殊含义，即伴随着武力扩张、实施霸权等，如今中国也要 rise，显然造成了世界的错误解读，因此译为 peaceful development 则更合适。又如，当时中国制定了优生法，新华社用英语 Eugenic Law 对外发布了新闻，也引起了轩然大波。因为 Eugenic 是德国纳粹实施种族歧视政策时强制推行的所谓"优生"，许多国家的遗传学家和遗传研究机构纷纷致电或致函我国有关部门，表示不理解与抗议，要求合理的解释。他们声称如果我国通过这一法律，他将中断和中国的合作，并抵制将在北京举行的世界遗传学大会，这对中国的国际形象非常不利，后来修改为 Healthy Birth，才平息了风波（张慧，2010）。陈胜利（2018）对比考察了中外期刊对中国特色词汇采用翻译策略和方法的异同，发现《中国日报》英文版的翻译策略以"归化"为主，翻译方法以意译为主，仿译次之；英美期刊《时代》《新闻周刊》的翻译策略则以"异化"为主，翻译方法以音译为主，仿译次之。陈胜利（2018）认为，从语言接触和文化传播视角看，"异化"的翻译策略和音译、仿译的方法将更有利于中国文化走出去。

此外，词汇学研究尤其是词汇语义学的研究成果，对于自然语言处理系统具有重要的应用价值。例如，自然语言信息查找和搜索功能的发展需要依赖词汇本体知识。自然语言表示的信息是文本信息，文本信息的组织和提供，尤其是如何从文本中快速高效地找到用户需要的信息，是语言信息处理技术研究的一个紧迫课题。基于内容理解的智能检索技术将是趋势，而要想开放基于语义和内容的检索系统，又必须依赖于充分的词汇本体知识资源的支持（袁毓林等，2014）。所谓词汇本体知识是指对一种语言的有关词汇表示的概念（词义及相关的百科知识）进行明确、规范的表述，通常用类框架结构表示，通过机器可读的格式把概念、定义、关系、规则、目标语翻译、同义词、词性、父域信息和子域信息等知识内容有效地组织起来（袁毓林等，2014）。词汇本体知识的研究涉及哲学上的本体论、语言学上的词汇语义学、心理学上的概念空间和概念的心理表征、计算机科学和人工智能上的知识表示和数据结构等方面，把这些相关领域的有关理论和方法整合起来，对汉语中搜索有关的查询词语进行本体概念的分析，进而建立一个汉语词汇本体知识体系。同时，词汇本体知识的研究将有助于开拓汉语词汇语义学的研究范围，更新词汇语义学的研究方法，因此具有重要的理论意义和学术价值（袁毓林等，2014）。

第 7 章
词汇学研究的未来发展趋向

20 世纪 80 年代，朱德熙和陆俭明（1987）在《现代汉语研究现状和发展》一文中明确指出，词汇研究一直是一个薄弱环节，特别是词义的研究更薄弱。汪榕培（2000）也曾在其专著《英语词汇学研究》中指出，几十年来，语言学关心的焦点一直是语言里相对容易看清的那些领域——音位学、词法和句法，语义学的对比成分不那么一目了然，不那么泾渭分明。对这些内容的分析一直受到忽视，学者们一方面肯定这些内容对于语言理论和语言教学实践的重要意义，另一方面却悄悄地继续"沉湎"于语音和语法研究。词汇是语义学最突出的方面，却也基本无人过问，只是作为词典学家的研究领域——把词汇一股脑儿地按照字母顺序排列起来，方便倒是方便，却跟语言学研究毫无干系。如今几十年过去了，尤其是近十年，词汇学领域的研究正如本书第 4 至 6 章阐述的一样，词汇学理论的发展、研究方法以及应用研究等各方面均已取得长足的进步，当然还有很多方面的成果由于作者本身的学术视界有限，未能面面俱到。总之，新时代的词汇学研究已今非昔比，出现前所未有的新发展。

未来词汇学的发展将如何走向？若想对其作出准确预判，实非易事。首先来看看学者们认为当下的词汇学研究需要解决哪些问题，我们相信，未来的词汇学研究将会带着揭开这些问题的神秘面纱之使命而向前发展。陆俭明（2004）指出，汉语语法的本体研究离不开词汇学研究，语法本体研究真正需要解决的问题是如何对各种语法成分或各级语法单位进行分类，以及如何构建语法成分之间的组合规则系统。换言之，语义与句法的接口问题，形式与意义的互相渗透、互相验证问题，以及各种所谓的语法规则，本质上无不受制于结构中词语的具体意义，因为词的具体意义对语法本体研究有着至关重要的关系（朱彦，2004）。王文斌和邬菊艳（2020）曾指出，汉语中的"穿衣服""穿耳环""穿井""穿线""说穿""望穿秋水""缺吃少穿""水滴石穿""穿糖葫芦""穿过森林"等词语中的"穿"，与英语中的 wear an overcoat（穿大衣）、wear a hat（戴帽子）、wear dentures（戴假牙）、wear a scarf（围围巾）、wear a merit badge（佩戴勋章）、wear a sword（戴着剑）、wear glasses（戴眼镜）、wear diamonds（戴钻石首饰）、wear a long beard（蓄长须）、wear one's head high（昂头）、wear a sweet smile（露出甜蜜的微笑）、wear a flag（挂旗）、wear a hole in the stone（穿石）等词语中的 wear，显然，这两个词都内含不同程度的动作语义差异。在此需要追问的是："穿"和 wear 究竟是否对应？其共核语义是什么？其不同的行为动作意义是怎样实现的？其与宾语的关系是什么？是宾语决定动词的语义还是动词本身自带特定的语义？其引申义是怎样演变而来的？其心理机制是什么？人们是怎样把握并顺利解读这些语义的？对于这些问题，学界依然处于探索之中，相关结论依然纷纭。黄居仁和苏祺（2010）提出，词汇语义学研究上的滞后性不仅制约了语言学科本身的发展进步，也为自然语言处理带来了瓶颈。自然语言处理的三个关键性内容——词处理、句处理和篇章处理，都离不开语义知识库的建设，而对任何一个语义知识库而言，确定一个词的词义和用法则是一项最基本的任务。可见，将词汇学研究放到整个语言研究的大圈中，未来的词汇学研究或许将在词汇与语法视角、词汇的语义视角、词汇的文化视角三个不同层面来展开更为深入的研究：其一，从词汇与语法视角看，随着语料库语言学研究方法广泛应用于词汇研究，词汇和语法的两分模型可能会向词汇与语法融合研究转变；其二，词汇语义研究依然是词汇学研究的重心，旨在解决语言计算和语言认知心理现实性问题，词汇语义的生成路径和认知路径可能会并行发展；其三，随着语言研究更加着眼于文化交流、文明互鉴等问题，词汇系统则是语言社团群体文化最敏锐的映显，因此认知语言文化视角的词汇研究也很有可能会成为未来词汇学研究的趋向之一。

7.1　词汇与语法融合研究的路径

就词汇和语法的关系而言，语言学史上有两种针锋相对的观点：一是模块论（model view），即主张词汇和语法是两个截然不同的模块；二是连续统论（continuum view），即主张词汇和语法之间构成难以截然分开的连续统。整体而言，20 世纪的语言学流派中的结构主义语言学和生成语言学主要持前一观点，功能语言学和认知语言学则持后一观点。结构主义语言学家 Bloomfield（1933：162）提出的"规则—清单"假说在语言学界影响深远。他认为词汇是某一语言所有语素的集合，是不规则形式的总藏，而语法是生成正确的句子所必须表达的范畴。换言之，词汇是清单，语法是规则。生成语法学家 Chomsky（1957）致力于研究形式句法的普遍特征，将词法研究排除在语法之外。他认为词法是句法和音位生成过程中的副产品，词汇部分的总藏是句法规则的输出，是句法的一部分。可见，在词汇和语法两分的模型中，词汇的地位总是次于语法，其研究的重要性一直被忽略。随着语料库语言学研究方法的广为应用，学者们逐渐认识到词汇与语法之间的相互依存性。Sinclair（2000）提出了"词汇语法"（lexical grammar），Hunston & Francis（2000）提出了"型式语法"（pattern grammar），等等。

Sinclair（2000）指出，词汇与语法的两分模型之所以根深蒂固，其主要原因是在前计算机时代，语言学家无法同时观察并描述语言中的所有复杂现象，如聚焦语法系统的研究暂时只能忽略词汇的语义选择型式，而关注词以及语义的研究只能暂时忽略词汇在句中充当的各类语法功能。换言之，在实际语言使用中，词汇与语法本质上是一体的，正是因为语言研究的需要或者是研究方法和手段的限制才不得不将其两分。例如，Hjelmslev & Whitfield（1969）系统阐释的组合关系和聚合关系就是佐证：组合关系是具有共存与合取的横向关系；聚合关系是具有析取和选择的纵向关系。人们在词汇使用的文本语境中通常只能看到组合结构，如 a quiet library 是一个形容词修饰名词的组合结构，而作为 quiet 的替代项可以有很多，如 big、small、noisy、beautiful、well-organized、long-history 等，这些词项也在 a 与 library 之间构成组合关系，与 quiet 并存，而这些词项本身相互之间则构成聚合关系。在前计算机时代，这两个轴在文本中无法同时观察到，人们不得不假设一个轴处于静止状态，然后观察另一个轴。如果人们将语法和词汇映射到这两个轴上，语法可以与横轴相匹配，词汇可以与纵轴相匹配。显然这样的研究方法无法解释人们在使用语言时的实际情况。所幸的是，随着语料库语言学的发展和语料库软件的开发，其中索引行的使用能同时展现横轴和纵轴，即能同时显示横向语法组合结构以及纵向选用的词汇系统内的任一词项。可见，语料库的手段使同时研究词汇和语法成为可能，而且语料库也告诉人们词汇和语法唇齿交错、密不可分，它们形成共选关系，从而表达整体的意义。这就是词汇和语法的概念，词汇绝不是语法描述的残余，而是描述相同事件的不同方式，词汇与语法是一个统一的整体。

Hunston & Francis（2000）在《型式语法》（*Pattern Grammar*）一书中提出，型式是指词与词如何组合并形成有意义的单位。词因处于不同的型式而具有不同的意义；反之，特定的型式倾向于与特定的义项相关联。显然，此处所言的"词与词如何组合"或"特定的型式"，其实质就是指语法型式或结构。"特定的型式倾向于与特定的义项相关联"的本质就是指特定的词汇语义与特定的语法型式相关联。譬如，与动语 find 相连的语义有"发现"和"意识到"，这两个不同的语义在句法形式上会表现出不同的型式趋向。语义"发现"往往选择直接宾语，而语义"意识到"往往选择 that 从句作宾语，因为前者属于客观事实的呈现，表述在某处或某时找到或发现某物或某人；后者则属于心理意识的呈现，需要详述复杂的主观想法等。因此，前者选择直接宾语，形式上简单直接，与语义事件相匹配；后者则选择 that 从句，形式上相对繁复冗长，但符合语义事件，如例 1（a）和例 1（b）所示：

例 1（a）Jane *found* the cat.（发现）

　　（b）Jane *found* that the cat was missing.（意识到）

又如，名词 time 在限定词修饰层面同样表现出语义与型式的相关性。例 2（a）和例 2（b）中，time 的语义"持续的时间"既可泛指时间的流逝，也可特指某个特定时段内的时间流逝，因此可以与定冠词 the 共现或不共现。而在例 2（c）和例 2（d）中，time 的语义"线性矩阵"指的是永不停止的时间流逝，此时时间是一个矩阵，在这个矩阵中所有其他的事件都可能或可以出现。换言之，例 2（c）和例 2（d）中的 time 连接的是一个特定的指称，指称的事件已经包含所有可能性，若要再进一步指称某个特定，那是多余，亦不可能，因此不能与定冠词 the 共现。

例 2（a）*Time* flies when you're having fun.

　　（b）During the dinner date, the *time* seemed to fly.

　　（c）*Time* flows on forever.

　　（d）*The *time* flows on forever.

由此可见，词的义项与型式之间存在相互选择的关系，在实际语言使用中，一旦具体的词语被选定来实现某个意义，其相应的型式也就被锁定。因此，型式语法和词汇语法一样，将词汇和语法看成一个整体，语言系统是两者相互选择的综合产物。未来词汇学的研究或许会沿着词汇与语法融合研究的道路继续往前推进。

7.2　生成视角与认知视角并行研究的路径

词汇承载着丰富的语义信息，通过相对有限的词汇，人们却能以无限种方式来表达或描述所有的知识与现象，这就是近代语言学家共同服膺的语言创造性理论。在生成语义学家看来，这种创造性可以视为一种生成能力，它潜在地扩展了语言表达的无限性。在认知语义学家看来，这种创造性可以视为语言使用者心理的一种认知操作过程，它融合语境和社会因素，阐释了语言表达的创生性。

从词汇语义研究的发展历时看，生成语义学的词汇语义研究方法居于传统结构主义语义学和现代认知语义学之间，一方面强调词汇语义和概念的结合以及语境对于词义的重要性，另一方面却无法完全摆脱结构主义时期的语义成分分析论和静态描写方法之桎梏。但生成语义学却是词汇语义研究最终能够完全挣脱语言语义范畴、语义成分分析论以及静态描写的关键拐点，更是后来认知语义词汇研究得以脱胎换骨、重新焕发生机的沃土。换言之，正是经历了生成语义学时期的词汇语义研究尴尬时期，认知语义学才能坚定地贯彻词汇语义研究彻底的语境化和动态构建立场。事实上，生成语义学对于词汇语义研究形式化的描写方法远未过时。相反，随着现代科技的发展以及语料库语言学、语义资源知识库建设、词典编纂、自然语言处理等领域的兴起，生成路径中对词汇语义形式化表征的描写方法有其巨大的发展空间。例如，在语料库建设和标注方面，Pustejovsky et al.（2009）在生成词库理论的基础上创制了一套生成词库标注语（generative lexicon mark-up language），并尝试对语料进行语义标注，包括标注名词的语义类型（如人造类、自然类和合成类）、名词与谓词之间的组合关系（如纯粹类型选择、类型调节和类型强迫）以及涉及的物性角色（如形式、构成、施成和功用角色）。在生成词库理论的指导下，学者们也正在尝试性地将句法数库、命题库、名词化谓词的论元结构标注库、话语树库、观点语料库和互参关系标注库等资源整合在一起（李强，2016）。在国内汉语界，袁毓林（2008）较早主张将生成词库理论应用到汉语语义资源库建设中，并指出生成词库理论能为建设汉语词网（Chinese WordNet）提供科学的方法论指导和词汇语义描写与组织的理论框架。更为重要的是，生成词库理论中提出的形式化的词汇语义描写框架和与之相配套的可计算的词汇语义表达式，可以服务并应用于面向内容计算的语义资源建设工程上。再如，基于生成词库理论，EC DGXIII 资助开发了一个名为"多功能多语言语义信息词典"（Semantic Information for Multifunctional Plurilingual Lexica, SIMPLE）的大型语言工程项目，SIMPLE 模型对欧洲 12 种语言中大约 10,000 个词汇的语义信息进行了统一描写。Busa et al.（2010）指出，SIMPLE 模型对多语言词汇进行条理性、层级性和统一性的描写，这为自然语言处理应用，特别是信息抽取、机器翻译等提供了良好的资源平台（李强，2016）。Ruimy et al.（2001）进一步将 SIMPLE 的词汇语义描写框架应用到词典编纂工作，以帮助词典编纂者处理词汇语义；同时，利用生成词库理论中的物性角色和 SIMPLE 模型，可以对抽象名词的语义进行较为全面的描写，并为名词的性质和归属问题提出解决方案，从而为词典编纂者在确定语义单元的类属问题时提供参考和依据。

另一条路径就是现代认知语义学路径。认知语言学已有四十多年的发展史，根据 Divjak et al.（2016），该领域主要有三大研究取向：还原论（reductionist）取向、社会（social）取向和方法论（methodological）取向。其中，还原论取向是指认知取向，也是认知语言学最初的研究取向，即把语言看成一种心理现象进行研究。社会取向主要是随着语料库在认知语言学研究中的广泛使用而逐渐发展起来的（Geeraerts，2016；Schmid，2016），凸显了语言作为社会符号和交流工具的一面，把塑造语言的社会动力也纳入对语言结构的解释之中。关于方法论取向，原初的认知语言学研究主要是以内省思辨法为主，倾力于构建各种可能的理论，而近十年来更多的研究开始使用语料库统计分析和心理学实验的方法，对各种不同的理论进行验证和修正。总而言之，词汇研究的认知方法逐渐向"社会"和"定量"的多元化和实证研究的方法论趋势转变。一方面，未来词汇语义学研究也许会出现与词汇语用学研究的汇聚和合流；另一方面，词汇语义学研究将更加强调词汇语义构建的心理现实性和实际使用语料的定量统计趋势。

王文斌和邬菊艳（2020）曾提出认知路径和生成路径是否存在汇聚的可能性这一问题。换言之，词汇语义的心理和社会的语境繁复主义与简约的形式化表征之间是否具有相互吸引力？还是两者因存在冲突而彼此难以消解？虽然对学术的发展进行预测具有或然性，但我们依然相信，无论哪条路径，最终目的都是为揭开语言词汇系统、实际使用和人类思维等相互作用的神秘面纱。既然两者有共同的目标，那么无论联袂前行，还是殊途同归，都会进一步促进语言词汇研究的发展。

7.3　语言文化视角研究的路径

词语是一个文化单元，正如人类基因里蕴含着可遗传与继承的生命信息一样，人们每天使用的词语同样蕴含着文化的生命信息。因此，一个民族使用的词语的历时演变正是文化生生不息的演变过程。对不同民族所使用的彼此相对应的词语的进行共时对比，彰显不同社会文化乃至文明的相近性和差异性。透过词语的多棱镜，人们可以将无形的文化有形化，可以看出民族思维、民族文化以及人类文明的概貌和演变趋向。下文将从注重历时词语演变的"文化组学"和注重共时词语对比的"文化语言学"两个方面进行阐述。

Michel et al.（2011）在《科学》（*Science*）上发表论文《基于数以百万计数字化图书的文化定量分析》（Quantitative analysis of culture using millions of digitized books），文中提出了"文化组学"（culturomics）概念。culturomics 一词是由 culture（文化）和 genomics（基因组学）混合构成的，显然，文化组学是通过与基因组学类比而来的：正如大规模基因组的 DNA 序列能够揭示生命信息一样，大规模的语言数据能揭示人类思想和文化及其演变趋势。根据 Michel et al.（2011），文化组学是指通过对海量数据的定量分析来揭示人类文化及其演变趋势的研究（转引自王文斌、邵斌，2018）。基于 Michel et al.（2011）开发的 N-gram 词频查看器对相关文化词使用频率的分析，我们可以考察文化演变的脉络。Twenge et al.（2012a，2012b）选用谷歌图书中的当代美国图书部分（1960—2008），考察美国人对"个体化语词"（individualistic words and phrases）和人称代词的使用变化，结果发现：语料库中的个体化词语如 identity、personalize、self、all about me、focus on the self

等的使用频率显著增加，第一人称单数代词如 I 和 me 增加了 42%，第一人称复数代词如 we 和 us 则减少了 10%。这两项研究均可证明在 20 世纪中期至 21 世纪初这段时间内，美国文化中的个体主义倾向越来越显著，而集体主义思潮日趋式微。Greenfield（2013）则考察了 1800 至 2000 年与美国乡村生态有关的，表示"乡村""义务""责任""社会归属""宗教"等语义的词语，发现相应的英语单词如 rural、obliged、give、obedience、belong、pray 等的使用频率都呈下降趋势，而表示"都市""选择""拥有""自我""独特""以孩子为中心"等语义并适应城市生态的英语单词如 urban、choose、feel、individual、self、unique、child 等的使用频率则呈增长趋势，由此可见美国社会在城镇化的过程中，文化随之从乡村生态向城市生态转变。Xu & Hamamura（2014）使用汉语图书的词频查看器考察了自 20 世纪 80 年代以来中国的民间信仰变化，发现"物质化""财富""个体化""自由"等词语的使用频率明显增加，这表明中国现代化进程中出现了物质主义、个体主义、西方化等倾向。国内学者何宇茵（2010）基于 COCA 语料库统计了 40 个中国文化词汇的每百万词频和总词频，考察中国文化现象在当代美国社会的发展特点。结果发现："中国"是最热门的话题；器物方面的中国文化词汇如"筷子""爆竹""豆腐""麻将"等最受美国社会关注；在学术期刊类、杂志类和报纸类的文本中，"文化大革命""儒家思想""道教"是排在前三位的高频使用词。由此可见"文化大革命"曾引起美国学者的高度关注，但是目前关注度已明显降温，而"儒家思想"作为中国传统文化的内核，具有独特的人文精神，受到外国学者的热切关注，则是在情理之中。"道教"的关注度上升主要是从 2000 年以后开始，总体而言，美国社会对"儒家思想"更情有独钟。类似"甲骨文""秧歌""中国结"等词项在 COCA 语料库中没有匹配的词项，可见当代美国社会对中国当代流行文化的关注还留有空白。邵斌（2017）以英语谷歌图书语料库为数据来源，观察浙江文化关键词在 20 世纪语料库中的词频变化，考察浙江文化在英语世界影响力的发展演变。结果发现：自 20 世纪 20 年代起，英语世界开始关注"蒋介石"，并在 1940 年前后达到鼎峰；自 70 年代开始，"鲁迅"逐渐引起英语世界的重视，并且在 80 年代初迅速提升，其关注度超过了"蒋介石"；其他名人，如王阳明、蔡元培和钱学森的关注度都不是很大，相对而言，政治人物和作家的名声最盛，思想家和教育家次之，物理学家的名声较小。作为政治人物的蒋介石当时因为"北伐"和抗日战争具有较大的国际影响力而受大英语媒体的关注，而作为作家的鲁迅因其大量作品被翻译为英语而在英语世界传播并备受关注。此外，浙江四个古文明中，河姆渡、良渚以及马家浜文化都是在 70 年代中后期进入英语世界的，跨湖桥遗址因为发现较晚（1990 年首次考古发掘），所以在 2000 年以前的英语文献中几乎没有出现。自 20 世纪初，西湖、钱塘江和京杭大运河开始受到关注。此外，物质文化遗产如普陀山、雁荡山、乌镇和千岛湖等在 20 世纪 70 年代末之后进入英美人的视野，非物质文化遗产如"白蛇传"等西湖民间传说、龙井茶、梁山伯与祝英台的民间故事、越剧等在 70 年代末的影响力大幅提升。而关于"马云""阿里巴巴""淘宝"和"支付宝"在英语世界影响力的研究发现：最初出现于 2000 年；2005 年达到第一个小高峰，当时媒体集中报道了当年阿里巴巴与雅虎公司的战略合作；在 2013 年至 2015 年，这四个关键词，尤其是"阿里巴巴"的报道量急剧上升，主要归因于阿里巴巴在美国的纽约证券交易所挂牌上市，吸引了来自全世界的广泛关注。可见，文化关键词汇犹如一面棱镜，借此可以考察文化接触过程以及文化影响力的深度和广度（邵斌，2017）。

　　Palmer（1996）在发展语言人类学的基础上，强调认知语言学的意象概念，提出了"文化语言学"（cultural linguistics），后来 Sharifian（2014，2015，2017）进一步发展了该理论，提出文化语言学理论为人类语用背后的文化语境化提供了理论框架。该理论框架主要包含语言、文化概念化（cultural conceptualization）和文化认知三个方面，其中文化概念化是最为核心的概念。文化概念化是指不同的文化群体在解释客观世界和自身经验时的方法，包括人们的世界观、思维和感受。例如，不同文化群体可能对世界的起源有着不同的概念，对大自然的认知也不尽相同。Sharifian（2014）将文化概念化定义为：人们头脑中的意象，可以用图式（schema）、范畴（category）、隐喻（metaphor）等概念结构表述，它存在于个体认知层面，但分布于文化群体的心智中。语言是由文化概念化塑造的，文化概念化在一个语言社团的任何历史时期都存在，能在当今的语言学实践中留下痕迹。换言之，语言可以被看成储存和交流文化概念化的最基本的机制之一，而一种语言的词汇是最直接联系文化概念化的，因为绝大部分词汇是为文化构建的概念化的标签，也是记忆容器。认知语言学认为意义就是概念化，而在文化语言学领域内，概念化本身是由文化构建的。简言之，人类语言的词汇是一个抓住并储存了文化概念化的系统（Sharifian，2014）。

陈川洪（2020）根据文化语言学的分析框架，对汉语中涉"龙"的四字格成语的生成机制进行了文化认知阐释。从"龙"的文化范畴来看，"龙"属于中国十二生肖这一文化范畴的次范畴，属于基本层次，因此"龙"具有信息包容性、丰富性以及知觉凸显性等认知特点，而这些特点可以通过对"龙"的外貌、神性、崇拜等文化认知因素来阐释；从"龙"的文化图式来看，"龙"的图式与人们日常生活紧密联系，中华儿女视"龙"为祖先、为天地之神的理念由来已久，由此出现了各种与"龙"有关的文化习俗以及节日事件，人们对"龙"也保持着一种积极美好的情感态度，这些文化认知深刻影响着"龙"的语言表达；从"龙"的文化隐喻来看，中华民族"和而不同"的世界观，以及"农业文明"孕育出的艰苦奋斗、积极向上、勇敢智慧、团结友善等美好信念和价值观也铸就了大量"龙"的隐喻表达。严明和俞理明（2022）则在文化语言学框架内，探讨了"龙"图腾在中西文化语境中的多重构建与交流问题。一般认为，从蒙昧的初民时代到今日中国，"龙"的意象已经内化了：从天神到皇权到人格再到国家形象，"龙"是一种文化象征和民族情感，中华儿女则自称是"龙的传人"。而在西方，受《圣经》故事影响，dragon 代表口吐火焰、性情暴烈的野兽，它四处奴役与掠夺，遭到勇猛骑士的追杀，因此在西方文化意象中，"龙"常常是邪恶而可怖的猛兽。不过，近些年来随着中西方文化的接触和交流，当前无论是中国还是西方，双方对于"龙"图腾的认知并非仅固囿于狭隘的自我民族之中。例如，1934 年出版的《韦氏英语大辞典》在 dragon 词条下，加入了"中国龙"的意象——"Chinese Myth, etc. A supernatural creature (Chinese 'lung'), a symbol of the emperor, of good fortune, and of the yang…"；《新牛津英汉双解词典》除介绍 dragon 的欧洲传统意象之外，同时指出"In the far east, it is usually a beneficent symbol of fertility, associated with water and heaven."。20 世纪 40 年代，美国著名作家赛珍珠（Pearl Sydenstricker Buck）在《龙种》（Dragon Seed）一书中指出，对于中国人来说，龙不是邪恶，而是受崇拜的人类朋友。事实上，在中国，关于恶龙兴风作浪、祸害百姓的神话传说故事层出不穷，从女娲补天到哪吒闹海，从大禹在长江三峡的一场恶战到台湾日月潭的传说，等等。由此，严明和俞理明（2022）进一步指出，无视西方 dragon 的意象或者为了适应西方对"龙"的贬义认知而放弃"中国龙"的意象，这两种做法都是不可取的，跨文化沟通中会遇到很多类似的差异与隔阂，文化交流不能总靠单方面放弃或迎合另一种语言文化意象来进行，而是要依靠文化语言学理论来比较与诠释。文化语言学视阈中的语言与文化本身是相互融合发展的，我们应该坚持保留自己的文化意象，通过诠释语言背景、传播本土认知等方法使其进入通用英语中，相信经过反复接触与沟通，这些文化意象会逐渐被感知和接受的。张翼（2022）用文化语言学的文化图式概念来解释"吃食堂"的语言组构问题。他指出，"吃食堂"之所以合法，是因为特定的历史文化情境使在食堂就餐的行为构成了一种文化图式，这在汉语社团成员中具有很强的心理可及性，容易被激活。这种文化图式鲜明的时代特征及其历时变化可以从语言使用情境中得到一定程度的证明。公社食堂曾是特定时代的产物，在食堂就餐是普遍甚至唯一的用餐途径，也是当时生活方式的重要特征。"吃食堂"不仅是一种规约化的行为模式，还有丰富的意义蕴含，如生活艰苦、集体生活、廉洁自律等意义。

综合以上三个未来词汇学研究方向的预测，本书将其概述为三句话：其一，如果说语言是人类存在的家园，那么词汇就是语言存在的家园，那么词汇的研究必须与语言的其他层面，尤其是语法层面的研究相融合；

其二，词汇学的研究历史在很大程度上就是词汇语义学研究的历史，未来词汇语义研究旨在解决语言计算和语言认知心理现实性问题；其三，词汇是语言文化，甚至是人类文明的重要载体，对词汇展开认知文化视角的研究也必然会愈显重要。词汇学研究之路漫漫而修远，我们应上下中外而求索。愿同道用志不分，共襄盛举。

参考文献

蔡金亭. 1998. 母语迁移与主题突出结构. 解放军外语学院学报,（6）：13–17.

陈川洪. 2020. 汉语涉"龙"四字成语的文化认知研究. 重庆：西南大学硕士学位论文.

陈海燕, 汪立荣. 2013. 隐喻意识培养与大学英语词汇教学. 解放军外国语学院学报,（3）：57–62.

陈朗. 2017. 二语词汇教学的隐喻能力略新境界. 外语学刊,（2）：105–109.

陈明远. 1984. 语言学和现代科学. 成都：四川人民出版社.

陈胜利. 2018. 中国特色词汇翻译策略对比研究. 中华文化论坛,（2）：12–21.

陈士法, 刘佳, 杜玲, 杨连瑞, 于艳玲. 2015. 中级水平中国英语学习者派生词表征方式的 ERP 研究. 解放军外国语学院学报,（6）：1–9.

陈士法, 刘晴晴, 侯林平, 吕茂丽, 杨洪娟, 崔涛涛. 2015. 英汉心理词典中英语单词再认模式的 ERP 研究. 解放军外国语学院学报,（1）：61–69.

陈士法, 邱靖茹, 彭玉乐, 张雨晴, 杨连瑞. 2020. 基于翻译启动实验的英汉双语心理词汇表征 ERP 研究. 外语教学与研究,（3）：422–434.

陈士法, 杨连瑞, 崔涛涛, 马菲菲, 刘佳, 于艳玲. 2015. 中国英语学习者英语屈折词表征方式的 ERP 研究. 西安外国语大学学报,（1）：76–119.

陈维红. 2008. 从心理语言学视角看外向型高级汉英学习词典中汉语文化限定词的处理. 厦门：厦门大学博士学位论文.

陈新仁. 2005. 国外词汇语用学研究述评. 外语研究,（5）：5–9.

陈新仁. 2012. 词汇的语义韵及其翻译——基于 truly exceptional 汉译的个案研究. 当代外语研究,（6）：24–27.

陈忠平, 白解红. 2012. Fillmore 框架语义学认知观阐释. 当代外语研究,（7）：14–17.

陈中耀. 1986. 阿拉伯语第一部词典《埃因书》评介. 辞书研究,（6）：122–130.

戴耀晶. 1993. 现代汉语短时体的语义分析. 语文研究,（2）：50, 51–56.

德里达. 2005. 论文字学. 上海：上海译文出版社.

邓琳. 2014. 中动结构在英汉学习型词典中的多维呈现研究. 辞书研究,（3）：42–49.

邓宇, 李福印, 陈文芳. 2015. 汉语隐喻运动事件的词化类型探究——整合语料库和实验的证据. 外语与外语教学,（3）：73–78.

丁邦新. 2005. 论汉语与台语的关系——李方桂汉台语同源论的检讨. 丁邦新, 余霭芹, 编. 汉语史研究：纪念李方桂先生百年冥诞论文集. 台北：中央研究院语言学研究所出版社，9–25.

丁邦新 . 2017. 论汉台语中辨认词源词与借词的方法 . 中国语文，（5）: 515–521，638.

董秀芳 . 2004. 汉语的词库与词法 . 北京：北京大学出版社 .

范琪 . 2014. 汉语隐喻具身认知加工神经机制的 ERP 研究 . 南京：南京师范大学博士学位论文 .

范文芳 . 1995. 跨文化语用学：人类交往语义学评介 . 国外语言学，（3）: 34–39.

范晓蕾 . 2011. 以汉语方言为本的能性情态语义地图 . 北京大学中国语言学研究中心《语言学论丛》编委会，编 . 语言学论丛（第 43 辑）. 北京：商务印书馆，55–100.

费尔迪南·德·索绪尔 . 2009. 普通语言学教程 . 高名凯，译 . 北京：商务印书馆 .

费孝通 . 1948/2008. 乡土中国 . 天津：天津人民出版社 .

冯建明 . 2019.《认知词典学》述评 . 外国语文，（2）: 29–32.

耿云冬 . 2018. 事件语义视角下的英汉学习型词典动词条目译释模式 . 外语研究，（5）: 18–22，50.

龚鹏程，王文斌 . 2014. 体验哲学视阈下的隐喻和转喻界面研究 . 外语研究，（2）: 1–6.

郭锐 . 2010，5 月 8–9 日 . 副词补充义与相关义项的语义地图 . 中国语言的比较与类型学国际研讨会，香港，中国 .

郭锐 . 2015. 语义地图中概念的最小关联原则和关联度 . 李小凡，张敏，郭锐，编 . 汉语多功能语法形式的语义地图研究。北京：商务印书馆，152–172.

郭绍虞 . 1979. 汉语语法修辞新探 . 北京：商务印书馆 .

何洋洋 . 2019. "好缺点" 式话语的文化阐释 . 外语研究，（6）: 30–34，75.

何宇茵 . 2010. 基于美国当代英语语料库的中国文化词汇研究 . 山东外语教学，（1）: 7–11.

洪炜，徐霄鹰 . 2016. 中级汉语阅读课词汇教学行动研究 . 汉语学习，（1）: 74–83.

侯国金 . 2015. 词汇—构式语用学 . 北京：国防工业出版社 .

胡敕瑞 . 1999. 对汉字与汉语性质的一点认识 . 古汉语研究，（1）: 55–59.

胡鸿，褚佩如 . 1999. 集合式词汇教学探讨 . 世界汉语教学，（4）: 24–31.

胡健，张佳易 . 2012. 认知语言学与语料库语言学的结合：构式搭配分析法 . 外国语，（4）: 61–69.

胡文飞 . 2013. 内向型汉英词典多维释义模式的构建：基于心理动词的词典学研究 . 北京：科学出版社 .

胡文飞，张俊 . 2022. 汉英词典的文化词研究综述（2001—2020）. 外国语文，（1）: 74–80，122.

黄洁 . 2008. 汉英隐转喻名名复合词语义的认知研究 . 外语教学，（4）: 25–29.

黄洁 . 2014. 谐音造词的图形—背景阐释 —— 以 " 蒜你狠 " 系列为例 . 外语学刊,
　　（4）: 12–15.

黄居仁, 苏祺, 编 . 2010. 词义的语言—词义理论的跨学科讨论 . 北京: 北京大学出
　　版社 .

黄全灿 . 2015. 国内关联理论研究二十年（1994—2013）. 河南社会科学,（12）:
　　104–106.

黄群英, 章宜华 . 2012. 双语词典理论和实践: 20 年的发展历程与展望 . 辞书研究,
　　（5）: 37–43.

简圣宇 . 2019. 对中西 " 意象 " 概念的考察和梳理 . 中国社会科学报, 09 月 23 日 .

蒋华华, 徐海 . 2014. 方位构式在英汉学习词典中的呈现模式探究 . 辞书研究,（1）:
　　43–50.

江新 . 2003. 不同母语背景的外国学生汉字知音和知义之间关系的研究 . 语言教学与
　　研究,（6）: 51–57.

金克木 . 1996. 梵佛探 . 石家庄: 河北教育出版社 .

孔蕾, 秦洪武 . 2013. 语料库在词汇教学中的应用: 词汇分层和教学设计 . 外语教学
　　理论与实践,（4）: 58–63.

李葆嘉, 司联合, 李炯英, 译 . 2013. 欧美词汇语义学理论 . 北京: 世界图书出版社 .

李海霞 . 2005. 文化词源和比较文化词源 . 北京师范大学民俗典籍文字研究中心, 编 .
　　民俗典籍文字研究（第二辑）. 北京: 商务印书馆, 221–227.

李惠 . 2013. 基于关联类型的汉语语块分类体系探讨 . 西华师范大学学报（哲学社会
　　科学版）,（2）: 99–103.

李家春 . 2018. 实现事件词化模式的类型学考察 . 中国外语, 15（4）: 34–38.

李家春 . 2020. 现代汉语实现事件词化模式的类型学考察 . 解放军外国语学院学报,
　　（4）: 71–77, 137.

黎锦熙 . 1955. 新著国语文法 . 北京: 商务印书馆 .

李炯英 . 2005. 波兰语义学派概述 . 外语教学与研究,（5）: 377–382.

李炯英 . 2011. 波兰语义学派的哲学基础及其六大核心思想 —— 波兰语义学派研究
　　之五 . 当代外语研究,（11）: 8–11, 51.

李亮 . 2019. 词汇类型学视角的汉语物理属性形容词研究 . 上海: 中西书局 .

李强 . 2014. 汉语形名组合的语义分析与识解 —— 基于物性结构的探讨 . 汉语学习,
　　（5）: 42–50.

李强 . 2015. 从生成词库论看动词 " 写 " 与名词的组合 . 云南师范大学学报（对外汉
　　语教学与研究版）,（2）: 69–80.

李强 . 2016. 生成词库理论研究述评 . 外国语,（3）: 43–54.

李强 . 2018. 国内生成词库理论研究的回顾与展望 . 云南师范大学学报（对外汉语教学与研究版），（1）: 55–69.

李如龙，杨吉春 . 2004. 对外汉语教学应以词汇教学为中心 . 暨南大学华文学院学报，（4）: 21–29，49.

李润生 . 2017. 近年来对外汉语词汇教学研究综观 . 华文教学与研究，（2）: 32–45.

李思萦，高原 . 2016. 移动技术辅助外语教学对英语词汇习得有效性的实证研究 . 外语界，（4）: 73–80.

李先银，吕艳辉，魏耕耘 . 2015. 国际汉语教学：词汇教学方法与技巧 . 北京：北京语言大学出版社 .

连淑能 . 1993. 英汉对比研究 . 北京：高等教育出版社 .

廖光蓉 . 2005. 多义词范畴原型裂变、次范畴化及相关问题研究 . 外语与外语教学，（10）: 12–13.

林立红，于善志 . 2008. 二语习得中的光秃动词 . 外国语，（5）: 72–79.

刘锋，张京鱼 . 2015. 基于文化脚本的土家、英、汉语"借"之对比研究 . 西安外国语大学学报，（2）: 1–4，34.

刘庚，王文斌 . 2021. 从构词词源看英汉时空性差异 . 外语学刊，（1）: 108–115.

刘叔新 . 1990. 汉语描写词汇学 . 北京：商务印书馆 .

刘小红，侯国金 . 2019. 既生"我的"，何生"的我"："X 的 + 人称代词"构式的词汇—构式语用学阐释 . 外语研究，（6）: 35–40.

刘小红，侯国金 . 2022. 双关何以为构式：词汇—构式语用学视角 . 北京第二外国语学院学报，（6）: 148–162.

刘座箐 . 2013. 国际汉语词汇与词汇教学 . 北京：高等教育出版社 .

陆俭明 . 2004. 词的具体意义对句子意思理解的影响 . 汉语学习，（2）: 1–5.

罗常培 . 2003. 语言与文化 . 北京：北京大学出版社 .

罗思明 . 2016. 汉英形容词构式学习词典编纂体系构建 . 上海：上海交通大学出版社 .

毛悦 . 2015. 汉语作为第二语言教学——汉语要素教学 . 北京：外语教学与研究出版社 .

潘秋平，张敏 . 2017. 语义地图模型与汉语多功能语法形式研究 . 当代语言学，（4）: 510–545.

潘文国 . 2004. 汉语的构词法研究 . 上海：华东师范大学出版社 .

彭小川，马煜逵 . 2010. 汉语作为第二语言词汇教学应有的意识与策略 . 语言文字应用，（1）: 106–113.

乔丽婷 . 2018. 编码驱动的英汉学习型词典名词条目深度描写研究 . 外语研究，（5）: 28–33.

秦曦 . 2018. 汉英学习型词典形容词条目译义语境化描写 . 外语研究,（5）：34–38.

冉永平 . 2005. 词汇语用学及语用充实 . 外语教学与研究,（5）：343–350.

冉永平 . 2008. 论词汇信息的松散性及其语用充实 . 外语研究,（1）：1–9.

冉永平 . 2012. 词汇语用探新 . 北京：外语教学与研究出版社 .

饶宗颐 . 1993. 梵学集 . 上海：上海古籍出版社 .

尚国文 . 2011. 语言理解的感知基础 . 外语学刊,（4）：8–14.

邵斌 . 2015. 英语浮现词缀 . 杭州：浙江大学博士学位论文 .

邵斌 . 2017. 浙江文化关键词在英语世界的影响力研究 —— 基于文化组学的视角 . 浙江学刊,（2）：201–207.

邵斌 . 2019. 英汉词汇对比研究 . 北京：外语教学与研究出版社 .

邵斌, 王文斌, 黄丹青 . 2017. 英语强化词的构式搭配分析及其可视化研究 . 外语教学与研究,（3）：379–391.

沈家煊 . 2006. "糅合"和"截搭". 世界汉语教学,（4）：5–12.

沈家煊 . 2015. 汉语词类的主观性 . 外语教学与研究,（5）：643–658.

申小龙 . 2021. 汉语与中国文化 . 上海：复旦大学出版社 .

施春宏, 蔡淑美, 李娜 . 2017. 基于"三一语法"观念的二语词汇教学基本原则 . 华文教学与研究,（1）：52–67.

史蒂芬 · 平克 . 2015. 语言本能：人类语言进化的奥秘 . 欧阳明亮, 译 . 杭州：浙江人民出版社 .

宋作艳, 2010. 类词缀与事件强迫 . 世界汉语教学,（4）：446–458.

宋作艳 . 2013, 逻辑转喻、事件强迫与名词动用 . 语言科学,（2）：117–129.

宋作艳 . 2015. 生成词库理论与汉语事件强迫现象研究 . 北京：北京大学出版社 .

宋作艳, 孙傲 . 2020. 从物性结构看"处所 + N"复合词的词义与释义 . 中文信息学报,（1）：10–16.

宋作艳, 赵青青, 亢世勇 . 2015. 汉语复合名词语义信息标注词库：基于生成词库理论, 中文信息学报,（3）：27–45.

苏丹洁 . 2010. 中级汉语听力课词汇教学的调查研究 . 云南师范大学学报（对外汉语教学与研究版）,（4）：6–12.

孙炜 . 2003. 中西词源学研究比较初探 . 语文研究,（3）：18–22.

孙新爱 . 2004. 对外汉语词汇教学应把握的几个原则 . 云南师范大学学报（对外汉语教学与研究版）,（2）：14–18.

孙亚 . 2017. 基于认知介入和产出导向的商务英语 . 外语学刊,（6）：83–89.

唐承贤 . 2018.《乡愁》主题建构的隐转喻分析 . 外语研究,（6）：36–40.

唐丽娜, 殷树林 . 2022. 基于概念整合理论解读"黑科技"的内涵和外延, 新疆大学学报，（6）：139–146.

田龙菊 . 2010. 双关语的图形 — 背景阐释 . 外语学刊，（1）：45–47.

田臻 . 2012. 汉语存在构式与动词关联度的实证研究 . 语言教学与研究，（3）：58–65.

田臻，吴凤明，曹娟 . 2015. 英汉存在构式与动词语义关联的实证对比研究 . 外语教学与研究，（6）：826–837.

万艺玲 . 2010. 汉语词汇教学 . 北京：北京语言大学出版社 .

汪立荣 . 2011. 框架语义学对二语词汇教学的启示 . 外语研究，（3）：49–56.

汪榕培 . 2000. 英语词汇学研究 . 上海：上海外语教育出版社 .

王芬，陈雄新 . 2010. 原型范畴理论指导下英语词汇教学的应用研究 . 外国语文，（4）：114–116.

王改燕 . 2012. 认知语言学框架下的词汇理据解析与二语词汇教学 . 外语教学，（6）：54–57，62.

王国维 . 1997. 王国维文集 . 北京：燕山出版社 .

王家义 . 2012. 基于语料库的英语词汇教学：理据和应用 . 外语学刊，（4）：127–130.

王力 . 1957. 汉语史稿（上册）. 北京：科学出版社 .

王宁 . 1999. 汉语词源学将在二十一世纪有巨大发展 —— 首届汉语词源学学术研讨会述评 . 中国教育报，08 月 24 日 .

王宁 . 2001. 关于汉语词源研究的几个问题 . 古籍整理研究学刊，（1）：30–34.

王仁强 . 2019. 认知词典学研究主持人语 . 外国语文，（2）：1.

王士元，编 . 2005. 汉语的祖先 . 李葆嘉，译 . 北京：中华书局 .

王文斌 . 2001. 英语词汇语义学 . 杭州：浙江教育出版社 .

王文斌 . 2005. 英语词法概论 . 上海：上海外语教育出版社 .

王文斌 . 2009. 论汉英形状量词"一物多量"的认知缘由及意象图式的不定性 . 外语教学，（2）：6–11.

王文斌 . 2013. 论英语的时间性特质与汉语的空间性特质 . 外语教学与研究，（2）：163–173.

王文斌 . 2014a. 论理想化认知模型的本质、结构类型及其内在关系 . 外语教学理论与实践，（3）：9–15.

王文斌 . 2014b. 什么是形态学 . 上海：上海外语教育出版社 .

王文斌 . 2015. 从图形与背景的可逆性看一词多义的成因——以汉语动词"吃"和英语动词"make"为例 . 外语与外语教学，（5）：36–41.

王文斌 . 2019. 论英汉的时空性差异 . 北京：外语教学与研究出版社 .

王文斌，崔靓．2019．语言符号和修辞的多样性和民族性．当代修辞学，（1）：43–54．

王文斌，刘庚．2020．侧显化视角下英语名词源于动性词根的成因分析．外语教学与研究，（2）：163–175．

王文斌，柳鑫淼．2020．汉语会意字构造与意合表征方式的相承关系．当代修辞学，（1）：18–28．

王文斌，毛智慧，编．2011．心理空间理论和概念合成理论研究．上海：上海外语教育出版社．

王文斌，邵斌．2018．词汇学十讲．上海：上海外语教育出版社．

王文斌，宋聚磊．2020．象似性视野下的英汉名词重叠对比．外语与外语教学，（1）1–10．

王文斌，邬菊艳．2020．词汇语义学．北京：外语教学与研究出版社．

王文斌，于善志．2016．汉英词构中的空间性和时间性特质．解放军外国语学院学报，（6）：1–8，158．

王寅．2019．体认语言学发凡．中国外语，（6）：18–25．

魏向清．2011．英语学习词典释义语境观之文本折射——历时考察与思考．外语研究，（3）：64–69．

魏向清．2018．主持人语．外语研究，（5）：18．

魏雪，袁毓林．2013a．基于语义类和物性角色建构的名名组合的释义模板．世界汉语教学，（2）：172–180．

魏雪，袁毓林．2013b．汉语名名组合的语义解释规律和释义模板库．语言学论丛，（2）：72–105，370–371．

魏雪，袁毓林．2014．基于规则的汉语名名组合的自动释义研究．中文信息学报，（3）：1–10．

文秋芳．2006．英语专业学生使用口语—笔语词汇的差异．外语与外语教学，（7）：9–13．

翁珊珊，李小凡．2010．从语义地图看现代汉语"掉"类词的语义关联和虚化轨迹．北京大学汉语语言学研究中心，《语言学论丛》编委会，编．语言学论丛（第42辑）．北京：商务印书馆，61–80．

邬菊艳．2011．英语类词缀和类派生词．嘉兴学院学报，（4）：130–135．

邬菊艳．2021．语境中形容词的类公转型意义建构特征．成都师范学院学报，（3）：99–104．

邬菊艳，王文斌．2014．论英汉类词缀的语法化和词化．外语教学，（5）：5–8．

邬菊艳，王文斌 . 2019a. 论词汇意义的构建：以语言与情境模拟理论为视角 . 外语学刊，（3）: 13–19.

邬菊艳，王文斌 . 2019b. 词汇概念及其包容性和选择趋向性特征阐释 . 外语与外语教学，（2）: 43–51.

吴福祥 . 2014. 语义图与语法化 . 世界汉语教学，（1）: 3–17.

吴福祥，张定 . 2011. 语义图模型：语言类型学的新视角 . 当代语言学，（4）: 336–350，380.

吴瑞东 . 2020. "躺卧"动词语义图研究 . 语言研究，（4）: 97–109.

吴世雄 . 1997. 比较文化词源学再探 . 福建师范大学学报（哲学社会科学版），（3）: 92–97.

吴世雄 . 2005. 比较词源学和比较文化词源学研究述略 . 中国外语，（3）: 73–79.

吴淑琼 . 2019. 国外认知词汇语义学研究的最新发展 . 外语教学，（3）: 19–25.

吴淑琼，刘迪麟 . 2020. 词汇语义的语料库量化研究：行为特征分析法 . 英语研究，（1）: 153–164.

吴淑琼，刘迪麟，刘青 . 2021. 基于语料库的"确认"类同义副词的行为特征研究 . 外语教学，（5）: 19–25.

吴淑琼，刘迪麟，冉苒 . 2021. 心理动词"想"的多义性：基于语料库的行为特征分析 . 外语与外语教学，（5）: 1–13.

吴英成，杨延宁 . 2012. 语言四技与汉语学习者词典编撰整合 . 辞书研究，（4）: 38–45.

伍铁平 . 1986. 论词源学及其意义和研究对象 . 黑龙江大学学报，（4）: 16–24.

伍铁平 . 1988. 语言类型学研究的意义 . 学术研究，（3）: 84–87.

肖贤彬 . 2002. 对外汉语词汇教学中"语素法"的几个问题 . 汉语学习，（6）: 68–73.

谢久书，张常青，王瑞明，陆直 . 2011. 知觉符号理论及其研究范式 . 心理科学进展，（9）: 1293–1305.

辛红娟，覃远洲 . 2014. 声气相求：古典诗歌翻译的"格式塔"解读 . 山东外语教学，（3）: 97–102.

邢红兵 . 2012. 第二语言词汇习得的语料库研究方法 . 汉语学习，（2）: 77–85.

邢红兵 . 2013. 词语搭配知识与二语词汇习得研究 . 汉语文字应用，（4）: 117–126.

徐烈炯，刘丹青 . 1998. 话题的结构与功能 . 上海：上海外语教育出版社 .

许舒宁 . 2021. 论融媒体时代对外汉语学习词典的编写与出版 . 出版广角，（14）: 63–65.

许渊冲 . 2006. 唐诗三百首 . 北京：中国对外翻译出版公司 .

薛蕾 . 2017. 基于汉语语言学论文语料库的学术汉语词汇析取及特征研究 . 昆明：云

南师范大学硕士学位论文.

薛小芳, 施春宏. 2013. 语块的性质及汉语语块系统的层级关系. 当代修辞学, (3): 32–46.

严明, 俞理明. 2022. 文化语言学的三维启示——"龙"的英译之辩. 语言教育, (1): 79–87.

杨光荣. 2001. "二维度词源学"概述. 候占虎, 编. 汉语词源学研究（第1辑）. 长春: 吉林教育出版社, 161–169.

杨光荣. 2004. 词源研究的世纪展望: 计算词源学. 山西大学学报, (6): 87–91.

杨慧玲. 2010. 汉英双语词典的诞生及其早期设计特征. 外语教学与研究, (5): 387–393.

杨慧玲. 2011. 世界汉外双语词典史的缘起. 辞书研究, (3): 164–177.

杨雪梅. 2012. 对外汉语中级综合课教学中词汇语义网络的构建. 兰州学刊, (2): 219–221.

姚双云, 姚小鹏. 2011. 确认性评注副词的衔接功能. 语言研究, (3): 55–60.

叶浩生. 2018. "具身认知"专题研究. 心理研究, (2): 99–100.

殷融, 叶浩生. 2013. 语言与情境仿真理论: 概念与展望. 心理学探析, (4): 308–314.

于屏方. 2005. 动词义位中内化的概念角色在词典释义中的体现. 辞书研究, (3): 36–44.

于善志. 2014. 不对称关系与词法操作. 外国语, (6): 27–36.

元青. 2021. 双语词典编纂与近代早期来华传教士对中国文化知识的获取. 近代史研究, (3): 77–91.

袁毓林. 2008. 语义资源建设的最新趋势和长远目标——通过影射对比、走向统一联合、实现自动推理. 中文信息学报, (3): 3–15.

袁毓林. 2014. 汉语名词物性结构的描写体系和运用案例. 当代语言学, (1): 31–48, 125.

袁毓林, 曹宏, 谢成名. 2014. 词汇本体知识及其在信息检索中的应用. 苏州大学学报（哲学社会科学版）, (5): 149–158.

曾昭聪. 2018. 面向新时代的汉语词源学研究. 湖南师范大学社会科学学报, (3): 1–8.

曾衍桃. 2006. 词汇语用学引论. 外语学刊, (5): 59–64.

詹全旺. 2010. 实体概念与词的实际意义. 安徽大学学报（哲学社会科学版）, (1): 151–156.

张博. 2022. 学术汉语词汇的主要特点及教学策略. 世界汉语教学, (4): 517–530.

张赪，李加璇，申盛夏 . 2020. 学术汉语的词汇使用特征研究 . 语言教学与研究,（6）：19–27.

张定 . 2016. "追逐" 动词语义图 . 当代语言学,（1）：51–71.

张定 . 2017. "穿戴" 动词语义图 . 当代语言学,（4）：546–560.

张懂 . 2020. 英语与格构式变体的多变量分析及其心理现实性研究 . 外语教学与研究,（1）：40–52.

张和生 . 2008. 利用汉语义类进行词汇教学的实验报告 . 世界汉语教学,（4）：3, 56–62.

张和生 . 2010. 对外汉语词汇教学研究 —— 义类与形类 . 北京：北京大学出版社 .

张慧 . 2010. 公共外交视野下的汉语词汇翻译研析 . 国际关系学院学报,（6）：93–97.

张建理，邵斌 . 2010. 从回溯语看当代语言的演进 . 外语教学与研究,（3）：184–189.

张敏 . 1997. 从类型学和认知语法的角度看汉语重叠现象 . 国外语言学,（2）：37–45.

张敏 . 2008, 1 月 10 日 . 空间地图和语义地图上的 "常" 与 "变"：以汉语被动、使役、处置、工具、受益者等关系标记为例 . 中国社会科学院语言研究所语言学沙龙第 257 次，北京，中国 .

张敏 . 2010. "语义地图模型"：原理、操作及在汉语多功能语法形式研究中的作用 . 语言学论丛，第 42 辑 . 北京：商务印书馆，3–60.

张敏 . 2011. 汉语方言双及物结构南北差异的成因：类型学研究引发的新问题 . 余蔼芹等主编，中国语言学集刊，第 4 卷第 2 辑 . 北京：中华书局，87–270.

张民权 . 2012. 汉藏同源假说与古音研究中的若干问题 —— 汉藏同源的谱系关系及其研究方法讨论 . 山西大学学报（哲学社会科学版）,（5）：10–17.

张绍麒 . 2000. 汉语流俗词源研究 . 北京：语文出版社 .

张维友 . 2010. 英汉语词汇对比研究 . 上海：上海外语教育出版社 .

张霄军 . 2007. 多模态语料库：抢救濒危语言的有效途径 . 中国中文信息学会，编 . 民族语言文字信息技术研究——第十一届全国民族语言文字信息学术研讨会论文集 . 北京：西苑出版社，45–51.

张秀松，张爱玲 . 2009. 生成词库论简介 . 当代语言学,（3）：267–271.

张翼 . 2022. "吃食堂" 新解：基于认知语法和文化图式的阐释 . 语言教学与研究,（5）：73–82.

张振虹，何美，韩智 . 2014. 大学公共英语多模态语料库的构建与应用 . 山东外语教学,（3）：50–55.

章红梅. 2005. 古汉语"跳跃"义场的语义分析. 西华师范大学学报（哲学社会科学版），（3）：64–68.

章宜华. 2021. 融媒体英语学习词典的设计理念与编纂研究. 应用语言学研究，（3）：102–108.

赵金铭. 2012. 现代汉语词中字义的析出与教学. 世界汉语教学，（3）：379–389.

赵连振. 2018. 认知词典学研究的现状与特点——基于国内外五种词典学期刊的调查. 西南交通大学学报（社会科学版），（3）：90–97.

赵青青，宋作艳. 2017. 现代汉语隐喻式双音节名名复合词研究——基于生成词库理论. 中文信息学报，（2）：11–17.

赵彦春. 2000. 词汇能力与认知词典学的关系. 现代外语，（4）：361–370.

赵彦春. 2003. 认知词典学探索. 上海：上海外语教育出版社.

赵彦春，黄建华. 2000. 隐喻—认知词典学的眼睛. 现代外语，（2）：151–162.

赵元任. 1979/2015. 汉语口语语法. 北京：商务印书馆.

钟守满，罗荷香. 2013. 自然语义元语言释义观的认知视角解读. 学术论坛，（3）：103–107，145.

钟守满，吴安萍. 2015. 语义关系研究及其学科跨界视域分析方法. 外语教学，（3）：9–12.

周流溪. 2015. 浅谈古印度的语言哲学思想. 外语学刊，（5）：5–11.

周韧. 2016. 汉语三音节名名复合词的物性结构探讨. 语言教学与研究，（6）：70–80.

周祖谟. 1959. 汉语词汇讲话. 北京：人民教育出版社.

朱德熙. 1982. 语法讲义. 北京：商务印书馆.

朱德熙，陆俭明. 1987. 现代汉语研究现状和发展（代序）. 朱一之，王正刚，选编. 现代汉语语法研究的现状与回顾. 北京：语文出版社，1–5.

朱乐川. 2021. 试论变易与孳乳中形音义的关系. 汉字汉语研究，（4）：112–128.

朱彦. 2004. 汉语复合词语义构词法研究. 北京：北京大学出版社.

Adams, F. 2010. Embodied cognition. *Phenomenology and the Cognitive Science, 9*(4): 619–628.

Adger, D. 2003. *Core Syntax*. Oxford: Oxford University Press.

Anderson, L. B. 1982. The "perfect" as a universal and as a language-specific category. In J. H. Paul (Ed.), *Tense-aspect: Between Semantics and Pragmatics*. Amsterdam: John Benjamins, 227–264.

Aronoff, M. 1976. *Word Formation in Generative Grammar*. Cambridge: MIT Press.

Aronoff, M. & Fudeman, K. 2011.*What Is Morphology*. West Sussex: Wiley-Blackwell.

Arppe, A., Gilquin, G., Glynn, D., Hilpert, M. & Zeschel, A. 2010. Cognitive corpus linguistics: Five points of debate on current theory and methodology. *Corpora, 5*(1):1–27.

Barsalou, L. W. 1987. The stability of graded structure in concepts. In U. Neisser (Ed.), *Concepts and Conceptual Development*. Cambridge: Cambridge University Press, 101–140.

Barsalou, L. W. 1993. Flexibility, structure and linguistic vagary in concepts: Manifestations of a compositional system of perceptual symbols. In A. F. Collins, S. E. Gathercole, M. A. Conway & P. E. Morris (Eds.), *Theories of Memory*. Hillsdale: Lawrence Erlbaum, 29–101.

Barsalou, L. W. 1999. Perceptual symbol systems. *Behavioral and Brain Sciences, 22*(4): 577–660.

Barsalou, L. W. 2008. Grounded cognition. *Annual Review of Psychology, 59*(1): 617–645.

Barsalou, L. W. 2009. Simulation, situated conceptualization, and prediction. *Biological Sciences, 364*(1521): 1281–1289.

Barsalou, L. W. 2016. On staying grounded and avoiding quixotic dead ends. *Psychonomic Bulletin & Review, 23*: 1122–1142.

Barsalou, L. W., Santos, A., Simons, W. K. & Wilson, C. D. 2008. Language and simulation in conceptual processing. In M. de Vega, A. Glenberg & A. Graesser (Eds.), *Symbols and Embodiment: Debates on Meaning and Cognition*. Oxford: Oxford University Press, 245–283.

Bauer, L. 2003. *Introducing Linguistic Morphology*. Edinburgh: Edinburgh University Press.

Beavers, J., Levin, B. & Tham, S. 2010. The typology of motion expressions revisited. *Journal of Linguistics, 46*(2): 331–377.

Begagić, M. 2013. Semantic preference and semantic prosody of the collocation make sense. *Jezikoslovlje, 14*(2–3): 403–416.

Behrens, L. & Zaefferer, D. (Eds.). 2002. *The Lexicon in Focus: Competition and Convergence in Current Lexicology*. Frankfurt am Main: Peter Lang.

Berez, A. L. & Gries, St. Th. 2009. In defense of corpus-based methods: A behavioral profile analysis of polysemous get in English. In S. Moran, D. S. Tanner & M. Scanlon (Eds.), *Proceedings of the 24th Northwest Linguistics Conference. University of Washington Working papers in Linguistics* (Vol. 27). Seattle: Department of Linguistics, 157–166.

Berlin, B. & Kay. P. 1969. *Basic Color Terms: Their Universality and Evolution*. Berkeley: University of California Press.

Bloomfield, L. 1933. *Language*. New York: Holt, Rinehart & Winston.

Blutner, R. 1998a. Lexical pragmatics. *Journal of Semantics, 15*(2): 115–162.

Blutner, R. 1998b. Lexical underspecification and pragmatics. In P. Ludewig & J. Geurts (Eds.), *Lexikalische Semantik aus Kognitiver Sicht*. Tubingen: Gunter Narr Verlag, 141–171.

Blutner, R. 2002. Lexical semantics and pragmatics. In F. Hamm & T. Zimmermann (Eds.), *Semantik*. Hamburg: Helmut Buske Verlag, 27–58.

Blutner, R. 2004. Pragmatics and the lexicon. In L. Horn & G. Ward (Eds.), *Handbook of Pragmatics*. Oxford: Oxford Blackwell, 488–514.

Booij, G. E. 2007. *The Grammar of Words: An Introduction to Linguistic Morphology*. Oxford: Oxford University Press.

Boroditsky, L. & Ramscar, M. 2002. The roles of body and mind in abstract thought. *Psychological Science, 13*(2): 185–189.

Bryson, B. 1990. *The Mother Tongue*. New York: W. Morrow.

Busa, F., Calzolari, N. & Lenci, A. 2010. The language of word meaning: Generative lexicon and the SIMPLE model: Developing semantic resources for NLP. In P. Bouillon & F. Busa (Eds.), *The Language of Word Meaning*. Cambridge: Cambridge University Press, 333–349.

Bybee, J. L., Perkins R., & Pagliuca W. 1994. *The Evolution of Grammar: Tense, Aspect and Modality in the Language of the World*. Chicago: The University of Chicago Press.

Carston, R. 1996. Enrichment and loosening: Complementary process in deriving the proposition expressed. *UCL Working Papers in Linguistics, 8*: 66–88.

Carston, R. 2002. *Thoughts and Utterance: The Pragmatics of Explicit Communication*. Oxford: Blackwell.

Chomsky. N. 1957. *Syntactic Structures*. The Hague: Mouton de Gruyter.

Cliff, G. & Wierzbicka, A. (Eds.). 1994. *Semantic and Lexical Universals: Theory and Empirical Findings*. Amsterdam: John Benjamins.

Cliff, G. & Wierzbicka, A. (Eds.). 2002. *Meaning and Universal Grammar: Theory and Empirical Findings*. Amsterdam: John Benjamins.

Cohen, P. 2011. "The tenacity of culture": Old stories in the new China. In W. C. Kirby

(Ed.), *The People's Republic of China at 60: An International Assessment*. Cambridge & London: Harvard University Press, 388–400.

Comrie, B. 1985. *Tense*. Beijing: Peking University Press.

Copestake, A. & Briscoe, T. 1992. Lexical operations in a unification based framework. In J. Pustejovsky & S. Bergler (Eds.), *Lexical Semantics and Knowledge Representation. Proceedings of the First SIGLEX Workshop*. Berkeley: Springer, 101–119.

Copestake, A. & Briscoe, T. 1995. Semi-productive polysemy and sense extension. *Journal of Semantics, 12*(1): 15–67.

Coseriu, E. 1962. *Teoría del Lenguajey Lingüística General: Cinco Estudios*. Madrid: Gredos.

Coseriu, E. 1964. Pour une sémantique diachronique structurale. *Travaux de Linguistique et de Littérature*, (2): 139–186.

Coseriu, E. 1967. Lexikalische solidaritäten. *Poetica, 1*: 293–303.

Coulson, S. 2010. *Semantic Leaps: Frame-shifting and Conceptual Blending in Meaning Construction*. Beijing: World Publishing Corporation.

Couturat, L. 1903. *Opuscules et Fragments Inédits de Leibniz*. Paris: Felix Alcan.

Coxhead, A. & Nation, P. 2001. The specialized vocabulary of English for academic purposes. In J. Flowerdew & M. Peacock (Eds.), *Research Perspectives on English for Academic Purposes*. Cambridge: Cambridge University Press, 252–267.

Croft, W. 2001. *Radical Construction Grammar*. Oxford: Oxford University Press.

Croft, W. 2003. *Typology and Universals* (2nd ed.). Cambridge: Cambridge University Press.

Cruse, D. A. 1986. *Lexical Semantics*. Cambridge: Cambridge University Press.

Deese, J. 1965. *The Structure of Associations in Language and Thought*. Baltimore: The Johns Hopkins Press.

Desagulier, G. 2014. Visualizing distances in a set of near-synonyms: Rather, quite, fairly, and pretty. In D. Glynn & J. A. Robbinson (Eds.), *Corpus Methods for Semantics: Quantitative Studies in Polysemy and Synonymy*. Amsterdam: John Benjamins, 145–178.

Di Sciullo, A. M. 2005. *Asymmetry in Morphology*. Cambridge: MIT Press.

Di Sciullo, A. M. & William, E. 1987. *On the Definition of Word*. Cambridge: MIT Press.

Divjak, D., Levshina, N. & Klavan, J. 2016. Cognitive linguistics: Looking back, looking forward. *Cognitive Linguistics, 27*(4): 447–463.

Durkin, P. 2009. *The Oxford Guide to Etymology*. Oxford: Oxford University Press.

Evans, V. 2010. *How Words Mean—Lexical Concepts, Cognitive Models, and Meaning Construction*. Oxford: Oxford University Press.

Evans, V. 2012. Cognitive linguistics. *Wiley Interdisciplinary Reviews: Cognitive Science*, 3(2): 129–141.

Evans, V. & Green, M. 2015. *Cognitive Linguistics: An Introduction*. Beijing: World Publishing Corporation.

Fauconnier, G. 1985. *Mental Spaces*. Cambridge: MIT Press.

Fauconnier, G. 1997. *Mappings in Thought and Language*. Cambridge: Cambridge University Press.

Fellbaum, C. 1997. Reviewed work: The generative lexicon by James Pustejovsky. *Language*, 73(3): 597–600.

Feldman, J. & Narayanan, S. 2004. Embodied meaning in a neural theory of language. *Brain and Language*, 89(2): 385–392.

Fillmore, C. J. 1976. Frame semantics and the nature of language. *Annals of the New York Academy of Sciences: Conference on the Origin and Development of Language and Speech*, 280(1): 20–32.

Fillmore, C. J. 1977a. The case for case reopened. In P. Cole & J. M. Sadock (Eds.), *Grammatical Relations*. New York: Academic Press, 59–81.

Fillmore, C. J. 1977b. Scenes-and-frames semantics. In A. Zampolli (Ed.), *Linguistic Structures Processing*. Amsterdam: North-Holland, 55–81.

Fillmore, C. J. 1985. Frames and the semantics of understanding. *Quaderni di Semantica*, (6): 222–245.

Fillmore, C. J. 1987. A private history of the concept frame. In R. Dirven & G. Radden (Eds.), *Concepts of Case*. Tübingen: Narr, 28–36.

Fillmore, C. J. & Atkins, B. S. T. 1992. Toward a frame-based lexicon: The semantics of RISK and its neighbors. In A. Lehrer & E. F. Kittay (Eds.), *Frames, Field and Contrast: New Essays in Semantics and Lexical Organization*. Hillsdale: Lawrence Erlbaum, 75–102.

Firth, J. R. 1957. A synopsis of linguistic theory, 1930–1955. In J. R. Firth (Ed.), *Studies in Linguistic Analysis*. Oxford: Blackwell, 1–32.

Fodor, J. A. 1983. *The Modularity of Mind: An Essay on Faulty Psychology*. Cambridge: MIT Press.

Fodor, J. A. & Lepore, E. 1998. The emptiness of the lexicon: Reflections on James Pustejovsky's "The Generative Lexicon". *Linguistic Inquiry*, 29(2): 269–288.

Francis, W. N. & Kucera, H. 1982. *Frequency Analysis of English Usage*. Boston: Houghton Mifflin Company.

François, A. 2008. Semantic maps and the typology of colexidication. In M. Vanhove (Ed.), *From Polysemy to Semantic Change*. Amsterdam: John Benjamins, 163–215.

Gao, J. 2012. Basic cognitive experiences and definitions in the *Longman Dictionary English*. *International Journal of Lexicography*, 26(1): 58–89.

Geeraerts, D. 2006. Methodology in cognitive linguistics. In G. Kristiansen, M. Achard, R. Dirven, J. Francisco & R. de M. Ibáñez (Eds.), *Cognitive Linguistics: Current Applications and Future Perspectives*. Berlin: Mouton de Gruyter, 21–50.

Geeraerts, D. 2010. *Theories of Lexical Semantics*. Oxford: Oxford University Press.

Geeraerts, D. 2016. The sociosemiotic commitment. *Cognitive Linguistics*, 27(4): 527–542.

Gilquin, G. 2010. *Corpus, Cognition and Causative Constructions*. Amsterdam: John Benjamins.

Gilquin, G. & Gries, S. Th. 2009. Corpora and experimental methods: A state-of-art review. *Corpus Linguistics and Linguistic Theory*, 5(1): 1–26.

Glucksberg, S. 1997. Metaphor comprehension: How metaphors create new categories. In T. W. Smith & J. Vaid (Eds.), *Creative Thought: An Investigation of Conceptual Structures and Processes*. Washington, D.C.: American Psychological Associations, 327–350.

Glynn, D. 2014. Correspondence analysis: Exploring data and identifying patterns. In D. Glynn & J. Robinson (Eds.), *Corpus Methods for Semantics: Quantitative Studies in Polysemy and Synonymy*. Amsterdam: John Benjamins, 444–485.

Godard, D. & Jayez, J. 1993. Towards a proper treatment of coercion phenomena. In S. Krauwer (Ed.), *Proceedings of the 6th Conference of the European Chapter of the ACL*. Utrecht: OTS Utrecht, 168–177.

Goddard, C. & Wierzbicka, A. 2004. Cultural scripts: What are they and what they good for? *Intercultural Pragmatics*, 1(2): 153–166.

Goossens, L. 1990. Metaphtonymy: The interaction of metaphor and metonymy in expressions for linguistic action. *Cognitive Linguistics*, 20(3): 323–340.

Greenberg, J. H. 1957. The nature and uses of linguistic typologies. *International Journal of American Linguistics*, 23(2): 68–77.

Greenberg, J. H. (Ed.). 1963. *Universals of Language*. Cambridge: MIT Press.

Greenfield, P. M. 2013. The changing psychology of culture from 1800 through 2000.

In S. Krauwer (Ed.), *Psychological Science*, 24(9): 1722–1731.

Greimas, A. 1966. *Sémantique Structural: Recherché de Méthode*. Paris: Larousse.

Grice, P. 1989. *Studies in the Way of Words*. Cambridge: Harvard University Press.

Grice, P. 1991. Logic and conversation. In S. Davis (Ed.), *Pragmatics: A Reader*. Oxford: Oxford University Press, 305–315.

Gries, S. Th. 1999. Particle movement: A cognitive and functional approach. *Cognitive Linguistics*, 10(2): 105–145.

Gries, S. Th. 2003. *Multifactorial Analysis in Corpus Linguistics: A Study of Particle Placement*. London: Continuum.

Gries, S. Th. 2010. Behavioral profiles: A fine-grained and quantitative approach in corpus-based lexical semantics. *The Mental Lexicon, 5*(3): 323–346.

Gries, S. Th. 2015. Polysemy. In E. Dabrowska & D. Divjak (Eds.), *Handbook of Cognitive Linguistics*. Berlin: Mouton de Gruyter, 472–489.

Gries, S. Th. & Stefanowitsch, A. 2004a. Covarying collexemes in the into-causative. In M. Achard & S. Kemmer (Eds.), *Language, Culture and Mind*. Standford: CSLI, 225–236.

Gries, S. Th. & Stefanowitsch, A. 2004b. Extending collostructional analysis: A corpus-based perspective on "alternations". *International Journal of Corpus Linguistics, 9*(1): 97–129.

Gross, D., Fischer, U. & Miller, G. 1989. The organization of adjectival meanings. *Journal of Memory and Language, 28*(1): 92–106.

Haider, H. 2013. *Symmetry Breaking in Syntax*. Cambridge: Cambridge University Press.

Halas, A. 2016. The application of the prototype theory in lexicographic practice: A proposal of a model for lexicographic treatment of polysemy. *Lexikos, 26*(1): 124–144.

Halliday, M. A. K. & Yallop, C. 2007. *Lexicology: A Short Introduction*. London: Continuum.

Hanks, P. 1996. Contextual dependency and lexical sets. *International Journal of Corpus Linguistics, 1*(1): 75–98.

Haspelmath, M. 1997a. *From Space to Time: Temporal Adverbials in the World's Languages*. München: Lincom Europa.

Haspelmath, M. 1997b. *Indefinite Pronouns*. Oxford: Oxford University Press.

Haspelmath, M. 2003. The geometry of grammatical meaning: Semantic maps and cross-linguistic comparison. In M. Tomasello (Ed.), *The New Psychology of Language*

(Vol. II). Mahwah: Lawrence Erlbaum, 211–242.

Harris, Z. S. 1970. *Papers on Structural and Transformational Linguistics*. Dodrecht: Reidel.

Hjelmslev, L. 1953. *Prolegomena to a Theory of Language*. Bloomington: Indiana University Press.

Hjelmslev, L. 1958. Dans quelle mesure les significations des mots peuvent-elles être considérées comme formant une structure? In E. Sivertsen (Ed.), *Proceedings of the 8th International Congress of Linguists*. Oslo: Oslo University Press, 636–654.

Hjelmslev, L. & Whitfield, F. J. 1969. *Prolegomena to a Theory of Language*. Wisconsin: The University of Wisconsin Press.

Hoey, M. 2005. *Lexical Priming: A New Theory of Words and Language*. London: Routledge.

Hunston, S. & Francis, G. 2000. *Pattern Grammar: A Corpus-driven Approach to the Lexical Grammar of English*. Amsterdam: John Benjamins.

Jackendoff, R. 1990. *Semantic Structures*. Cambridge: MIT Press.

Jakobson, R. 1965. Quest for the essence of language. *Diogenes, 13*(51): 21–37.

Ježek, E. 2012. Acquiring typed predicate-argument structures from corpora. *The 8th Joint ISO-ACL SIGSEM Workshop on Interoperable Semantic Annotation*, Pisa, Italy.

Jiang, G. & Chen, Q. A. 2017. Micro exploration into learner's dictionaries: A prototype theoretical perspective. *International Journal of Lexicography, 30*(1): 108–139.

Kandler, Günther. 1959. Die Lücke im sprachlichen Weltbild: Zur Synthese von psychologismus und Soziologismus. In H. Gipper (Ed.), *Sprache, Schlussel zur Welt: Festschrift für Leo Weisgerber*. Düsseldorf: Schwann, 256–270.

Kaschak, M. P., Madden, C. J., Therriault, D. J., Yaxley, R. H., Aveyard, M., Blanchard, A. A. & Zwaan, R. A. 2005. Perception of motion affects language processing. *Cognition, 94*(3): 79–89.

Kastovsky, D. 1986. The problem of productivity in word formation. *Linguistics, 24*(3): 585–600.

Katz, J. & Fodor, A. 1963. The structure of a semantic theory. *Language, 39*(2): 170–210.

Koch, P. 2001. Metonymy: Unity in diversity. *Journal of Historical Pragmatics, 2*(2): 201–244.

Kopecka, A. & Narasimhan, B. (Eds.). 2012. *Events of Putting and Taking: A Cross-linguistic Perspective*. Amsterdam: John Benjamins.

Koptjevskaja-Tamm, M. 2008. Approaching lexical typology. In M. Vanhove (Ed.), *From Polysemy to Semantic Change*. Amsterdam: John Benjamins, 3–52.

Lakoff, G. 1987. *Women, Fire and Dangerous Things: What Categories Reveal About the Mind.* Chicago: The University of Chicago Press.

Lakoff, G. & Johnson, M. 1980. *Metaphors We Live by.* Chicago: The University of Chicago Press.

Langacker, R. W. 1991. *Foundations of Cognitive Grammar (Vol. II): Descriptive Application.* Stanford: Stanford University Press.

Lascarides, A. & Copestake, A. 1998. Pragmatics and word meaning. *Journal of Linguistics, 34*(2): 55–105.

Lehrer, A. 1992. A theory of vocabulary structure: Retrospectives and prospectives. In M. Pütz (Ed.), *Thirty Years of Linguistic Evolution, Studies in Honor of René Dirvén on the Occasion of His Sixtieth Birthday.* Amsterdam: John Benjamins, 243–256.

Lewis, M. 1993. *The Lexical Approach.* London: Language Teaching Publications.

Liu, D. 2010. Is it a chief, main, major, primary or principle concern?: A corpus-based behavioral profile study of the near-synonyms. *International Journal of Corpus Linguistics, 15*(1):56–87.

Liu, D. 2013. Salience and construal in the use of synonymy: A study of two sets of near-synonymous nouns. *Cognitive Linguistics, 24*(1): 67–113.

Liu, D. 2017. *Description and Instruction of Lexis and Grammar: Research Studies and Teaching Practices Guided by Contemporary Linguistic Theories.* Shanghai: Shanghai Foreign Language Education Press.

Liu, D. & Espino, M. 2012. Actually, genuinely, really, and truly: A corpus-based behavioral profile study of the near synonymous adverbs. *International Journal of Corpus Linguistics, 17*(2):198–228.

Louwerse, M. M. 2007. Symbolic or embodied representations: A case for symbol interdependence. In T. K. Landauer, D. S. McNamara, S. Dennis & W. Kintsch (Eds.), *Handbook of Latent Semantic Analysis.* Hillsdale: Lawrence Erlbaum, 107–120.

Louwerse, M. M. & Jeuniaux, P. 2010. The linguistic and embodied nature of conceptual processing. *Cognition, 114*(1): 96–104.

Lowe, J. B., Baker, C. F. & Fillmore, C, J. 1997. A frame-semantic approach to semantic annotation. In M. Light (Ed.), *Tagging Text with Lexical Semantics: Why, What, and How?* Washington: SIGLEX of the ACL, 18–24.

Lyons, J. 1963. *Structural Semantics.* Oxford: Blackwell.

Majid, A., Boster, J. & Bowerman, M. 2008. The cross-linguistic categorization of everyday events: A study of "cutting and breaking". *Cognition, 109*(2): 235–250.

Majid, A., Bowerman, M., van Staden, M. & Booster, J. S. 2007. The semantic categories of "cutting and breaking" events across languages. *Cognitive Linguistics, 18*(2): 133–152.

Mattiello, E. 2013. *Extra-grammatical Morphology in English: Abbreviations, Blends, Reduplicatives, and Related Phenomena*. Berlin: Mouton de Gruyter.

McEnery, T. & Hardie, A. 2012. *Corpus Linguistics: Method, Theory and Practice*. Cambridge: Cambridge University Press.

Michel, J. B., Shen, Y. K., Aiden, A. P., Veres, A., Gray, M. K., Team, T. G. B., Pickett, J. P., Hoiberg, D., Clancy, D., Norvig, P., Orwant, J., Pinker, S., Nowak, M. A. & Aiden, E. L. 2011. Quantitative analysis of culture using millions of digitized books. *Science, 331*(6014): 176–182.

Ostermann, C. 2015. *Cognitive Lexicography: A New Approach to Lexicography Making Use of Cognitive Semantics*. Berlin: Mouton de Gruyter.

Palmer, G. B. 1996. *Toward a Theory of Cultural Linguistics*. Austin: University of Texas Press.

Paradis, C., Willners, C. & Jones, S. 2009. Good and bad opposites: Using textual and experimental techniques to measure antonym canonicity. *The Mental Lexicon, 4*(3): 380–429.

Pastena, A. & Lenci, A. 2016. Antonymy and canonicity: Experimental and distributional evidence. *The Workshop on Cognitive Aspects of the Lexicon*, Osaka, Japan.

Pool, I. D. S. 1984. *Technologies of Freedom*. Cambridge: Harvard University Press.

Pottier, B. 1964. Vers une sémantique moderne. *Travaux de Linguistique et de Littérature, 2*: 107–137.

Pottier, B. 1965. La définition sémantique dans les dictionaries. *Travaux de Linguistique et de Littérature, 3*: 33–39.

Pustejovsky, J. 1991. The generative lexicon. *Computational Linguistics, 17*: 409–441.

Pustejovsky, J. 1995. *The Generative Lexicon*. Cambridge: MIT Press.

Pustejovsky, J. 2006. Introduction to generative lexicon. Retrived August 18, 2023, from Google Scholar website.

Pustejovsky, J. 2011. Coercion in a general theory of argument selection. *Linguistics, 49*(6): 1401–1431.

Pustejovsky, J., Bouillon, P., Isahara. H., Kanzaki, K. & Lee, C. (Eds.). 2013. *Advances in Generative Lexicon Theory*. Dordrecht: Springer.

Pustejovsky, J. & Ježek, E. 2008. Semantic coercion in language: Beyond distributional analysis. *Special Issue of Italian Journal of Linguistics, 20*(1): 181–214.

Pustejovsky, J., Moszkowicz, J., Batiukova, O. & Rumshisky, A. 2009. GLML: Annotating argument selection and coercion. *The 8th International Conference on Computational Semantics*, Tiburg, The Netherlands.

Quine, W. V. 1978. Use and its place in meaning. *Erkenntnis: An International Journal of Scientific Philosophy*, (1): 1–8.

Quirk, R., Greenbaum, S., Leech, G. & Svartvik, J. 1985. *A Comprehensive Grammar of the English Language*. London: Longman.

Radford, A. 2000. *Syntax: A Minimalist Introduction*. Beijing: Foreign Language Teaching and Research Press.

Rakhilina, E. V. & Kholkina, L. 2019. Moscow lexical typology group: New methodology for lexical typology. *Essays on Linguistics*, (1): 358–380.

Rakhilina, E. V. & Reznikova, T. I. 2016. A frame-based methodology for lexical typology. In P. Juvonen & M. Koptjevkaja-Tamm (Eds.), *The Lexical Typology of Semantic Shifts*. Berlin: Mouton de Gruyter, 95–129.

Ramscar, M. & Boroditsky, L. 2005. On the experiential link between spatial and temporal language. *Cognitive Science, 29*(4): 655–664.

Recanati, F. 1995. The alleged priority of literal interpretation. *Cognitive Science, 19*(2): 207–232.

Riemer, N. 2002. When is a metonymy no longer a metonymy? In R. Dirven & R. Pörings (Eds.), *Metaphor and Metonymy in Comparison and Contrast*. Berlin: Mouton de Gruyter, 379–406.

Rosch, E. 1977. Human categorization. In W. Neil (Ed.), *Studies in Cross-cultural Psychology*. New York: Academic Press, 1–49.

Rosch, E. 1978. Principles of Categorization. In E. Rosch & B. B. Loyd (Eds.), *Cognition and Categorization*. Hillsdale: Lawrence Erlbaum, 27–48.

Rosch, E. 1988. Coherences and categorization: A historical view. In S. K. Frank (Ed.), *The Development of Language and Language Researchers: Essays in Honor of Roger Brown*. Hillsdale: Lawrence Erlbaum, 373–392.

Rubin, E. 2001. Figure and ground. In S. Yantis (Ed.), *Visual Perception: Essential Readings*. Philadelphia: Psychology Press, 225–229.

Ruimy, N., Gola, E. & Monachini, M. 2001. Lexicography informs lexical semantics: The SIMPLE experience. In P. Bouillon & F. Busa (Eds.), *The Language of Word Meaning*. Cambridge: Cambridge University Press, 350–362.

Sandra, D. & Rice, S. 1995. Network analyses of prepositional meaning: Mirroring whose mind—the linguist's or the language user's? *Cognitive Linguistics*, 6(1): 89–130.

Sapir, E. 1921. *Language, an Introduction to the Study of Speech*. New York: Harcourt, Brace and Company.

Sarup, L. 1920. *The Nighantu and the Nirukta*. London: Oxford University Press.

Saussure, F. 1959. *A Course in General Linguistics*. New York: Philosophical Library.

Schmid, H. J. 2015. The scope of word-formation research. In P. O. Muller, I. Ohnheiser, S. Olsen & F. Rainer, *Word-formation: An International Handbook of the Languages of Europe* (Vol. 1). Berlin: Mouton de Gruyter, 1–21.

Schmid, H. J. 2016. Why cognitive linguistics must embrace the social and pragmatic dimensions of language and how it could do so more seriously? *Cognitive Linguistics*, 27(4): 543–557.

Searle, J. 1983. *Intentionality*. Cambridge: Cambridge University Press.

Sharifian, F. 2014. *Cultural Conceptualizations and Languages*. Amsterdam: John Benjamins.

Sharifian, F. (Ed.). 2015. *The Routledge Handbook of Language and Culture*. London: Routledge.

Sharifian, F. 2017. *Cultural Linguistics*. Philadelphia: John Benjamins.

Sharwood, S. M. & J. Truscott. 2014. *The Multilingual Mind: A Modular Processing Perspective*. Cambridge: Cambridge University Press.

Simon, H. A. 1979. Information processing models of cognition. *Annual Review of Psychology*, 30(1): 363–396.

Sinclair, J. 1987. Collocation: A progress report. In R. Steele & T. Thomas (Eds.), *Language Topics: Essays in Honor of Michael Halliday II*. Amsterdam: John Benjamins, 319–331.

Sinclair, J. 2000. Lexical grammar. *Naujoji Methodologija*, 24: 191–203.

Sinclair, J. 2004. *Trust the Text: Language, Corpus and Discourse*. London: Routledge.

Slobin, D. 2004. The many ways to search for a frog: Linguistic typology and the expression of motion events. In S. Strömqvist & L. Verhoeven (Eds.), *Relating*

Events in Narrative, Vol. 2: Typological and Contextual Perspectives. Hillsdale: Lawrence Erlbaum, 219–257.

Solomon, R. H. 2005. *Chinese Negotiating Behavior: Pursuing Interests Through "Old Friends"*. Washington: United States Institute of Peace Press.

Song, Z. Y. & Zhao, Q. Q. 2013. Annotating qualia relations and type in Chinese compound nouns. *International Journal of Knowledge and Language Processing*, 4(3): 39–47.

Sperber, D. & Wilson, D. 1995. *Relevance: Communication and Cognition*. Oxford: Wiley-Blackwell.

Stefanowitsch, A. & Gries, S. T. 2003. Collostructions: Investigating the interaction between words and constructions. *International Journal of Corpus Linguistics*, 8(2): 209–243.

Stein, G. 1973. *English Word-Formation over Two Centuries: In Honour of Hans Marchand on the Occasion of His Sixty-Fifth Birthday*. Tübingen: Narr.

Strang, B. 1968. *Modern English Structure*. London: Edward Amold.

Stubbs, M. 2001. *Words and Phrases: Corpus Studies of Lexical Semantics*. Oxford: Wiley-Blackwell.

Sweetser, E. 1990. *From Etymology to Pragmatics: Metaphorical and Cultural Aspects of Semantic Structure*. Cambridge: Cambridge University Press.

Talmy, L. 1972. *Semantic Structure in English and Atsugewi*. Doctoral dissertation, University of California.

Talmy, L. 2000. *Toward a Cognitive Semantics (Vol. II): Typology and Process in Concept Structuring*. Cambridge: MIT Press.

Taylor, J. R. 2003. *Linguistic Categorization*. Oxford: Oxford University Press.

Tognin-Bonelli, E. 2001. *Corpus Linguistics at Work*. Amsterdam: John Benjamins.

Trier, J. 1931. *Der Deutsche Wortschatz im Sinnbezirk des Verstandes: Die Geschichte eines Sprachlichen Feldes*. Heidelberg: Winter.

Trier, J. 1968. Altes und Neues vom Sprachlichen Feld. *Duden-Beiträge, 34*: 9–20.

Twenge, J. M., Campbell, K. W. & Gentile, B. 2012a. Increases in individualistic words and phrases in American books, 1960–2008. *PLoSONE, 7*(7): e40181.

Twenge, J. M., Campbell, K. W., Gentile, B. 2012b. Change in pronoun use in American books and the rise of individualism, 1960–2008. *Journal of Cross-Cultural Psychology, 443*: 406–415.

Ungerer, F. & Schmid, H. J. 1996. *An Introduction to Cognitive Linguistics*. London: Addison Welsey.

van de Weijer, J., Paradis, C., Willners, C. & Lindgren, M. 2012. As lexical as it gets: The role of co-occurrence of antonyms in a visual lexical decision experiment. In D. Divjak & S. Th. Gries (Eds.), *Frequency Effects in Language Representation*. Berlin: Mouton de Gruyter, 255–280.

Versa, A. H. & Simon, H. A. 1993. Situated action: A symbolic interpretation. *Cognitive Science, 17*(1): 7–48.

Verspoor, C. M. 1997. Contextually-dependent lexical semantics. Doctoral dissertation, University of Edinburgh.

Wang, W. 2012. The semantic map of the spatial motion domain and related function. Doctoral dissertation, The Hong Kong University of Science and Technology.

Watkins, C. 2011. *The American Heritage Dictionary of Indo-European Roots* (3rd ed.). Boston: Houghton Mifflin Harcourt.

Wierzbicka, A. 1972. *Semantic Primitives*. Frankfurt: Athenaeum.

Wierzbicka, A. 1985. *Lexicography and Conceptual Analysis*. Ann Arbor: Karoma House Publishers.

Wierzbicka, A. 1992. *Semantic, Culture and Cognition: Universal Human Concepts in Culture-specific Configurations*. Oxford: Oxford University Press.

Wierzbicka, A. 1996. *Semantic, Primes and Universals*. Oxford: Oxford University Press.

Wierzbicka, A. 1997. *Understanding Cultures Through Their Key Words: English, Russian, Polish, German, and Japanese*. Oxford: Oxford University Press.

Wierzbicka, A. 1999. *Emotions Across Languages and Cultures*. Cambridge: Cambridge University Press.

Wierzbicka, A. 2003. *Cross-cultural Pragmatics: The Semantics of Human Interaction*. Berlin: Mouton de Gruyter.

Wierzbicka, A. 2013. Translatability and the scripting of other peoples' souls. *The Australian Journal of Anthropology, 24*(1): 1–21.

Williams, E. 1981. On the notions "lexically related" and "head of a word". *Linguistic Inquiry, 12*(2): 245–274.

Wilson, D. 2004. Relevance, word meaning and communication: The past, present and future of lexical pragmatics. *Modern Foreign Languages, 1*(9): 1–13.

Wilson, D. & Sperber, D. 2012. *Meaning and Relevance*. Cambridge: Cambridge University Press.

Wintner, S. 2009. What science underlies natural language engineering. *Computational Linguistics, 35*(4): 641–644.

Xu, Y. & Hamamura, T. 2014. Folk beliefs of cultural changes in China. *Frontiers in Psychology, 5*: 1066.

Ye, Z. D. 2013. Understanding the conceptual basis of the "old friend" formula in Chinese social interaction and foreign diplomacy: A cultural script approach. *Australian Journal of Linguistics, 33*(3): 365–385.

Zhou, M. 1993. Iconicity and the concept of time: Evidence from verb reduplication in Chinese. *Proceedings of Chicago Linguistic Society*, 377–391.

术 语 表

多项显著共现词素分析法	multiple distinctive collexeme analysis
范畴化	categorization
非中性词缀	non-neutral affix
费舍尔精确检验	Fisher exact test
符号认知	symbolic cognition
复合法	compounding
附加语框架语言	satellite-framed language
概念化	conceptualization
概念整合理论	conceptual blending theory
格式塔心理学	Gestalt psychology
共变共现词素分析法	covarying collexeme analysis
共同组合	co-composition
共现词素	collexeme
共现词素分析法	collexeme analysis
功用角色	telic role
构成角色	constitutive role
构词法	word-formation
构式搭配分析法	collostructional analysis
关联理论	relevance theory
规约化属性	conventional attribute
汉语词网	Chinese WordNet
合成空间	blending space
后缀派生法	suffixation
化简释义	reductive paraphrase
会话含意	conversational implicature
基于语料库的	corpus-based
基元概念的目录	catalogue of primitive concepts
计算机辅助外语教学	computer-assisted language learning
家族相似性	family resemblance
句法学	syntax
聚合关系	paradigmatic relationship
具身认知	embodied cognition
均等框架语言	equipollent-framed language
刻意用法	literal use

框架语义	frame semantics
框架转换	frame-shifting
扩展	elaboration
类符概念	type concept
类型强迫	type coercion
类型调节	type accommodation
类型学	typology
类型转换	type shifting
类指空间	generic space
理想化认知模型	the idealized cognitive model
连续统论	continuum view
零派生法	zero derivation
论元结构	argument structure
逻辑回归分析	logistic regression analysis
模块论	model view
心理模拟	mental simulation
目的因	final cause
逆成法	backformation
派生形态学	derivational morphology
普遍语义学	universal semantics
强边界词缀	strong boundary affix
屈折形态学	inflectional morphology
人类思维的字母表	alphabet of human thoughts
认知词典学	cognitive lexicography
融合法	blending
融媒体	media convergence
弱边界词缀	weak boundary affix
生成词库	generative lexicon
生成词库标注语	generative lexicon mark-up language
施成角色	agentive role
事件结构	event structure
事件相关电位	event-related potential
事件中心	event headiness
视角化	perspectivization

首字母缩略法	acronym formation
输入空间	input space
松散用法	loose talk
随机森林	random forest
缩短法	clipping
图形	figure
条件推断决策树	conditional inference trees
拓展性事件结构	extended event structure
文化脚本	cultural script
文化语言学	cultural linguistics
文化组学	culturomics
物性结构	qualia structure
显现结构	emergent structure
项目与过程形态学	item and process morphology
项目与排列形态学	item and arrangement morphology
形符概念	token concept
新弗斯学派	Neo-Firthian
形式角色	formal role
形式因	formal cause
型式语法	pattern grammar
形态学	morphology
行为特征分析法	behavioral profile analysis
移动技术辅助教学	mobile-assisted language learning
义素	lexeme
意象图式结构	image-schematic theory
音位学	phonology
隐喻而来的转喻	metonymy from metaphor
隐喻中的转喻	metonymy within metaphor
隐转喻	metaphtonymy
语法转换	grammatical alternation
语境教学模式	words taught in contexts
语料库驱动的	corpus-driven
语言全息论	language holography
语言与情境模拟	language and situated simulation

语义成分分析	componential analysis
语义地图模型	semantic map model
语义基元	semantic primitive
语义框架	semantic frame
语义缺省	semantic default
语义冗余	semantic redundancy
语义限定不足	semantic underspecification
语用充实	pragmatic enrichment
语用松散	pragmatic looseness
原型范畴理论	prototype category theory
原型裂变	prototype split
原型性	prototypicality
原型转换	prototype shift
原子元素	atomic element
质料因	material cause
中性词缀	neutral affix
转类法	conversion
转喻而来的隐喻	metaphor from metonymy
转喻中的隐喻	metaphor within metonymy
自然语义元语言	natural semantic metalanguage
组合	composition
组合关系	syntagmatic relationship
组合语义学	compositional semantics